So entsteht Ihre große Karriere

Dorian Hartmuth

So entsteht Ihre große Karriere

Prominente Führungspersönlichkeiten erklären, was wirklich zählt

2. Auflage

Dorian Hartmuth
Erzhausen, Deutschland

ISBN 978-3-658-09184-2   ISBN 978-3-658-09185-9 (eBook)
DOI 10.1007/978-3-658-09185-9

Die Deutsche Nationalbibliothek verzeichnet diese Publikation in der Deutschen Nationalbibliografie; detaillierte bibliografische Daten sind im Internet über http://dnb.d-nb.de abrufbar.

Springer Gabler
© Springer Fachmedien Wiesbaden 2012, 2015

Springer Gabler ist Teil der Fachverlagsgruppe Springer Science+Business Media.
www.springer-gabler.de

„Die Klugheit ist sehr geeignet zu bewahren, was man besitzt,
doch allein die Kühnheit versteht es zu erwerben."

Friedrich II.

HANS-JOACHIM OTTO

Parlamentarischer Staatssekretär beim Bundesminister
für Wirtschaft und Technologie

GELEITWORT

„Virtù" und „fortuna" – das sind die zwei entscheidenden Kräfte, die über Erfolg und Misserfolg bestimmen. Das beschreibt Niccolò Machiavelli in seinem fürstlichen Politikratgeber. Unter „virtù" versteht Machiavelli nicht Tugend und auch kein tugendhaftes Ideal, sondern politische Tatkraft und Entschlussfreude. Demgegenüber steht „fortuna" – der Zufall oder die Gelegenheit. Machiavelli führte mit den beiden Begriffen eine sehr wichtige analytische Unterscheidung ein, die erheblichen Erklärwert besitzt und sich radikal von älteren Schicksalsvorstellungen abgrenzt.

Aus heutiger Perspektive können wir „virtù" als die ungleich verteilten Talente und Fähigkeiten eines Menschen und seine Motivation bezeichnen; Eigenschaften, die wir in gewissen Grenzen beeinflussen können. Zudem sprechen wir heute nicht mehr von „fortuna", sondern von äußeren Umständen, den Kontextbedingungen, in die sich das individuelle Handeln einordnen muss. So verstanden eignen sich beide Kategorien als „Lesehilfe" für die in diesem Band vereinten Interviews: Welche Karriereschritte können vor allem der eigenen Leistung zugerechnet werden und welche den günstigen Umständen?

Bei mir selbst war es – so hoffe ich – eine Mischung von beidem, als ich im Jahr 1980 zum ersten Bundesvorsitzenden der damals neu gegründeten Jungen Liberalen gewählt wurde. Das war der Beginn meiner persönlichen politischen Karriere, obwohl ich dieses Amt gar nicht angestrebt hatte. Diejenigen, die im Vorfeld weit mehr als ich zur Gründung der Jungen Liberalen beigetragen hatten, wollten oder konnten nicht an die Spitze des Verbandes treten. Nolens volens übernahm also schließlich ich den Bundesvorsitz. Insbesondere dank bereits zahlreicher hochmotivierter Mitglieder und der Veränderungen auf der großen politischen Bühne – dem Koalitionswechsel der FDP – konnten sich die Jungen Liberalen schnell erfolgreich etablieren.

Die Umstände leiteten also meine politische Karriere genauso ein wie mein – schon vor der Übernahme des Bundesvorsitzes – doch nicht unerhebliches politisches und gesellschaftliches Engagement. Meines Erachtens bietet sich allerdings an, dass der Leser noch eine weitere Ebene der Betrachtung berücksichtigt – ob bei der Lektüre oder bei der dann hoffentlich anstehenden Karriereplanung: denn die Unterscheidung von Eigenleistung und äußeren Umständen liegt auf der Sachebene; zu dieser tritt noch die Zeitebene. Schließlich sind auch die äußeren Umstände – zum Glück – wandlungsfähig und können durchaus mit eigener Anstrengung verändert werden. Von kurzfristig möglicherweise ungünstig erscheinenden oder daherkommenden Rahmenbedingungen sollte man sich also nicht unterkriegen lassen. Im Gegenteil: Jeder, der eine Karriere ins Auge fasst, muss bestrebt sein, günstige Gelegenheiten zu schaffen, in denen die eigene Leistung besonders zur Entfaltung kommen kann.

Das ist für mich das zweite wesentliche Element für eine Karriere: Neben der eigenen Leistungsfähigkeit gilt es, auf der Zeitebene den Spielraum für das eigene Handeln – also jenen Bereich, über den man selbst bestimmen kann – zu erhalten und auszuweiten. Statt zum getriebenen äußerer Umstände wird man zum Gestalter. „Fortuna" verwandelt sich vom Zufall zumindest teilweise in ein Produkt.

In der Politik, der Justiz, der Wirtschaft, der Wissenschaft, der Kunst, dem Sport und dem Showgeschäft verlaufen Karrieren nach sehr unterschiedlichen Regeln. Vieles ist unplanbar. Reiner Zufall sind die allermeisten Karrieren dennoch nicht. Das sollte denen, die es geschafft haben, ein Stück Demut verleihen

– denn es hätte auch ganz anders kommen können. Der Einfluss von „fortuna" sollte aber niemanden abschrecken, es trotzdem zu versuchen. Gerade dieser Wille zum Erfolg verbunden mit den eigenen Fähigkeiten macht die „virtù" aus.

Berlin, im Mai 2011

Hans-Joachim Otto* MdB,
Parlamentarischer Staatssekretär beim Bundesminister für
Wirtschaft und Technologie

* Hans-Joachim Otto arbeitet zur Zeit als Rechtsanwalt und Notar bei FPS Rechtsanwälte und Notare

DORIAN HARTMUTH

VORWORT ZUR ZWEITEN AUFLAGE

Knapp vier Jahre sind vergangen, seit dieses Buch erschien und einige, die hier interviewt wurden, haben in ihren Karrieren weitere gewaltige Schritte nach vorn gemacht, ich möchte hier nur die damalige Staatssekretärin Nicola Beer herausgreifen, die heute als Generalsekretärin der FDP den wohl wichtigsten Lebensabschnitt dieser Partei nach dem zweiten Weltkrieg managt. Unter ihrer Ägide fuhr kürzlich die FDP in Hamburg ihr bestes Wahlergebnis seit über 40 Jahren ein, nachdem die bundesweite Organisation in den Jahren vorher durch ein beispielloses Jammertal von desolaten Umfragewerten und Wahlergebnissen gegangen war.

Ihr vorbildliches Handeln ergänzt die zentralen Aussagen der Erstausgabe um ein wesentliches Moment: Der milliardenschwere Immobilieninvestor Donald Trump formuliert es in seinen Büchern sehr einfach: „ I never give up, no matter what happens, I never give up in my business." Er beschreibt sehr anschaulich seine drohende Insolvenz, die er mit unglaublichem Engagement in den 1990er-Jahren hat abwenden können. Heute ist er eine Integrationsfigur unternehmerischen Erfolges in den USA wenn es darum geht, durch alle Tiefen an den eigenen Erfolg zu glauben.

In der ersten Auflage dieses Buches beschrieb Stefan Messer eine solche Entwicklung, als das Unternehmen seiner Familie vor dem Untergang stand und schließlich gerettet werden konnte. Dieses Vorwort zur zweiten Auflage möchte ich nur einem Thema widmen: Dem Durchhalten in schwierigen Situationen, dem Weitergehen auch wenn der Wind aus der falschen Richtung kommt.

Einer der 37 Interviewten saß wenige Zeit später für drei Wochen unschuldig in Untersuchungshaft. Er war mit zehn anderen Häftlingen in einer Gruppenzelle untergebracht, eine arrivierte, hocherfolgreiche Person, die vor den Scherben ihrer gesamten Existenz stand. Er lag nachts auf der Pritsche in der Zelle und dachte an seine Frau und seine Kinder, deren Zukunft von ihm abhing. Er beschrieb mir eindrücklich, dass seine Entscheidung zu kämpfen und nicht aufzugeben ihn aus dieser Situation wieder herausgetragen hat. Wenig später wurde er vollständig rehabilitiert und setzte seine Karriere geradlinig fort.

Florian Rentsch gab in der ersten Auflage sein Interview als Fraktionsvorsitzender im hessischen Landtag. Ein Jahr später war er strahlender Wirtschaftsminister dieses Bundeslandes, alles schien ihm zu gelingen und heute fährt er wieder als Fraktonsvorsitzender zu unendlich vielen kleinen Parteiveranstaltungen um seine Organisation nach der großen Niederlage 2013 aufrichten zu helfen. Er macht einfach weiter, betreibt nicht eine viel lukrativere Karriere als erfolgreicher Wirtschaftsanwalt sondern arbeitet an dem Ziel, seine Organisation wieder erfolgreich zu machen.

Jetzt geht es um Sie, der oder die Sie dieses Vorwort zur zweiten Auflage lesen: Vielleicht überlegen Sie gerade, Ihr Studium aufzugeben oder Sie trauen sich den neuen Karriereschritt nicht wirklich zu. Richard Branson, ein hochkreativer Unternehmer, der die Fluglinie Virgin und das gleichnamige globale Plattenlabel schuf, sagt immer wieder: „When a chance arises, try to handle it and learn how to manage it later."

Nehmen Sie Ihren Mut zusammen, gehen Sie in die Situation hinein, merken Sie ruhig, dass die Dinge nicht sofort funktionieren und dann geben Sie nicht auf, wenn Widerstände Sie herunterziehen wollen. Diese große Führungseigenschaft ist eine wesentliche Grundlage dafür, dass der Titel dieses Buches zur Aufforderung für Sie werden kann: „ So entsteht Ihre große Karriere."

Sie entsteht in den allermeisten Fällen in den Tälern, wenn tausend andere beschließen, nicht weiterzumachen und sich dem gleichgeschalteten Diktat der Mittelschicht anzupassen. Sie entsteht, wenn Sie genau in dieser Situation zwei Tage Pause machen, drei Stunden in der Natur laufen, ein gutes Gespräch über ihre gefährdeten Pläne führen und dann den Entschluss fassen, Ihrem Traum, Ihrer Vision, Ihrem großen Vorhaben weiter zu folgen.

Der Erfolg ist alles andere als garantiert, aber etwas anderes wird passieren, dass Sie in jedem Fall zu neuen Kräften führt: Sie haben sich selbst und den Menschen in der Umgebung in diesem Moment gezeigt, dass Sie im Entscheidungstal für den Mut, für das Engagement und für das Kämpfen um den Erfolg waren, während ihr Nachbar in der Vorlesung oder in seinem Existenzgründungsbüro aufgegeben hat. Das Wort Krise kommt von dem lateinischen Begriff crisis und bedeutet übersetzt Entscheidung.

An diesen Augenblick Ihres Lebens werden Sie sich lange erinnern: Sie haben weitergemacht in der schwierigsten Situation und Jahre später werden Sie Ihrer Frau oder Ihrem Mann erzählen, dass sich in diesen Tagen eigentlich Ihr Lebenserfolg entschieden hat. Wären Sie hier gestrauchelt, wäre alles Spätere nicht möglich geworden und den großen Lebensschritt hätte jemand anders gemacht. Dies ist der Rückruf an Sie:

Greifen Sie in Ihrem Geist in den schon verschlossenen Schrank, nehmen Sie das Heft mit ihrer jahrelang angestrebten Vision wieder heraus, denken Sie an die Menschen, die damals sehr vernünftig waren und ihnen geraten haben, doch lieber etwas anderes, kleineres, normaleres zu versuchen. Etwas, dass niemanden überrascht und bei niemandem aneckt. Und dann lesen Sie in Ihrem Geist wieder in diesem alten Heft, als Sie voll von Enthusiasmus und Träumen waren, Ihr Leben, diese Welt oder Ihre Umgebung zu einem besseren Platz zu machen.

Das Buch, das Sie hier heute in der zweiten Auflage vor sich haben, erzählt von vielen Menschen, die Großes geleistet haben und dann seither noch größere Karrieren gemacht haben.

Ein weiteres Beispiel ist Dieter Babiel, der in 2011 als nationaler HR CEO Personalchef von circa 5.500 Menschen bei der Saint Gobain Building Distribution Deutschland war und in diesem Buch über demokratisches und mitmenschliches Führen sprach. Was er damals an Unwillen gegen arrogante Führungspersönlichkeiten ausdrückte, gehört heute zum Kanon der modernen Managementliteratur, die sich gegen die alten dominanten Platzhirschstrukturen wendet.

Gegenwärtig, im Jahr 2015, verantwortet er als zusätzlicher Personaldirektor der Generaldelegation Mitteleuropa von Saint Gobain ein Vielfaches an Personal- und Karriereentscheidungen. Wenn jetzt der Tag ist, an dem Sie beim Lesen dieses Vorworts den alten Entschluss revidieren, als Sie innerlich aufgegeben hatten, dann lesen Sie vielleicht jede Woche eines der folgenden Interviews und lassen sich so zum eigenen Erfolg tragen anhand der 37 Beispiele von menschlichem Durchhalten, das zu großen Ergebnissen geführt hat. Sie würden dann ein dreiviertel Jahr lang in jeder Woche das Interview eines Vorbildes lesen, dass weitergemacht hat, als die Widerstände kamen und heute die Früchte erntet.

Unser Gott hat Sie nicht geschaffen, damit Sie tagelang Dreisätze rechnen oder Angebotsformulare ausfüllen. Auch im akademischen Bereich arbeiten gegenwärtig Legionen von Menschen an subalternen Aufgabenbereichen, die sie kaum fordern. Immer wieder werden mir quälende Arbeitsbedingungen aufgrund mangelnd ausgebildeter autokratisch wirkender Chefs beschrieben.

In Ihnen liegen Potenziale, die Großes bewirken können und dieses Buch möchte Sie jeden Tag auf diesem Weg begleiten. Vielleicht sind diese Momente jetzt, in denen Sie die eine oder andere Entscheidung treffen, impulsgebend für Ihr künftiges Leben und für viele Menschen, die von Ihrer Vision mitgetragen werden.

Das Diktat der Kleinheit und Mittelmäßigkeit kommt uns den ganzen Tag auf vielen Wegen entgegen. Vor allem die von Destruktivem und Konzeptlosigkeit gefüllten Massenmedien arbeiten da gründlich. Sie wirken wie ein Nivellierungsmotor auf uns ein. Das soll Sie nicht mit sich reißen in ein jahrzehntelang enttäuschtes Leben hinein. Ich bitte Sie am Ende dieses Vorwortes inständig von Mensch zu Mensch: Geben Sie sich eine zweite Chance. Wir alle in diesem Buch helfen gern mit unserem Beispiel.

Ihr Dorian Hartmuth, Chateau les Sacristains, Frankreich, im März 2015

Vorwort

Wie entstehen große Karrieren? Das war der Titel meines Artikels in der Frankfurter Allgemeinen Zeitung, der im Jahre 2005 die Grundlage für dieses Buch hier bildete. Es ging damals um die Frage, inwiefern sich hochtalentierte Manager anders verhalten als normale Menschen, um ihre großen Erfolge möglich zu machen. Eine Zeitungskolumne kann nur wenige Kriterien aufgreifen und so entstand der Gedanke, solche Protagonisten, also Unternehmensführer, Personalvorstände, Konzerninhaber und Politiker, aber auch mittelständische Unternehmer und Personalchefs zu befragen, wie aus ihrer Sicht große Karrieren möglich werden.

Die Intention des vorliegenden Werkes ist es, entgegen landläufiger Ratgeber scheinbar objektiver Wahrheiten, die Befragten von ihren subjektiven Erfahrungen in ihrem eigenen, ganz individuellen Berufsleben erzählen zu lassen, so dass Sie als Leser aus Ihrer persönlichen Situation heraus die Erkenntnisse der vielen Interviewpartner aufnehmen, die für Ihren eigenen Weg hilfreich sind. Um solche Bezüge zu erleichtern, habe ich verschiedene Aufgabenbereiche und

Berufsgruppen dezidiert benannt und über Dinge berichtet, die in der jeweiligen Branche erfolgsfördernd wirken können.

Ganz der Nutzenformulierung meiner journalistischen Ausbildungszeit verpflichtet, dass es das Ziel eines jeden Journalisten sein sollte, „auf wenigen Zeilen einen maximalen Nutzwert für die Lebenswelt des Lesers zu erreichen", erklärte ich dieses Ziel auch zur Prämisse des Gesprächs mit meinen Interviewpartnern. Diese haben sich gerne daran gehalten.

In meinem Berufsleben, u.a. meiner langjährigen Tätigkeit als Personalberater, habe ich Menschen kennengelernt, die ihr Umfeld und ihr Unternehmen durch erfolgreiche Geschäftsabschlüsse und die Anhäufung von Macht beeindrucken, all dies ohne ihrem Handeln ein überzeugendes Wertekonstrukt zugrunde gelegt zu haben. Machthungrig und unsensibel gingen diese meist auch mit ihren Mitarbeitern und Untergebenen um und machten ihnen das Leben wahrhaft zur Hölle. Ohne hier eine moralische Instanz spielen zu wollen, war meine Beobachtung aber immer wieder, dass solche Führungspersonen zwar durchaus ein paar Jahre lang für ihre blinde Zielversessenheit belohnt wurden, letztlich aber irgendwann von denen eingeholt wurden, die ob ihrer schlechten Behandlung auf eine Gelegenheit warteten, um zum Gegenschlag auszuholen. Solche „Karrieristen" können kein Vorbild abgeben, keine wirkliche Orientierung dafür bieten, bleibenden beruflichen Erfolg zu ernten.

Deshalb finden Sie hier von Beginn an erfahrene Köpfe und mit diesen die Aussagen eben echter Führungs- bzw. Erfolgspersönlichkeiten aus Wirtschaft, Politik, Kirche und Non-Profit-Organisationen. Wie meine eigenen Erfahrungen belegen auch die hier zusammengetragenen Lebensberichte, dass sich bleibende berufliche Bestätigung an Fairness, Ermutigung und positiv bestärkender Motivation orientiert. Wahrhafte Führungsgröße erweist derjenige, der Fehler seiner Mitarbeiter ihres menschlichen Wertes willen verzeihen kann. Mitarbeiter handeln überzeugender, wenn ihre Führungskräfte hinter ihnen stehen und dies auch dann noch, wenn sie mit einer innovativen Initiative einmal danebengelegen haben.

Als ich wegen der Interviews anfragte, hatten sich alle Beteiligten gefreut, über Ihre Erfahrungen berichten zu dürfen. Deshalb möchte ich auch Sie ermutigen, zu Ihrer Führungskraft zu gehen und sie in einer ruhigen Stunde zu fragen: „ Wo sehen Sie erfolgsentscheidende Faktoren für mein Berufsleben, die ich noch nicht genug realisiere, was kann ich konkret besser machen?". Ich bin mir nach den vielen Gesprächen, die ich geführt habe, ziemlich sicher, dass vor Ihnen jemand sitzen wird, der positiv davon berührt ist, Ihnen von seinen eigenen Eindrücken erzählen zu dürfen.

Dank und Widmung

Mein Dank geht an meinen vorbildlichen Chef, Stefan Blattmann bei der Personal Innovation GmbH, der mit mutiger Initiative die Freiräume für das Entstehen dieses Buches schaffte. Weiterhin an Alisa Lange, die sich stunden- und tagelang durch die Interviewaufzeichnungen kämpfte und sie in eine erste Form brachte. Ein großer Dank geht an meine Frau Bettina für ihre wunderbare Unterstützung. Schließlich möchte ich jenen danken, die ich hier befragen durfte und die in ihren Antworten von dem ehrlichen Verlangen getragen waren, für S i e Gutes für Ihren Erfolg zu bewirken. Der letzte Dank soll Ihnen, lieber Leser, gelten, dafür, dass Sie mir vielleicht Ihre Gedanken zum Thema zugänglich machen wollen unter der E-Mail-Adresse: bdhartmuth@t-online.de.

Widmen möchte ich dieses Buch denjenigen, die jahrzehntelang ihr Bestes geben und gegeben haben und dafür noch nicht hinreichend belohnt worden sind. Wenn ich Ihnen auf Ihrem Weg ein Stück weit helfen darf, würde mich das sehr freuen. Das kann gern auch im Rahmen eines Coaching-Gesprächs sein. Seit 1999 habe ich mehrere 1.000 Berufstätige in ihren Karrieren beraten.
Übrigens, Silvester Stallones Boxerweisheit galt auch oft für mein eigenes Arbeiten: „It ain´t not about how hard you hit, it is about how hard you can be hit and keep moving forward."

Dorian Hartmuth, Chateau les Sacristains, Frankreich, im Oktober 2011

Inhaltsverzeichnis

1. Die Entwicklung einer grossen unternehmerischen Perspektive aus dem Blickwinkel von Konzern-Chefs

Dr. Karl-Gerhard Seifert

Vorsitzender des Aufsichtsrats der AllessaChemie GmbH

Wie kauft man einen Industriekonzern?

Wir sind heute bei Dr. Seifert, dem Inhaber des Unternehmens AllessaChemie und ehemaligem Mitglied des Vorstands des Weltkonzerns Hoechst AG in Frankfurt am Main. Lieber Dr. Seifert, wenn Sie sich und Ihr Unternehmen einfach einmal kurz vorstellen, bitte.

Ich bin seit drei Jahren Aufsichtsratsvorsitzender der AllessaChemie GmbH, die mir und meiner Familie gehört. Das Besondere an der AllessaChemie ist, wir sind ein Management-Buy-out. Wir werden dieses Jahr, am 30. Juni, zehn Jahre alt. Wir haben vor genau zehn Jahren angefangen, mit den damaligen Eigentümern zu verhandeln, die Chemiestandorte hier in Frankfurt-Fechenheim und Offenbach zu übernehmen. Es bestand damals die Absicht, die Chemieproduktion langsam herunter zu fahren. Ich war davon getrieben, das Unternehmen an diesen Standorten zu retten. Wir haben dem damaligen Eigentümer den Vorschlag gemacht, die Firma mit neuen Produkten und neuen Projekten auszulasten und weiter nach vorn zu entwickeln.

Sie haben heute 800 Mitarbeiter im Unternehmen.

Ja, das ist so. Ich habe damals schon vor zehn Jahren den Mitarbeitern ganz klar gesagt: „Wir kaufen das Unternehmen in Eurem Interesse, ich kann Euch wenig versprechen. Wir haben kaum Eigenkapital, aber ich werde alles tun, damit wir das Unternehmen entwickeln und möglichst lang andauernd eine große Zahl von Menschen beschäftigen." Dies war unsere Zielsetzung. Es war in den letzten zehn Jahren nicht einfach und besonders hat uns natürlich die Krise getroffen. Aber wir sind heute immer noch stolz, dass wir über 800 Arbeitsplätze erhalten konnten. Wir haben in den vergangenen zehn Jahren zwar etwa die Hälfte unserer Belegschaft abbauen müssen, aber auf die Tatsache, dass wir im Osten Frankfurts – am relativ kostenintensiven deutschen Standort – immer noch Chemie machen, sind wir schon stolz.

Ist es nicht enorm schwer gewesen, dieses Kapital zum Kauf des Unternehmens zu finanzieren?

Ja, in der Tat. Es war schon ein besonderer Management-Buy-out, das ist kein Geheimnis. Wir haben mit 25.000 Euro angefangen, das war unser Eigenkapital. Dann haben wir unter sehr engen finanziellen Bedingungen produziert, fast alle Gewinne stehen gelassen, sie in der Firma thesauriert und hatten dann immerhin bis zum Ausbruch der Finanzkrise 2008 ein Eigenkapital von über 30 Millionen Euro akkumuliert. Es wurde von uns auch aus dem Cashflow der Kaufpreis bezahlt. Wir hatten mit dem damaligen Eigentümer einen Zeitraum von sieben Jahren vereinbart, um den Kaufpreis zu bezahlen. Dies war eine sehr faire Lösung. Es ist auch kein Geheimnis, dass wir in der Finanzkrise die Hälfte unseres Eigenkapitals verloren haben.

Dies ist sicherlich eine wichtige Information, Herr Dr. Seifert, für Manager, die in einer solchen Situation stehen. Die Grundaussage ist ja: Es ist auch in diesen Dimensionen machbar ein Unternehmen zu kaufen, wenn ich nicht aus einer Familie mit vielen Millionen Euro Vermögen komme. So etwas kann funktionieren. Das finde ich eine wichtige Aussage für solche Menschen, die nicht eine Angestelltenkarriere machen, sondern ein Unternehmen erwerben wollen. Sie sind so ein richtiger Firmeninhaber im alten Sinne des Wortes. Warum gibt es in Deutschland so wenige Männer und Frauen, die ein eigenes Unternehmen gründen?

Ich komme noch einmal zurück zu dem, was Sie eben gesagt haben. Ich hätte das Ganze nicht gemacht, wenn ich nicht 30 Jahre Berufserfahrung gehabt hätte. Zunächst gab es meinen Hintergrund bei Hoechst, dann war ich ja CEO bei Clariant in der Schweiz und ich hatte auch zusätzliche Erfahrungen bei der Deutschen Bank sammeln können. So habe ich insgesamt im Geschäftsleben sehr viel gelernt gehabt vor dem großen Schritt zum Unternehmer. Ich gestehe, ich habe mich in meinem ganzen Berufsleben immer als Unternehmer gefühlt, auch in einem großen Konzern. Die ganzen Prozesse, ich bin ja Chemiker von Haus aus, also alles was mit Finanzen zu tun hat, zum Beispiel Firmenakquisitionen, habe ich zwar auch bei der Hoechst AG durchgeführt, nur hatten wir dort große Abteilungen für die Abwicklung. Wir haben zwar als Vorstände Verhandlungen auf oberstem Level geführt, aber die Durchführung und die Finanzierung haben natürlich die Fachabteilungen gemacht. Auch meine Zeit bei der Deutschen Bank war unglaublich gut. Ich habe sehr viel gelernt und verschiedene Firmen-Akquisitionen gemeinsam mit meinem Team durchgeführt. Ich bin der Deutschen Bank sehr dankbar, dass ich in diesen Jahren so viel lernen konnte.

Sie haben also das Akquisitionsgeschäft von Firmen von der Pike gelernt?
Das stimmt. Ich hatte als junger Mann Glück und Gelegenheit, bei einigen Akquisitionen mitzuarbeiten. Als mir 1984 die Leitung der Zentralen Direktionsabteilung der Hoechst AG übertragen wurde, war eine meiner ersten Aufgaben, die Technische Keramik von Rosenthal zu erwerben. Dieses war mein erster Deal, bei dem ich der Verhandlungsführer war. Wir haben mit Philip Rosenthal selbst verhandelt und schließlich die Technische Keramik erworben. Dies war ein 130-Millionen-DM-Geschäft. Bei solchen Gelegenheiten habe ich die Technik des Verhandelns gelernt. Natürlich wurde man dabei unterstützt von den Fachabteilungen des Konzerns, wie Finanzabteilung, Rechtsabteilung, Steuerabteilung usw. Bei der Deutschen Bank arbeitete ich für einen Private Equity Fonds, bei dem wir alles selbst organisieren mussten. Man musste Rechtsanwälte, Wirtschaftsprüfer und Steuerberater besorgen, alle wichtigen Beteiligten zusammenbringen, verhandeln und dann den Deal machen. Dort habe ich sehr viel gelernt.

Würden Sie denn Ihre Akquisition der AllessaChemie noch einmal durchführen?

29

Ja, das ist eine Frage, die mir schon viele Leute gestellt haben. Bis zur Finanzkrise 2008 habe ich immer gesagt, jederzeit noch einmal. In der Krise selbst dann dachte ich, mein Gott, warum hast Du Dir das angetan? Und dann die vielen schlaflosen Nächte, die ich in 2008/2009 hatte. Es war nicht das Problem mich selbst betreffend, sondern die ungeheure Verantwortung, die auf mir gelastet hat, weil ich mich für die Arbeitsplätze unserer Mitarbeiter verantwortlich fühlte. Das war sehr schlimm. Im März 2001, als die Übernahme bekannt gegeben wurde, habe ich hier meine erste Rede vor den Allessa-Mitarbeitern gehalten. Ich habe damals gesagt: „Wir machen das nur, wenn Ihr wollt. Dann kommt alle mit ins Boot. Ich kann Euch wenig versprechen, nur, dass ich mich dafür einsetzen werde, Eure Arbeitsplätze zu erhalten." Aber wenn so eine Krise kommt wie 2008, wenn Sie merken, Sie können machen, was Sie wollen, Sie sind von Ihren Kunden abhängig, von den Banken abhängig, wenn Sie einfach machtlos sind und die Dinge so über Sie hereinbrechen, dann fühlen Sie sich sehr belastet und einsam.

Würden Sie einem jungen Unternehmer, der vor dieser Wahl steht, empfehlen, lieber nicht einen Buy-out zu machen, sondern lieber ein kleines Unternehmen sukzessive mit eigenem Geld zu entwickeln? Wäre das Ihrer Meinung nach die bessere Alternative?

Ich glaube, dass ein junger Mensch, ohne viel Berufserfahrung, so einen Management-Buy-out, wie wir es getan haben, gar nicht durchführen kann. Es sei denn, er ist so reich, dass er sich die besten Anwälte und die besten Manager einkaufen kann für den Deal. Also der klassische Weg wäre, sich, wenn er oder sie eine gute Idee hat, auf eigenen Füßen selbstständig zu machen. Das hängt aber auch davon ab, was man studiert hat. Das Problem bei Chemikern ist, sie haben ja kaum eine Möglichkeit, sich selbstständig zu machen. Jeder gute Ingenieur kann eine eigene Firma aufmachen, kann irgendwas produzieren, reparieren, notfalls macht er eine Autowerkstatt auf. Als Chemiker, wo sie eine Infrastruktur brauchen, Labore, Mitarbeiter und Maschinen, da ist die Möglichkeit, sich selbstständig zu machen, relativ begrenzt.

Sie haben ja eine schöne Vergleichsmöglichkeit, Sie waren Topmanager als langjähriger Vorstand eines Weltkonzerns und sind jetzt Unternehmer seit über zehn Jahren. Was fanden Sie denn interessanter, was hat Ihnen besser gefallen?

Ich kam mit einundvierzig Jahren in den Vorstand der Hoechst AG, das war natürlich toll. Es existierte ein großer eigener Dienstwagen und Flüge in der ersten Klasse, die Insignien der Macht eben. Im Alter von fünfzig Jahren gab es dann doch gewisse Probleme in und mit dem Vorstand der Hoechst AG. Über diese Fehlentwicklungen ist viel publiziert worden. Zum ersten Mal in meinem Berufsleben entwickelte sich eine große Frustration bei mir und die Vorstandssitzungen wurden unerträglich. Ich hatte nur ein Ziel: „Du musst hier weg." Im Sommer 1997 bin ich dann von der Hoechst AG als CEO zur Clariant AG gegangen. Ich war hoch motiviert und wechselte mit über 20.000 Mitarbeitern von der Hoechst AG in einen Schweizer Konzern. Die ehemaligen Hoechster Mitarbeiter wollten beweisen, dass man sehr wohl mit Chemie Geld verdienen kann. Es war sicherlich auch ein Egotrip meinerseits, Spaß zu haben daran, eine sehr erfolgreiche Gesellschaft aufzubauen und zu führen. In diesen Jahren stieg der Börsenwert der Clariant AG auf über 10 Milliarden Schweizer Franken. Es gab dann 1999 Gründe, das Unternehmen zu verlassen und wir haben uns sehr freundschaftlich getrennt. Nach dem bereits erwähnten Aufenthalt bei der Deutschen Bank hatte ich nur ein Ziel, ein eigenes Unternehmen aufzubauen. Dies war eigentlich im Nachhinein das Beste, was ich in meinem Berufsleben gemacht habe.

Es war das Beste, was Sie in Ihrem Leben gemacht haben?

Im Prinzip ja. Aber es war auch die Zeit, in der sich meine Persönlichkeit ziemlich verändert hat. Wenn sie heute einem 50-jährigen DAX-Vorstand sagen: „Mach doch deine eigene Firma auf", dann wird er sich in aller Regel schwer tun. Ich glaube, viele können das nicht leisten, obwohl sie es nie zugeben würden. Wenn Sie plötzlich mit 50 Jahren dastehen ohne Sekretärin, die Ihnen die erste Klasse, das beste Hotel oder den Leihwagen bucht, dann hat der eine oder andere schon Probleme. Man muss also wieder ein ganz normales Leben beginnen und das ist für viele Vorstände sehr schwer. Als ich hier 2001 bei AllessaChemie angefangen habe, bin ich natürlich wieder, wie alle Mitarbeiter, Economy geflogen. Wenn Sie dann morgens nach München oder Berlin fliegen und Sie gehen durch die Business Class bei Lufthansa, wo die 28-jährigen Top-Unternehmensberater gebucht haben und Sie sitzen selbst irgendwo hinten im Flugzeug in der Economy Class, dann kostet das schon eine gewisse Überwindung. Allerdings freuen Sie sich dann nach dem dritten Mal, dass Sie sich von den Herrschaften mit den dunkelblauen Anzügen, den Hermès-Krawatten und den Einheitsfrisuren wohltuend abheben. Und Sie müssen auch nicht mehr durch intensive Beschäftigung mit Ihrem Laptop schon vor dem Start Wichtigkeit demonstrieren.

Ich möchte noch mal zurück zu diesen Hoechst AG-Zeiten. Herr Dr. Seifert, sich in solchen Konzernstrukturen durchzusetzen, das ist ja nicht so einfach. Wie haben Sie das gemacht?

Ich habe den jüngeren Leuten immer erzählt, versucht nicht krampfhaft Karriere zu machen. Karriere hängt auch viel mit Glück zusammen.

Das war die bescheidene Abteilung, und jetzt zu den Fakten!

Ich habe unglaublich viel Spaß gehabt an meiner Arbeit und fühlte mich immer als Entrepreneur in der Hoechst AG. So ein Konzern ist ja etwas Tolles, man muss das Klavier dieser Organisation aber auch richtig spielen können. Ich hatte nach relativ kurzer Zeit überall meine Freunde und bilde mir ein, dass es eine Stärke von mir ist, gut zu kommunizieren, Menschen zu begeistern und so habe ich eben sehr viel Unterstützung von den Kollegen bekommen.

Sie haben dafür gearbeitet, dass diese Menschen Ihre Freunde wurden und diese haben Sie dann in den entscheidenden Momenten unterstützt?

Ich habe mich dann aber auch sehr engagiert für die gemeinsame Sache. Es war für mich immer sehr wichtig, dass ich mich auf viele meiner Mitarbeiter verlassen konnte. In den schlimmsten Zeiten standen alle hinter mir, wenn es hart auf hart kam. Das war schon sehr wichtig. In jungen Jahren habe ich großes Glück gehabt, dass der Vorstand der Hoechst AG früh auf mich aufmerksam wurde. Ich hatte die Gelegenheit, einen kurzen Vortrag zu halten vor dem Vorstandsvorsitzenden. Das war schon ein auslösender Moment in meiner Karriere, in dem Führungskräfte auf mich aufmerksam geworden sind, eben die Vorstände und Direktoren. Dann kam etwas völlig Unerwartetes, ich wurde nach Brasilien geschickt, ins Ausland, wo man sich ja normalerweise nicht so leicht profilieren kann. Ich bin gerne dort hingegangen. Ich wurde nach Brasilien geschickt mit 6 Millionen DM, um einen Produktionsbetrieb vor Ort zu restrukturieren. Nach getaner Arbeit habe ich einen Brief in die Zentrale der Hoechst AG nach Deutschland geschrieben und gesagt: „So Freunde, ich habe meine

Arbeit gemacht, der Betrieb läuft jetzt vernünftig und von den 6 Millionen DM, die Ihr mir mitgegeben habt, gebe ich Euch 2 Millionen DM zurück und beantrage eine neue Million, weil ich noch diese und jene zusätzliche Idee zur Optimierung der Produktivität habe." Was ich nicht wusste, zu dem Zeitpunkt gab es in der Zentrale der Hoechst AG eine große Unternehmenskonferenz, in der die Bereichsleiter und der Vorstand zusammensaßen. Mein damaliger Bereichsleiter, der fünf Hierarchiestufen über mir angesiedelt war, sagte in dieser Konferenz: „Wir haben hier etwas ganz Tolles, zum ersten Mal in der Geschichte von Hoechst und IG Farben kommt ein Betriebsführer und gibt 2 Millionen DM zurück, mit der Maßgabe, eine Million DM neu zum Investieren zu bekommen." Das war wirklich etwas Neues. Anfang 1984 wurde ich Direktor bei der Hoechst AG, damit hatte ich die höchste Hierarchiestufe unterhalb der Vorstandsebene erreicht. Das war für mein damaliges Alter schon recht ungewöhnlich im Rahmen der Organisation.

Was waren die Parameter, die zu diesem Erfolg geführt haben? Sie haben eben gesagt, Sie hätten sehr verantwortungsvoll Ihre Budgets verwaltet. Sie haben Chancen, sich beispielsweise bei einem Vortrag zu präsentieren, genutzt. Was gab es noch, dass Ihnen auf diesem Weg geholfen hat?
Da gibt es ganz einfache Wahrheiten. Eine ist, das auf einem solch dynamischen Weg das Unternehmen und seine Interessen immer vorgehen müssen, dass ich also mit einem großen Engagement an den wichtigen Dingen arbeite. Das geht natürlich auch auf Kosten der Familie und generell des privaten Lebens. Meine Frau und ich sind sehr spät Eltern geworden, rückblickend bedaure ich es sehr, dass wir diesen Schritt erst zu einer Zeit gemacht haben, als ich bereits anspruchsvolle Führungsverantwortung hatte. Ich hatte da einen Arbeitstag, der über 12 Stunden bis abends um 20 Uhr ging, dann kam noch der Stapel Post zuhause dran. Um einschlafen zu können gab es dann ein Glas Rotwein. Meine älteste Tochter ist 1986 geboren, von ihren ersten drei, vier Lebensjahren habe ich leider sehr wenig mitbekommen. Die zweite Tochter ist geboren, als ich schon Mitglied des Vorstands der Hoechst AG war, da habe ich dann schon ein wenig mehr Zeit gehabt.

Herr Dr. Seifert, sie erzählten gerade von Ihrer Familie, für diesen Interviewband war es gar nicht einfach, die Beteiligung weiblicher Führungskräfte einzuwer-

ben. Heute Morgen habe ich mir die Homepage der AllessaChemie angeschaut und gesehen, dass die operative Chefin des Konzerns, dessen Inhaber Sie sind, eine Frau ist. Das fand ich sehr positiv. Wir haben im internationalen Vergleich in Deutschland nicht so viele Frauen in Top-Führungspositionen. Jetzt gibt es bestimmt eine ganze Reihe weiblicher Leserinnen dieses Buches, was möchten Sie diesen für deren Karriereweg empfehlen?

Meine erste Empfehlung würde hier weniger an die Damen als an die leitenden Herren gehen …

Nämlich Raum zu schaffen für weibliche Führungskräfte, oder?

Bei der Hoechst AG war ich einige Jahre verantwortlich für die Pharmabranche. In dieser Zeit habe ich es immerhin geschafft, eine weibliche Führungskraft zur Leiterin der Entwicklungssparte von Hoechst Pharma zu machen. Das war damals die erste Direktorin der Hoechst AG. Sie war kommunikativ, sehr versiert und weit überdurchschnittlich engagiert. Sie kam auch beim Vorstand gut an, bei Vorträgen und ähnlichen Veranstaltungen. Trotzdem war es sehr schwierig, diese Dame in dieser hohen Position erfolgreich zu etablieren. Ich hatte sie kennengelernt bei einer Gesprächsrunde mit dem Vorstandsvorsitzenden. Bei dieser Gelegenheit war sie während des Treffens aufgestanden und fragte unseren CEO: „Herr Professor Hilger, wann kommt denn einmal eine Frau in den Vorstand?" Sie fiel mir einfach auf, weil sie den Mut hatte, so etwas in dieser Runde hochgestellter Männer zu fragen. Sie war damals eine Abteilungsleiterin und ihr Mut hat sich für sie gelohnt. Normalerweise sind das die Männer, die Frauen als obere Führungskräfte verhindern. Ich erinnere mich gut an den Vorgänger dieser Dame in der Direktorenposition, ihm hatte ich als Nachfolge die weibliche Option vorgeschlagen, was er auf das Schärfste ablehnte.

Er sagte wörtlich zu mir: „Diese Dame hält das nervlich gar nicht aus." Unsere heutige Geschäftsführerin bei der AllessaChemie stammt auch aus der Pharmaabteilung der Hoechst AG. Sie ist mir früh aufgefallen als eine sehr gestandene Persönlichkeit, die sehr konsequent ihre Meinung gesagt hat, die nie vor etwas Angst gezeigt hat. Viele männliche Führungskräfte, die ich kenne, neigen dazu, nicht sehr standhaft zu sein nach dem Motto: „Das könnte ja der Karriere schaden." Die meisten karriereorientierten Männer, die ich kennengelernt habe, waren biegsam wie ein Turnschuh. Manchmal schadet es auch der Karriere, wenn man zu sehr auf seiner Meinung beharrt.

Almuth Poetz, unsere Geschäftsführerin hier, hatte nie einen übertriebenen Drang, an die Spitze zu kommen. Sie hat wohl immer einen ausgezeichneten Job und damit auch Karriere gemacht. Aber sie war nie besessen von der Vorstellung, Karriere machen zu müssen. Es sind immer dieselben Faktoren, die zum Erfolg führen: Nämlich einfach unaufgeregt einen guten Job zu machen und Spaß daran zu haben. Ich habe in meinem Leben viele Menschen erlebt, die sich völlig verkrampft haben in übertriebenem Karrieredenken, die einfach in einer solchen Haltung auch schlimme Fehler gemacht und Falsches kommuniziert haben, zum Beispiel, indem sie irgendetwas nachgeplappert haben, nur um ihren Vorgesetzten zu gefallen. In aller Regel scheitern diese Menschen, weil das einfach den anderen über kurz oder lang auffällt: Da hat jemand kein eigenes Rückgrat.

Lieber Dr. Seifert, jetzt haben Sie gesagt, dass die Männer oft keinen Platz machen für Frauen in Führungspositionen. Wie stehen Sie denn dann zu dem Gesetzesvorhaben, eine Quote für Frauen in bundesdeutschen Wirtschaftsorganisationen einzuführen?

In unserem AllessaChemie-Aufsichtsrat hatten wir in den ersten vier Jahren meine Frau in unserem Gremium. Sie hat sehr wirkungsvoll die Rolle der sozialen Kompetenz in unserer Runde verkörpert, oft ging sie Koalitionen mit unserem Betriebsratsvertreter ein. Wenn irgendetwas kritisch wurde, sagten die Arbeitnehmervertreter zu ihr: „Sagen Sie bitte Ihrem Mann, das wir da nicht mitspielen, das geht so nicht." Ich glaube schon, dass Frauen ausgleichender sein können, dass sich viele Männer in Gegenwart von Frauen anders verhalten, viele managementtypische Hahnenkämpfe finden dann weniger statt. Die Profilierungssucht wird weniger. Also, zusammengefasst: Ich finde es gut, wenn Frauen in die Top-Gremien einziehen, aber es ist falsch, so etwas von oben herab dirigistisch und staatlich gesteuert anzuordnen.

Herr Dr. Seifert, die Führungskräfte, die Sie in Ihrem Unternehmen zu leitenden Frauen und Männern machen, nach welchen Kriterien wählen Sie diese aus?

Na ja, wir sind kein Riesenkonzern hier. Für die ganz großen Managementpositionen sind wir einfach zu klein von der Größe her. Neben der fachlichen Kompetenz spielt die soziale Kompetenz eine große Rolle. Ich meine damit Engagement für die Firma, vertrauensvolle Zusammenarbeit mit den anvertrauten

Mitarbeitern, gute Kommunikation nach unten und oben, Kritik zu ertragen aber auch kritisch gegenüber Vorgesetzten zu sein. Ehrlichkeit und vieles mehr.

Sie beschäftigen immerhin 800 Mitarbeiter!
Neben der Geschäftsleitung sind natürlich die leitenden Angestellten die wichtigste Führungsgruppe. Die heutige AllessaChemie war früher eine rein produzierende Einheit im Hoechst-Konzern. Die meisten Führungskräfte kamen aus dem Bereich von Produktion und Technik und hatten wenig General-Management-Erfahrung. Es sind gut ausgebildete und erfahrene Betriebsleiter und Betriebsingenieure, die unsere anspruchsvolle Produktion steuern. Um unsere Marketingaktivitäten zu stärken, haben wir in den vergangenen Jahren Kollegen im Marketingbereich eingestellt, die in anderen Firmen schon viel Erfahrung gesammelt hatten. Die Mitglieder der Geschäftsleitung sind erst seit einigen Jahren bei uns und haben bei anderen Firmen Managementerfahrungen gesammelt. Frau Poetz, unsere heutige Geschäftsführerin, hatte vorher eine Firma in den USA mit echter General-Management-Funktion aufgebaut.

Es ist also ein Auswahlkriterium für Sie, dass Sie Menschen jahrelang beobachten und wissen, sie haben in den vorausgegangenen Positionen eine ausgezeichnete Leistung gebracht?
Genauso kam Frau Poetz zu uns. Wir hatten Bedarf damals, suchten einen Finanzchef und ich wusste, Frau Poetz kann das. Wir haben sie zunächst als Beraterin angestellt und eingearbeitet und als der richtige Zeitpunkt kam, wurde sie dann CFO hier und dann im zweiten Schritt einzige Geschäftsführerin der AllessaChemie. Sie kommt nicht aus der Stammbelegschaft.

Noch einmal die Frage, wenn Sie eine Führungskraft aussuchen, was ist Ihnen besonders wichtig?
Ich glaube, dass ich da ein besonderes Gespür dafür entwickelt habe, ob ich Menschen vertrauen kann. Das ist für mich eigentlich das Wichtigste. Wenn ich merke, dass jemand Spielchen treibt und nicht wirklich bei der Wahrheit bleibt, dann kann ich sehr unangenehm werden. Die Person muss, das ist das Zweite und darauf lege ich großen Wert, gut mit den ihr anvertrauten Menschen umgehen. Da erwarte ich sehr viel soziale Kompetenz. Sie muss zuhören können, sie muss bereit sein, auch schwierige Entscheidungen zu treffen und dafür Ver-

antwortung zu übernehmen. Das klingt alles so leicht nach Management-Lehrbuch, aber dies sind Dinge, die müssen sie sich erst einmal schrittweise erarbeiten. Ich halte wenig von Managern, die vorher einmal zwei oder drei Jahre Unternehmensberater waren und dann direkt Abteilungs- oder Bereichsleiter in der Linie werden, oder, noch gravierender, direkt in einen Vorstand einziehen. Es sind auf dem Weg zur Führungsverantwortung einfach längere Wege zu gehen. Unter anderem ist zu lernen, Enttäuschungen konstruktiv zu verarbeiten. Ich bin in meinem Leben zwei oder dreimal unglaublich von Mitarbeitern enttäuscht worden, denen ich ihr kontraproduktives Verhalten vorher nie zugetraut hätte. Das hat mich nachdenklich gemacht und die Erfahrung sammeln lassen, vorsichtiger zu werden. Deshalb lege ich einfach so großen Wert auf ein wirkliches Vertrauen können bei meinem Führungspersonal.

Mit Vertrauenswürdigkeit hängen eng die Parameter Integrität, Werteorientierung und Nachhaltigkeit zusammen, auch ein hohes Ethos der positiven Mitarbeiterorientierung, sind dies Kriterien, die Ihnen auch wichtig sind in der Auswahlentscheidung?

Für mich zählt einfach der authentische Auftritt. Mit vielen meiner Mitarbeiter habe ich ein sehr gutes Verhältnis. Sie wissen einfach: Wenn ich etwas verspreche, dann halte ich es auch ein. Ich gebe Ihnen gern ein Beispiel: Zurzeit sitze ich im Aufsichtsrat einer kleinen französischen Pharmafirma. Den hier verantwortlichen Herrn hatte ich vor vielen Jahren für unser Unternehmen (Hoechst AG) in die USA gesandt mit der Aussage: „Wenn Du mir dieses Problem dort löst, werde ich dafür sorgen, dass Du, wenn Du zurückkehrst, hier wieder einen guten, einen anständigen und passenden Anschlussjob bekommst." Das haben wir dann genauso gemacht und er erhielt eine attraktive neue Aufgabe, nachdem er seine USA-Mission erfolgreich erfüllt hatte. Letztlich trafen wir uns einmal wieder und er erzählte mir, dass dies für ihn ein großes Zeichen von Verlässlichkeit gewesen sei. Es gibt viele Versuchungen, Versprechen aus Gründen der Opportunität zu vergessen, zu verwässern oder einfach nicht einzuhalten. Wenn sie das tun, sind sie bald bei Ihrer Belegschaft unten durch.

Resultierend aus Ihrem eigenen Berufsleben und allem Gesagten: Was ist Ihr finaler Rat an Menschen, die nachhaltige Erfolge im Berufsleben generieren wollen?

Diesen Rat habe ich schon vielen jungen Leuten gegeben: Versuche nicht, krampfhaft Karriere zu machen. Das ist absolut tödlich. Denn wenn all die großen Aktionen dann nicht gleich Früchte tragen, ist die Enttäuschung hinterher umso größer. Hungrig sein, aufsteigen und erfolgreich sein wollen ist vollkommen legitim. Aber wenn die oben beschriebenen opportunistischen und vordergründig auf schnelle Erfolge ausgerichteten Menschen mit fünfundvierzig, mit 50 Jahren merken, es hat nicht funktioniert, ist der seelische Absturz oft gewaltig. Sie werden ins Ausland gesandt, erhalten eine weniger attraktive Abteilung oder werden sonst wie zur Seite geschoben. Dies, nachdem Sie zehn Jahre lang auf ihren Aufstieg hingearbeitet haben und irgendwann die Lorbeeren ernten wollten. Das verkraften viele nicht.

Stefano Wulf, der ehemalige CEO von Fraport Cargo sagt im Interview, dass es kein Anspruch an die Menschen sein darf, dass jeder als Topmanager enden muss.
Von den Chemikern, die wir bei der Hoechst AG hatten, waren 90% Spezialisten, die einfach ihre anspruchsvolle Aufgabe erfüllt haben ohne große Karriereoptionen. Es gibt ja einfach auch eine begrenzte Anzahl von Menschen, die karriereorientiert sind. Als ich bei Hoechst von der Forschung in die Produktionsleitung wechselte, sagte mein Werkleiter damals zu mir: „Machen Sie diesen Schritt bitte nicht mit dem Gedanken, nun eine große Karriere zu machen. Wir senden Sie in einen produzierenden Betrieb nicht für ein paar Monate, sondern für mehrere Jahre. Sie werden schlimme Dinge erleben, es werden Leitungen einfrieren, es wird 40 Grad Celsius im Sommer haben in den Produktionshallen mit den heißen Kesseln, Sie werden es vor Hitze nicht aushalten dort. Sie werden die Gefahr von Unfällen, Feuern und Explosionen haben. Das werden Sie alles managen müssen. Aber Sie werden on the Job trainiert, Belastungen auszuhalten und längerfristig auch schwierige Wege zu gehen." Ich habe dann Kollegen erlebt, die nehmen so etwas für ein paar Wochen auf sich und wollen nach einem Jahr Direktor werden oder anderweitig schnell nach oben kommen. Meine Erfahrung ist, dass viele von diesen Mitarbeitern auf ihren scheinbar dynamischen Wegen scheitern, einfach, weil sie Durchhaltevermögen und Standfestigkeit nicht gelernt haben.

Das ist ja ein wunderbares Schlusswort: Langfristigkeit, Standfestigkeit ...

... und Prügel einstecken zu können, unverdächtigt oder verdächtigt (lacht) ...

Schließlich, nicht zu schnell auf den nächsthöheren Stuhl zu schauen. Vielen Dank, es war sehr interessant, Ihnen zuhören zu dürfen, Herr Dr. Seifert.

[Dr. Karl-Gerhard Seifert ist inzwischen Pensionär.]

— ● —

STEFAN MESSER

CEO und Inhaber der Messer Group

DIE ENTSTEHUNG EINER GROSSEN UNTERNEHMERGESCHICHTE GEGEN VIELE WIDERSTÄNDE

Dies ist das Interview mit Herrn Stefan Messer, Inhaber und CEO der Messer Group in Bad Soden. Herr Messer, meine Bitte ist zunächst, dass Sie uns auf wenigen Seiten einen der interessantesten deutschen Wirtschaftskrimis der Nachkriegs-zeit darstellen – nämlich die Geschichte Ihres Unternehmens in den letzten Jahrzehnten.

Unser Unternehmen blickt auf eine inzwischen 113-jährige Geschichte zurück. Es wurde 1898 von meinem Großvater Adolf Messer in Frankfurt am Main gegründet. Zu jener Zeit beschäftigte er sich mit der Herstellung von karbidbetriebenen Beleuchtungskörpern, die unter anderem in der Gastronomie und im Bergbau weit verbreitet waren. Jede seiner Lampen besaß einen kleinen Karbidgenerator. Das Verfahren ist relativ einfach: Bringt man Karbid mit Wasser in Berührung, bildet sich daraus das Gas Acetylen. Verbrennt man Acetylen mit Umgebungsluft oder sogar mit reinem Sauerstoff entstehen daraus energiereiche Flammen. Durch diese Verbrennung erzeugt die Karbidlampe helles Licht. Als um die Jahrhundertwende die elektrische Energie aufkam, verschwanden

Karbidbeleuchtungsanlagen schnell vom Markt. Zielstrebig überlegte mein Großvater, wie er auf die neuen Marktgegebenheiten mit seiner Acetylenentwicklung reagieren könne. Mit seinem Produktportfolio schwenkte er schnell auf das autogene Schweißen und Schneiden um. Er entwickelte Schweiß- und Schneidbrenner, die mit Acetylen und Sauerstoff betrieben wurden. Mit der autogenen Schweiß- und Schneidtechnik legte mein Großvater das Fundament für alle weiteren Aktivitäten des Unternehmens in der Nachfolgezeit. Zudem stieg er in den Bereich der Tieftemperaturtechnik ein. Mit dem Verfahren kann Umgebungsluft in ihre Bestandteile, wie Sauerstoff, Stickstoff und Argon, zerlegt werden. Den über den Luftzerlegungsprozess gewonnenen Sauerstoff verwendete und verkaufte er für seine Schweißverfahren. Das Unternehmen entwickelte sich in jeder Zeit recht gut, jedoch wurde es in den beiden Weltkriegen sehr stark in Mitleidenschaft gezogen. Im Zweiten Weltkrieg wurde unser Werk, damals in der Hanauer Landstraße, sehr stark bombardiert. Wir konnten es dank der Hilfe loyaler Mitarbeiter nach dem Ende des Krieges wieder aufbauen. Nach dem Zweiten Weltkrieg kam es dann zu einer sehr schnellen Entwicklung: Im Nachkriegsdeutschland musste sehr viel neu aufgebaut bzw. repariert werden und dazu musste man natürlich auch viel Schweißen. Was zur Folge hatte, dass viele Schweißgeräte und genauso viele Schweißzusatzwerkstoffe benötigt wurden, die wir damals produzierten -also ein komplettes Programm. Auch unser Apparatebau für Tieftemperaturanlagen blühte auf, und so wurden weltweit Luftzerlegungsanlagen verkauft. Das war auch die Zeit, in der mein Vater Hans die Verantwortung für das Unternehmen übernahm - also Anfang der fünfziger Jahre. Mein Großvater starb im April 1954 und mein Vater übernahm in sehr jungen Jahren die alleinige Verantwortung. In den Folgejahren suchte er nach einem finanzstarken und kompetenten Partner, da wir die für das Wachstum notwendigen Finanzmittel nicht mehr alleine aufbringen konnten. Wir fanden diesen Partner schließlich in der damaligen Hoechst AG.
Mein Vater hatte festgestellt, dass es eigentlich besser ist, ein laufendes Geschäft – also ein Brot- und Buttergeschäft – zu betreiben, als einmalig alle zwanzig bis dreißig Jahre eine sehr große Industrieanlage zu verkaufen. Deshalb war der Partner Hoechst insofern sehr interessant für uns, weil er mit mehreren Luftzerlegungsanlagen und Gasefüllwerken das komplette Gasegeschäft betrieb. Wir hingegen waren der technische Konstrukteur von Tieftemperaturanlagen zur Gaszerlegung sowie von Acetylenanlagen und hatten die Sparte der Schweiß-

und Schneidtechnik inne. Somit passten wir mit Hoechst sehr gut zusammen. Auf diese Weise kam es 1965 zur Fusion mit Teilen der Knapsack Griesheim AG, einer Tochter der Hoechst AG. Das war im Gasebereich der Konkurrent von Linde, was Schweiß- und Schneidgeräte betraf, der Konkurrent von Messer. Die beiden Unternehmen wurden zur Messer Griesheim GmbH mit meinem Vater als Geschäftsführer an der Spitze zusammen geführt, wobei die Hoechst AG zwei Drittel der Unternehmensanteile übernommen hatte und wir durch unsere Einbringung ein Drittel der Anteile hielten. Mit der Unterzeichnung des Gesellschaftsvertrages wurden meiner Familie weitgehende Rechte eingeräumt, wie die Bestellung eines Geschäftsführers, wobei ein zweiter Geschäftsführer vorgeschlagen werden durfte, und eine maßgebliche Mitsprache bei wichtigen Unternehmensentscheidungen, wie bei Investitionen und der Finanzplanung. Die Zusammenarbeit mit Hoechst lief sehr erfolgreich an. Die Messer Griesheim GmbH war - neben der Linde AG - der Marktführer für die Herstellung und den Vertrieb von Industriegasen in Deutschland. Wir versorgten unsere Großkunden an Rhein und Ruhr über einen Rohrleitungsverbund. Dieses Versorgungsnetz konnten wir in den Folgejahren sukzessive vom Kölner Süden bis nach Dortmund über eine Strecke von 550 Kilometern weiter ausbauen, um die Stahlindustrie und die chemische Industrie in der Region mit Sauerstoff und Stickstoff zu versorgen. Darüber hinaus betrieben wir ein sehr breit angelegtes Flüssiggase- und Flaschengasegeschäft. Aus der Basis heraus haben wir uns dann in Europa weiterentwickelt. Wir tätigten Investitionen in vielen Ländern Europas, später in Amerika und in Asien. Als Gesellschafter bezogen wir nie größere Dividenden oder nahmen Gelder aus dem Unternehmen heraus, sondern wir haben das Geld immer im Unternehmen gelassen. Damals war das vorteilhaft, auch, weil das steuerlich interessant war. So musste auch die Hoechst AG nie etwas nachschießen. Deshalb waren die Manager dort auch immer sehr zufrieden mit unserer Entwicklung. Wir betrieben ein kontinuierliches Geschäft mit stabilem Cashflow und auch einer soliden Wachstumsrate, die jedes Jahr keine großen Sprünge machte, sondern kontinuierlich nach oben ging, so wie das heute auch noch der Fall ist.

Dann kam es zu ständigen Wechseln im Vorstand der Hoechst AG, der Gründervater war noch Professor Karl Winnacker gewesen, der damals auch den Kooperationsvertrag mit meinem Vater ausgehandelt hatte. Diesem folgte dann Professor Rolf Sammet, danach kam Professor Wolfgang Hilger, und bei uns gab es während dieser Zeit immer nur meinen Vater. Er erlebte diese ganzen Manager-Generationen bei der Hoechst AG mit. Er hatte sich dort sehr gut eingegliedert. Wir wurden wie ein Bereich der Hoechst AG geführt. Dann kam die Änderung bei Hoechst mit einem neuen CEO namens Jürgen Dormann. Herr Dormann änderte die Politik völlig. Er wollte Hoechst zu einem reinen „Life Science"-Unternehmen umgestalten und begann damit, die chemischen Industriebereiche zu verkaufen. Dazu zählte natürlich auch die Beteiligung an Messer Griesheim. Allerdings gestaltete sich der Verkauf weitaus komplizierter, da es ja noch uns - meine Familie als Miteigentümerin - gab, wodurch sich der Verkauf zunächst sehr hinzog. Dormann gliederte erst einmal andere Bereiche aus dem Hoechst-Konzern aus und verkaufte sie. Irgendwann kamen wir - Messer Griesheim - dann auch an die Reihe. Allerdings war zu diesem Zeitpunkt die Pharmafokussierung von Hoechst schon sehr weit vorangeschritten. Es gab bereits die Aventis, die 1999 aus der Fusion der Hoechst AG mit dem französischen Pharmakonzern Rhône-Poulenc und später in der Sanofi-Aventis aufging.

Nun stellte sich die Frage, was mit der Beteiligung an der Messer Griesheim GmbH passieren sollte. Mein Vater ging 1993 in den Ruhestand. Zusammen mit der Hoechst AG hatte er sich als seinen Nachfolger als Geschäftsführer der Messer Griesheim GmbH für Herrn Herbert Rudolf entschieden. Er war der Leiter unserer damaligen amerikanischen Tochtergesellschaft. Dies kam Dormann sehr entgegen, weil er von seiner ganzen Art und Einstellung sehr amerikanisch orientiert war. Die beiden, Rudolf und Dormann, hegten den Plan, unser Unternehmen - Messer Griesheim - möglichst teuer zu veräußern. Nun war ich aber schon in dem Unternehmen an verantwortlicher Stelle tätig. Wir hatten auch einen Gesellschaftsvertrag, der vorsah, dass die Familie einen Geschäftsführer stellen und einen weiteren vorschlagen kann. Mein Vater wurde während dieser Zeit sehr krank und verstarb 1997 an den Folgen von Darmkrebs. Er hatte damals nicht mehr die Kraft, unsere berechtigten Interessen durchzusetzen. Damit hatte ich den Schlamassel am Hals und den CEO Rudolf, unterstützt von Dormann, vor mir. Jetzt musste ich aus der Situation das Beste machen. Ich verhielt mich ganz stur. Viele Dinge, die von Rudolf und Hoechst entschieden wurden, wollte ich nicht mittragen, und daher versuchte ich, die ganze Sache aufzuhalten. Rudolf hatte mit seiner aggressiven Akquisitionspolitik die Verschuldung von Messer Griesheim von damals 600 Millionen Mark auf 1,7 Milliarden Euro hochgetrieben. Das war damals nur möglich, weil sich die Verschuldungspolitik unter dem Dach von Hoechst abspielte. Ich musste das alles mit ansehen, obwohl ich natürlich versucht habe, vor den Folgen zu warnen. Viele Investitionen und Akquisitionen, die getätigt wurden, waren völlig fehl am Platz. Es wurden unter anderem überteuerte Produktionsanlagen für Luftgase in Ländern gebaut, in denen es den Bedarf dafür gar nicht gab. Teilweise war die vertragliche Grundlage mit den Abnehmern ungeklärt. Außerdem fehlten uns die Managementkapazitäten zur Steuerung des zu schnell wachsenden weltweiten Geschäftes. Lange Rede, kurzer Sinn: Diese Politik führte dazu, dass die Verschuldung des Unternehmens in die Höhe schnellte, das Management mit der Verschuldung überfordert war, und sich dadurch auch kein Käufer für unser hoch verschuldetes Unternehmen finden ließ. Je höher die Schulden stiegen, desto geringer wurde der Unternehmenswert von Messer Griesheim. Am Ende musste der CEO von Hoechst, Jürgen Dormann, einsehen, dass dieser Weg zu einer völligen Fehlentwicklung des Unternehmens führte. So ließ er sich davon überzeugen, dass unser Geschäftsführer von Messer Griesheim, Herbert Rudolf, entfernt werden musste. Dieser erhielt bei seinem Ausscheiden zu allem Überfluss noch eine hohe Abfindung. Anschließend wurde der damalige CFO der Hoechst AG, Dr. Klaus-Jürgen Schmieder, als Nachfolger eingesetzt. Nach einer Einarbeitungszeit hat Herr Dr. Schmieder im Gegensatz zu seinen Hoechster Kollegen verstanden, dass wir ein sehr langfristig orientiertes Geschäft betreiben, dass sehr kapitalintensiv ist. Wenn das Geschäft einmal läuft, dann hat man einen sicheren Cashflow, aber man hat erst einmal zwei Jahre Bauzeit für so eine Anlage - bis sie dann anläuft und man Kunden für das Großinvestment akquiriert hat, das dauert einige Jahre.

Die Misere ging, nachdem Herr Schmieder als Geschäftsführer für Messer Griesheim eingesetzt worden war, mit der Suche nach einem für uns strategischen Investor weiter. Als diese Strategie nicht funktionierte, ging es darum, andere Vermarktungswege für unsere Organisation zu finden. Wir wollten das Unternehmen nicht zerstückeln, sondern haben uns potente Käufer ausgesucht. Dann entschieden wir uns, die Sache mit Allianz Capital Partners (ACP) und Goldman Sachs in Angriff zu nehmen. Die beiden Finanzinvestoren übernahmen schließlich die Zwei-Drittel-Beteiligung von Hoechst an der Messer Griesheim GmbH, dessen Vermögenswerte durch die viel zu aggressive Expansionspolitik der vergangenen Jahre vernichtet wurden, zu einem sehr niedrigen

Preis. Innerhalb von drei Jahren gelang es uns mit ACP, Goldman Sachs und dem neuen Geschäftsführer, Herrn Schmieder, das Unternehmen zu sanieren und zu restrukturieren. Wir konnten viele Gesellschaften, die in den Jahren der Expansion zugekauft wurden, wieder verkaufen, wenn auch mit hohen Verlusten, um dadurch möglichst zeitnah die Unternehmensschulden zu tilgen. Da das Unternehmen nicht über genügend Vermögenswerte verfügte, mussten wir am Markt eine hochverzinsliche, ungesicherte Anleihe platzieren, die natürlich Geld kostete. Alles das haben wir nach drei Jahren erfolgreich ablösen können. Letztendlich hatten wir Ende 2003 noch 1,1 Milliarden Euro Bankschulden. Wir entschieden, die drei größten Konzerngesellschaften der Messer Griesheim GmbH in Deutschland, den USA und in Großbritannien zu verkaufen. Mit den Erlösen konnte die Familiengesellschaft ACP und Goldman Sachs, unsere Investoren, ausbezahlen und den größten Teil der verbliebenen Schulden tilgen. Ich bezahlte zudem meine Schwester und meine Neffen aus, und mit einem neuen Darlehen konnte ich die restlichen Messer-Aktivitäten als geschäftsführender Eigentümer übernehmen.

Das ist ja wirklich ein Krimi, den Sie da erzählen, ein Wirtschaftskrimi. Wir sprechen hier über die Entwicklung Ihrer unternehmerischen Karriere. Würden Sie den Söhnen und Töchtern anderer Unternehmerfamilien raten, im Unternehmen die Generationsfolge fortzusetzen? Oder ist Ihr Statement: „häng Dir nicht diesen unglaublichen Verantwortungsdruck an den Hals und mach etwas anderes als Deine unternehmenden Eltern"?

Das kommt darauf an. Für uns stellte die damalige Partnerschaft mit einem so großen Konzern wie Hoechst, der dann aufgelöst wurde, eine sehr spezielle Situation dar. Wäre dies nicht der Fall gewesen, wäre Hoechst genauso wie BASF sicherlich heute noch am Markt erfolgreich tätig, und Messer Griesheim wäre Bestandteil des Konzerns geblieben. Dann wäre einiges für mich und meine Familie einfacher verlaufen. Auf der anderen Seite wären wir dann heute nicht unabhängig. Das alles konnte ich ja vorher nicht wissen. Natürlich wünsche ich meiner Nachfolgegeneration, dass alles besser wird. Ein großer Vorteil ist, wenn eine Familie zu einhundert Prozent im Besitz eines Unternehmens ist, dann können viele Dinge, sofern die Familie zusammenhält, stressfreier verlaufen.

Sie sitzen vor mir Herr Messer, Sie sind gesund und machen einen gut gelaunten Eindruck. Wenn Sie das alles vorher gewusst hätten, wie hätten Sie sich verhalten? Hätten Sie gesagt, aus mir wird auch ein wunderbarer Justiziar, ein Sanitätsrat oder etwas Ähnliches?

Das ist eine schwierige Frage. Ich glaube schon, dass ich alles noch einmal so durchgezogen hätte, denn im Nachhinein ist es ja auch eine schöne Anerkennung, dass wir das so hinbekommen haben. Auf der anderen Seite haben Sie schon Recht. Es hat mich sehr viel Ärger gekostet. In 2008 bin ich an Krebs erkrankt. Es ist im Nachhinein alles gut verlaufen. Ich glaube, dass ich diese Krankheit nicht bekommen hätte, wenn ich nicht solch einen existentiellen Stress gehabt hätte.

Wovor möchten Sie die Töchter und Söhne unternehmerischer Familien in Deutschland warnen? Welche Fehler sollen sie nicht machen?

Was ich nicht mehr machen würde, ist ein Zusammenschluss mit einem großen Konzern, der die Mehrheit hält. Da würde ich lieber als Unternehmen kleiner bleiben und mein eigener Herr sein. Auf der anderen Seite muss ich sagen: Wenn mein Vater diese Konzernpartnerschaft nicht eingegangen wäre, dann hätten wir heute nicht so ein interessantes Geschäft. Wir sind heute im Unternehmen noch nicht an unsere Grenzen gestoßen, da ist noch genug Spielraum, um zu wachsen. Ich würde auf keinen Fall empfehlen, freiwillig einen Partner mit ins Geschäft zu nehmen, der das Unternehmen führt.

Zumindest vorsichtig sein, sich nicht vereinnahmen zu lassen.

Ja, genau.

Was zeichnet denn die Menschen aus, die über die Jahre Ihr Vertrauen erworben haben und die sie in führender Position begleiten dürfen in Ihrem familiengeführten Unternehmen? Was sind das für Managertypen, denen Sie vertrauen?

Das sind sehr unterschiedliche Menschen, weil wir natürlich, wie in jedem Unternehmen, ganz verschiedene Charaktere brauchen und unterschiedliche Fachleute. Wir haben Ingenieure, Verkäufer, Finanzexperten und andere loyale Mitarbeiter, die schon seit vielen Jahren im Unternehmen sind. Wir haben nur ganz wenige Mitarbeiter, die von außen hinzu gekommen sind. Das liegt daran, dass das Feld, in dem wir arbeiten, sehr abwechslungsreich und hochinteressant ist.

Eben weil wir wirklich mit allen möglichen Industriebereichen zu tun haben, das geht bis in die Medizin und in die Umwelttechnik. Deshalb haben wir wohl auch sehr wenig Fluktuation.

Passt diese alte These, dass in einem familiengeführten Unternehmen die Karriere doch ruhiger, langfristiger, weniger quartalsgetrieben verlaufen kann?
Ja, absolut. Das würde ich schon sagen.

Ein Unternehmer ist nach landläufiger Meinung ein Querdenker, ein Visionär, ein Innovator, er muss das berufsbedingt sein. Welche Führungskräfte braucht man dann, wenn man so ein Innovator ist? Können Sie Menschen mit quer gedachten Ideen gebrauchen?
Wir haben oft sehr heftige Diskussionen miteinander. Es gibt bei uns ein Beratungsgremium, das nennen wir Advisory Board. Darin sitzen unsere Regionalleiter aus China, Südosteuropa, Zentraleuropa, Westeuropa und auch die zentralen Bereichsleiter. Hier gibt es sehr unterschiedliche Charaktere und auch sehr unterschiedliche Ideen über unser Geschäft. Das befruchtet natürlich die ganze Ausrichtung des Unternehmens und wir brauchen so etwas auf jeden Fall. Ich will keine blinden Ja-Sager hier haben.

Sie sagen, Sie wollen keine Ja-Sager. Ich denke da an die Heinz Nixdorf-Geschichte aus den späten siebziger Jahren. Er hatte Entscheidungskraft, er war Unternehmer alter Schule und war der prägenden Meinung: „Personal Computer sind nicht wichtig, die wird es nicht in Form eines Massengeschäfts geben." Das war ein großer unternehmerischer Fehler, der fast zum Zusammenbruch der Firma geführt hätte. Wie begegnen Sie der Gefahr der unternehmerischen Macht und aus dieser Position heraus falsche Wege zu gehen. Wie verhindern Sie das?
Eine derartige Entscheidung würde ich nie alleine treffen, weil ich mich bei bedeutenden Entscheidungen generell mit meinen Kollegen sorgfältig abstimme. Wir diskutieren die Dinge sehr gewissenhaft. Nur wenn es absolut notwendig ist, dann muss ich natürlich auch mal etwas durchsetzen. Aber im Grunde genommen diskutieren wir die meisten Dinge. Ich bin kein selbstherrlicher Unternehmer, der meint er wüsste alles besser, mit einem Heer von Lakaien um mich, die alles nachsprechen was ich sage. Das will ich gerade nicht.

Was mich noch sehr interessiert: in familiengeführten Unternehmen herrschen ja gewisse eigene Regeln. Haben Sie einen Verhaltenshinweis für Manager in familiengeführten Unternehmen, damit sie die Möglichkeit haben, sich gut zu entwickeln? Was ist Ihnen da besonders wichtig?

Als Unternehmer ist es elementar, dass man eine hohe Sozialkompetenz hat und immer versucht, seine Mitarbeiter möglichst optimal an die Stelle zu setzen, wo sie am meisten bewirken können. Natürlich muss man auch dafür sorgen, dass diese möglichst im Team zusammenarbeiten, dass sie motiviert und nicht gegeneinander eingestellt sind. Das ist die Hauptaufgabe eines Unternehmers oder auch eines Managers, der an der Spitze sitzt. Hier zählt weniger die Fachkenntnis. Die Fachleute haben sie ja alle im Unternehmen. Es zählt eigentlich mehr, dass er dafür sorgt, dass es ein gutes und motiviertes Team gibt, dass er eine Atmosphäre schafft, in der sich die Menschen wohl fühlen. Da geht es nicht nur um Geld und Gehalt, sondern auch um die Werte, die das Unternehmen lebt. Das halte ich für das Allerwichtigste.

Motivation, Empathie, ein gutes Klima. Wie ist das mit den Leistungsparametern, auch mit der Einforderung von Leistung in einem Familienunternehmen. Geht das da strenger zu oder hierarchischer?

Wir haben ein Erfolgsbeteiligungssystem, ein Bonussystem, das klar auf Erfolgsparameter ausgerichtet ist. Das spornt ganz ordentlich an.

Wir sprechen heute in Deutschland viel über die angelsächsischen Managementmethoden, unter anderem dahingehend, dass wir immer mehr herausfinden, dass diese vielleicht nicht ganz so gesund und förderlich sind für den langfristigen Erfolg eines Unternehmens. Sie haben eben auch über Langfristigkeit gesprochen. Ich weiß nicht, ob Sie einen Sohn haben?

Ich habe eine erwachsene Tochter und bin Vater eines Sohnes, der jetzt 23 Jahre alt ist.

Was empfehlen Sie ihm im Hinblick auf seine berufliche Zukunft?

Er hat gerade seinen Bachelor gemacht und will jetzt einen Master-Studiengang absolvieren. Was ich ihm empfehlen würde: Es ist immer erst mal besser, wenn man von unten einsteigt in ein Unternehmen und nicht gleich oben hineinkommt als Vorstandsassistent, um dann bald Chef zu werden. Denn dann fehlt

Ihnen vieles an sozialen Kompetenzen. Das ist das, was ich in meinem Leben gelernt habe. Ich bin auch von ganz unten eingestiegen und kenne daher erstens mein Unternehmen sehr gut, zweitens die Menschen, die vor Ort arbeiten und drittens die genauen Abläufe von der Produktion bis hin zu der Verwaltung. Anders ist es natürlich, wenn Sie ein Seiteneinsteiger sind und vielleicht eine hohe Fachkenntnis haben von irgendeiner Sache, die natürlich auch wichtig sein kann für das Unternehmen. Aber dann haben Sie natürlich bei weitem nicht die Akzeptanz der Mitarbeiter. Aus meiner Perspektive gilt klar: Die weichen, die sozialen und mitmenschlichen Faktoren der Integration in das Unternehmen sind wichtiger.

Ich finde, dass ist ein sehr wichtiger Satz in Bezug auf unser Grundthema des Interviews. Wir wollen aus der Familienunternehmer-Perspektive Aussagen machen über die Töchter und Söhne von Unternehmern. Jetzt haben Sie eben gesagt: „Du sollst nicht oben einsteigen, sondern Dir Deine Schritte wie jeder andere erarbeiten." Sie kennen das sehr gut, diese Geschichten von vielen Söhnen und Töchtern aus unternehmerischem Zuschnitt, die es nicht geschafft haben. Vielleicht haben Sie einen finalen Rat für Kinder aus Unternehmerfamilien, wie diese sich vor wesentlichen Gefahren in der Entwicklung schützen können. Mir fallen da diverse Internatsgeschichten ein mit einem nicht geschafftem Abitur und nicht funktionierter Integration als Unternehmerkind. Wie kann man sich dem entgegenstellen?

Schwer zu sagen. Ich kann, wie gesagt, immer nur aus meiner eigenen Erfahrung sprechen. Es hat mir sehr gut getan hat, dass ich schon mit jungen Jahren in das Unternehmen gekommen bin und mich von der Pike auf hochgearbeitet habe.

Sie haben auch ein Studium absolviert, oder?

Ja, ich habe es aber nicht abgeschlossen. Ich habe zunächst eine Lehre gemacht und dann auch ein Studium begonnen, habe das dann aber abgebrochen und bin relativ früh in das Unternehmen gekommen. Ich habe auch Freunde, die das ähnlich gemacht haben und auch diese sind heute alle sehr erfolgreich als Unternehmer. Ich kenne viele Fälle, die es so nicht machten, einen super Studienabschluss bekamen und dann versagten in ihren ersten Führungsrollen. Das ist ganz eigenartig. Diese Menschen bekommen manchmal weniger Anerkennung, denn die Mitarbeiter sagen dann: „Das ist der Sohn des alten Unternehmers. Er wird von Außen in die Firma hineingedrückt und hat überhaupt keine praktische Erfahrung. Der kommt von der Universität und hat nur Theorie im Kopf." Deshalb kann ich ein rein akademisch geprägtes Vorgehen nicht empfehlen.

Das ist meiner Meinung nach ein ganz konkreter und handfester Rat, zunächst viel an beruflicher Praxis zu sammeln. Brigitte Stoof, die Personaldirektorin von Bridgestone hat in ihrem Interview gesagt, sie habe sehr viel praktisch gearbeitet während ihres Studiums, sie habe ganz verschiedene Sachen probiert, bewusst nicht gleich auf eine Führungsfunktion abgezielt. Das haben Sie jetzt ja noch mal bestätigt. Dafür bin ich Ihnen sehr dankbar. Damit haben wir auch einen konkreten Handlungsrat für Kinder aus Unternehmerfamilien.

Ja, das hat aber natürlich dazu geführt, dass mich die meisten Leute immer unterschätzt haben. So auch die Vorstände der Hoechst AG, als sie mich kennenlernten. Sie fragten: „Was ist das denn für einer, der bricht sein Studium ab und wurschtelt bei den kleinen Auslandsfilialen. Da weiß keiner was er genau tut." Aber dass man dort die meiste Lebenserfahrung macht, ist der eigentlich wichtige Punkt. Zusätzlich gilt: Sie müssen heute als Unternehmer durch die Firma und durch die Büros gehen, den Leuten guten Tag sagen, sich für ihre Arbeit interessieren und sich auch einmal länger mit den Mitarbeitern unterhalten. Das ist eigentlich mein Stil, deswegen bin ich auch willkommen und die Kollegen respektieren mich.

Und nun müssen Sie ein neues Regal in Ihrem Büro aufbauen, damit all die ganzen Preise und Ehrungen für Ihr unternehmerisches Lebenswerk untergebracht werden können. Das bestätigt Ihre Aussagen in wunderbarer Weise. Herzlichen Dank, Herr Messer, für dieses Gespräch.

— ● —

BETTINA WÜRTH
Vorsitzende des Beirats der Würth-Gruppe

AUF WELCHE WEISE SETZT MAN SICH ALS FRAU IN EINER MÄNNER-DOMINIERTEN UNTERNEHMENSSPITZE DURCH?

Welchen Rat haben Sie für Frauen, die sich wie Sie in einer Konzernstruktur nicht nur behaupten, sondern auch in Richtung der Führungsetagen durchsetzen wollen? Wie haben Sie das geschafft, Frau Würth?

Ich habe nie das Gefühl gehabt, dass es in erster Linie darum geht, mich gegen Männer durchzusetzen. Mein innerer Motor war und ist die Freude an der Arbeit, dabei mache ich mir wenig Gedanken darüber, ob ich als Mann oder als Frau arbeite und meine Ziele verfolge.

Haben Sie die Situation erlebt, dass ein Mann an Ihnen vorbei Karriere gemacht hat und Sie haben sich darüber geärgert?

So eine Situation habe ich eigentlich nicht erlebt. Ich weiß nicht, wie man 1997 auf mich kam, um die Division Bau für unser Unternehmen aufzubauen und welche Vorgespräche im Hintergrund stattfanden. Ich habe die Chance, die damals offenstand, einfach ergriffen Als Frau und auch als Tochter des Inhabers war das schon etwas Außergewöhnliches. Da hat der eine oder andere gemeint, er müsse jetzt die Division wechseln und weiter mit einem Mann als Chef arbeiten. Interessanterweise sind diese Kollegen nach eineinhalb Jahren wieder in unsere Division zurückgekommen.

Was sind das für persönliche Eigenschaften gewesen, mit denen Sie sich damals den Respekt der männlichen Führungskräfte erworben haben?
Ich möchte da grundlegend sagen, dass ich die ständige Differenzierung zwischen Mann und Frau im Berufsleben nicht gut finde. Akzeptanz wächst in jedem Fall aus Geradlinigkeit, Ehrlichkeit und Transparenz im eigenen Verhalten, auch Konsequenz im Handeln halte ich für sehr wichtig.

Sprechen Sie hier von einer Konsequenz im Sinne eines „Ich tue was ich sage und sage was ich tue?"
Ganz richtig. Hinzufügen möchte ich, dass als Grundlage von Akzeptanz auch Objektivität anderen gegenüber notwendig ist. Damit meine ich, meine Mitarbeiter gerecht und fair zu behandeln, auch wenn Sympathien und Antipathien sicherlich existieren. Es gibt Menschen, mit denen ich vielleicht nicht so gut zurechtkomme, die ich aber fördere, einfach weil sie eine gute Arbeit machen.

Ich möchte nicht auf dem Geschlechtervergleich zu sehr herumreiten, aber wenn es um solche Faktoren geht wie gezeigte Empathie, um Zuhörenkönnen und um Mitmenschlichkeit, stimmen Sie dem zu, dass Frauen da einfach oft den besseren Draht zu ihren Mitarbeitern und Kollegen haben?
Sicherlich kann ich zuhören, aber ich beziehe auch gern deutlich mit meiner Meinung Stellung, wenn es darum geht, wie ein Projekt angepackt oder ein Problem gelöst werden soll. Ich bin nicht der ewige Moderator, sondern habe auch klare Standpunkte – sicherlich ist moderieren oft wichtig, aber darum darf es nicht ausschließlich gehen.

Und Menschen, die Ihre Standpunkte nicht teilen, wie gehen Sie mit denen um?
Die sollten schon bereit sein, mit mir in eine tiefgreifendere Diskussion zur Sache einzusteigen. Auch wenn Kollegen dann manchmal gerne schnellere Entscheidungen wollen, kann es passieren, dass ich darauf bestehe, dass ein Thema ordentlich durchdacht wird.

Der Dialog, das Beleuchten verschiedener Perspektiven in der sachlichen Auseinandersetzung ist eine sehr wesentliche positive Managementeigenschaft, oder nicht?

Ganz klar gehört hier für mich auch dazu, mich von anderen überzeugen zu lassen. Nichtsdestoweniger muss ich auch eine eigene Haltung haben können, wenn ich von etwas sachlich belegbar überzeugt bin. Es gibt in der Personalführung einfach Momente, in denen ich auch unangenehme Entscheidungen fällen muss. Wenn Kollegen in ihren Leistungen nicht zufriedenstellend sind oder sich nicht im Sinne des Unternehmens verhalten, gehören auch solche nicht einfachen Entscheidungen dazu. Am Ende des Tages schätzen es meiner Erfahrung nach aber alle Beteiligten, wenn sie jederzeit genau wissen, woran sie sind und wo sie stehen. Schlimm finde ich, Entscheidungen endlos auszusitzen ohne einen klaren Standpunkt zu beziehen.

Sie sind ja einen weiten Weg durch die Strukturen Ihres Unternehmens gegangen über viele Hierarchiestufen hinweg und haben dabei sehr viele Menschen kennengelernt. Glauben Sie, dass es solche Menschen einfacher haben, die vielleicht nicht mit dem ganz großen Ehrgeiz ausgestattet sind und sich mit einem leichteren Platz im Unternehmen zufrieden geben?

Es gibt eben Menschen, die einen starken und aufbauenden Geist haben und andere die eher ausgleichend und bewahrend eingestellt sind. Ich gehöre eher zu der ersten Sorte, bin von Temperament und Neugierde geprägt und an der Zusammenarbeit mit immer neuen Menschen interessiert. Auf einem solchen Weg entwickele ich mich selbst konsequent weiter. Da ich nie 15 Jahre nur eine Funktion innegehabt habe, weiß ich nicht, ob es mir da irgendwann langweilig werden würde. Nur aus dieser Warte heraus kann ich das beurteilen.

Zum Thema unternehmerischer Druck, schränkt es Ihre Lebensqualität ein, für zehntausende von Menschen eine existenzielle Mitverantwortung zu tragen?

Wenn ich anfange, mich über die Zahl der Menschen zu definieren, für die ich Verantwortung habe, dann bin ich auf dem falschen Weg. Ich muss mich einfach den Aufgaben stellen, die jeden Tag kommen ohne zu viel über die anderen Dimensionen nachzudenken. Meine Kerndisziplin muss sein, neue Entwicklungen vorauszudenken, um dann die richtigen Entscheidungen zu treffen.

Dafür ist es wichtig, mit einer geistigen Flexibilität den unternehmerischen Prioritäten konsequent nachzugehen.

Was sind die persönlichen Kriterien für Ihren Managementstil? Sie haben schon gesagt, dass Ihnen der Umgang mit Menschen sehr wichtig ist und dass Sie sich intensiv die Meinungen anderer anhören. Welche Eigenschaften sind noch verantwortlich für Ihren Erfolg der letzten Jahre?
Ein Vorteil war, glaube ich, dass ich nicht akademisch verbildet worden bin, da ich nicht studiert habe. Ich habe eine gewisse Risikobereitschaft und sage mir gern: „Ich gebe mein Bestes, dass es funktioniert; mit dem klaren Ziel, dass es funktioniert." Wenn sich dann Erfolge einstellen, ist es eine schöne Bestätigung für mich, mit so einer unvoreingenommenen Zielorientierung weitergekommen zu sein.

Stefan Messer sagt in seinem Interview Ähnliches wie Sie. Als Nachfolger seines unternehmerischen Vaters meinte er, es sei gut gewesen, selbst ganz unten im Unternehmen anzufangen. Er hat auch kein Hochschulstudium abgeschlossen und sagt: „Du erwirbst Dir viel mehr Respekt bei den Menschen durch ein konsequentes Hocharbeiten als wenn Du von einer schicken Managementschmiede kommst." Ist das auch Ihre Erfahrung?
Ja, so sehe ich das auch. Ich habe heute noch Kollegen, mit denen ich schon in der Ausbildung zusammen war, kenne persönlich Menschen aus den unterschiedlichsten Hierarchieebenen. Wenn Sie als Tochter im eigenen Unternehmen anfangen, sind Sie immer in einer besonderen Situation. Vielleicht hat mich das Thema Frau auch deshalb nicht so sehr beschäftigt weil es viel wichtiger war, dass ich hier als Tochter meine Position finde. Da gibt es ein paar Geschichten über Kollegen, die mich getestet haben. Zum Beispiel, als ich im Lager angefangen habe zu arbeiten. Es war eine der ersten Pausen damals vor ungefähr 30 Jahren. Da standen die Lagerarbeiter um mich herum und haben demonstrativ eine Zigarette angezündet. Später habe ich erst verstanden, worum es ging – ich wurde geprüft, ob drei Tage später mein Vater vor ihnen steht und sich beschwert, dass sie rauchen, obwohl das dort verboten war. Nachdem der Vater nicht kam, war der erste Loyalitätstest der Lagerarbeiter, was mich betraf, bestanden.

Ein anderes Beispiel: Als Azubi wollte ich natürlich Leistung zeigen, gerade in dieser besonderen Situation, und blieb gern länger. Eines Tages kam der Abteilungsleiter zu mir und sagte: „Frau Würth, könnten Sie bitte abends früher – also pünktlich – nach Hause gehen, weil, wenn Sie nicht gehen, trauen sich die Kollegen auch nicht zu gehen." So stand ich immer vor der Herausforderung, die Menschen für mich zu gewinnen, ein Vertrauensverhältnis aufzubauen. Heute kann ich mit vielen Kollegen im Unternehmen ein Bier trinken gehen und mich über Geschichten von früher unterhalten. Es ist ein großer Vorteil in einem Familienunternehmen, über tragfähige Netzwerke mit vielen Kollegen zu verfügen.

Es ist Ihnen ja trotzdem nichts geschenkt worden auf Ihrem Weg, oder?

Mein Vater hatte zu Beginn sicherlich nicht die Vorstellung, dass seine Tochter hier im Unternehmen Karriere macht. Er war auch einfach skeptisch, es hätte ja sein können, dass sein Kind ihn blamiert. Um sich zu positionieren, ist eine Führungsposition im Vertrieb gut geeignet. Das sind gläserne, von vielen Kennziffern beleuchtete Strukturen. Wenn Sie hier nachweisen können, dass die Fluktuation nicht zu hoch ist, dass Umsatz und Gewinn stimmen, dann braucht man nicht mehr viel über die eigene Leistung zu diskutieren. Und für mich war es schön zu sehen, dass mein Vater in seiner Einstellung einen Wandel vollzog und sagte: „Das Mädel kann ja was."

In einer Vertriebseinheit erfolgreich zu arbeiten hat ja auch extrem viel mit guter Menschenführung zu tun. Was sind Ihre Führungsprämissen, wie bringen Sie Menschen zum Erfolg?

Zum einen gehört dazu, mit einem gewissen Vertrauensvorschuss zu arbeiten. Zum anderen bedeutet „wirkungsvolles Führen" Mitarbeiter auch einfach einmal ins kalte Wasser zu werfen und zu sagen: „Das schaffst Du, nun probiere das mal." Ich bin auch ein recht harter Coach, der nah an den Mitarbeitern dran ist und klares Feedback gibt. Ich lasse den Mitarbeitern generell gern eine lange Leine, damit sie sich selbst zurechtfinden. Die wird aber schnell sehr kurz, wenn ich das Gefühl habe, dass etwas aus dem Ruder läuft. Mir ist aber nicht nur die fachliche Leistung des Mitarbeiters wichtig, sondern auch sein persönliches Verhalten. Mir ist die menschliche Kompetenz bei meinen Mitarbeitern genauso wichtig wie die fachliche Qualität.

Was sind Dinge, die Sie bei Ihren Mitarbeitern gar nicht mögen?
Arroganz finde ich grausam und genauso Unehrlichkeit. Auch fassadenhaftes Verhalten mag ich nicht. Ich spüre oft, dass Menschen glauben, es wäre ein professionelles Managerverhalten, sich hinter einer Fassade zu verstecken. Am erfolgreichsten kann man als Führungskraft arbeiten, wenn man authentisch und man selbst ist. Nicht zuletzt: wenn man zu seinen eigenen Schwächen und Stärken steht.

In Ihren vielen Jahren auf den verschiedenen Hierarchiestufen: Wie sind Sie Autorität und Macht ausübenden Menschen begegnet? Was war hier Ihre Strategie?
Als Beispiel möchte ich meinen Vater nennen: Er ist sehr sympathisch, kann aber auch autoritär auftreten. In diesem Fall wird die Autorität authentisch gelebt, daher ist das für mich in Ordnung. Dieser Haltung gegenüber habe ich sehr viel Respekt. Aber natürlich gehört es auch ein wenig zur weiblichen Raffinesse, auf die richtigen fünf Minuten zu warten, um etwas anzusprechen und die eigenen Standpunkte richtig anzubringen.

Jetzt machen Sie, Frau Würth, einen ganz gelösten und entspannten Eindruck im Angesicht Ihrer großen unternehmerischen Verantwortung. Was ist Ihre Strategie, um sich emotional und von Ihren Kräften her zu balancieren?
Faulenzen, lesen und meine Familie.

Sie verbringen Ihr Leben nicht mit Golf, Motorjachten und Ähnlichem, was so der normale Mensch von Ihnen annehmen würde?
Ich fahre gern Tretboot (lacht). Wir haben wohl ein Firmenflugzeug, aber es macht einfach keinen Spaß, sich immer in einer artifiziellen Welt zu bewegen. Wenn ich im Urlaub mit den Kindern auf einem ganz normalen Flughafen stehe, ist dagegen gar nichts zu sagen. Es ist völlig okay in einer Schlange zu stehen wie jeder andere auch.

Liebe Frau Würth, ich habe erfahren, dass es Kinder aus Unternehmerfamilien nicht immer ganz einfach haben. Es gibt viele Beispiele, in denen solche Karrieren sehr misslungen sind. Was möchten Sie solchen Menschen in diesem Interview mitgeben?

Zum einen sich nicht zurückzuziehen, sich nicht ausgrenzen zu lassen und abzuschotten nach dem Motto: „Bleiben wir doch lieber unter denen, mit denen wir uns verstehen." Ich glaube, man muss immer einen ganz offenen Blick haben für sein Umfeld. Für Mitglieder einer Unternehmerfamilie ist es wichtig, aktiv neugierig zu sein und sich auch für die Bereiche in der Gesellschaft zu interessieren, die nicht zur eigenen Umgebung gehören. Ich meine hier nicht eine akademische Auseinandersetzung mit tollen Theorien, sondern ganz handfest der Umgang und das Entdecken aller gesellschaftlichen Bereiche. Ich rate dazu, mitten im Leben zu stehen mit allen unterschiedlichen Facetten und keinen einseitigen oder beschränkten Unternehmerblick zu haben.

Sie, Frau Würth, könnten sich eigentlich fast alles kaufen. Was macht Sie glücklich?
Am glücklichsten bin ich, wenn ich weiß, dass meine Kinder zufrieden sind, dass es meinem Mann gut geht und in der Familie alles läuft. Es ist ein Segen zu sehen, wie meine Kinder langsam selbstständig werden und schrittweise Verantwortung übernehmen. Schön ist auch, rückgemeldet zu bekommen, wenn meine Kinder meine Erziehungsgrundsätze und Wertevorstellungen positiv sehen. Glücklich macht mich, Mitarbeiter bei ihrer Entwicklung zu unterstützen. Wenn ich merke, jetzt kommt jemand alleine zurecht, mit den richtigen Skills, dem passenden Coaching. Es macht mir Freude, Menschen dabei zu helfen, selbst zu reflektieren: „Wo stehe ich wirklich und wie werde ich wahrgenommen?"
Wenn ich heute hier in Künzelsau durch die Cafeteria laufe und Mitarbeiter sehe, die ich vor fünf oder sieben Jahren begleitet habe und die heute eine gute Akzeptanz bei den anderen und im Geschäft haben – das freut mich.

Wenn Menschen neu in Erfolgssituationen kommen, zum ersten Mal Personal führen, mehr verdienen als früher, sich dann neu aufstellen müssen. Was raten Sie diesen?
Sie sollen so bleiben, wie sie sind, sich nicht über Geld definieren. Es geht darum, innerlich unabhängig zu bleiben. Erfolgreich ist man nur so lange, wie man sein eigenes Tun immer wieder selbstkritisch hinterfragt und sich selbst prüft. Es gibt die neue Position in der höheren Hierarchiestufe, in der Ihnen die Menschen nicht mehr sagen, ob Sie die Dinge gut und richtig tun oder nicht. Es wird dann einsamer und Sie müssen selbst spüren, wo Sie Fehler machen. Gut

ist auch, sich in einer solchen Situation aktiv Feedback der anderen einzuholen. Wer sich solches bewahrt, kommt auch mit der neuen Verantwortung, mit mehr Geld und der Führung von Personal besser zurecht.

Nichts ist gefährlicher für den Erfolg als der Erfolg, oder?
Genau.

Meinen herzlichen Dank für unser Gespräch.

— ● —

JOSEF PREIS

Vorstandsvorsitzender der Diskus Werke AG

WIE WACHSEN GROSSE KARRIEREN FÜR INGENIEURE?

Herr Preis, wenn Sie sich und ihr Unternehmen bitte zu Beginn einmal kurz vorstellen.

Die Diskus AG ist eine Aktiengesellschaft, die im Freiverkehr an der Börse gehandelt wird. Sie ist eine Holdinggesellschaft und hat verschiedene Tochtergesellschaften, eine davon ist die Pittler T+S, wo wir uns heute befinden. Bei uns arbeiten insgesamt circa 1.000 Mitarbeiter, wir machen einen Jahresumsatz von ungefähr 160 Millionen Euro und bauen Werkzeugmaschinen, wobei zwei Drittel des Umsatzes im Bereich der Automobilindustrie generiert werden. Unsere Exportquote liegt bei ungefähr 60%, daher sind wir natürlich sehr stark auf das aufstrebende China orientiert, wie die meisten anderen Wettbewerber in unserer Branche auch. Indien und Südamerika spielen ebenso eine wichtige Rolle für uns.

Können Sie bitte beschreiben, wie Sie sich in den heutigen Karriereschritt hinein entwickelt haben? Es wird ja nicht jeder Ingenieur Vorstandsvorsitzender einer Aktiengesellschaft.

Meine berufliche Karriere startete mit einer Ausbildung als Schlosser, das war Anfang der 70er-Jahre. Nach dieser Schlosserlehre habe ich mich für den zweiten Bildungsweg, und hier für ein berufsbegleitendes Maschinenbaustudium entschieden. Dieses habe ich 1979 abgeschlossen. Nach dem Studium habe ich als Entwicklungsingenieur bei der Firma Heyligenstaedt in Gießen begonnen. Dort war ich zwei bis drei Jahre beschäftigt und bekam dann erste Führungsaufgaben, konkret die Leitung einer kleinen Konstruktionsgruppe mit damals fünf Mitarbeitern, wo wir für ein bestimmtes Maschinensystem die Konstruktionsaufgabe hatten. Nach dieser Gruppenleitung wurde ich nach circa fünf Jahren Abteilungsleiter und nach weiteren fünf Jahren Konstruktions- und Entwicklungsleiter, sodass ich bei diesem Unternehmen die volle Karriere vom einfachen Konstrukteur bis zum Konstruktionsleiter durchlaufen habe. Anfang der 90er-Jahre habe ich mich dann aus persönlichen Gründen entschieden, dieses Unternehmen zu verlassen. Ich hatte eine Aufgabenstellung angeboten bekommen als Geschäftsführer eines Unternehmens, das insolvent gegangen war, nämlich, dieses neu aufzubauen und auszurichten. Das war ein Unternehmen mit damals 65 Mitarbeitern. Die Aufgabe hat mich gereizt, weil ich dort, all das, was ich mir bis dahin technisch und führungsmäßig angeeignet hatte, eigenverantwortlich in die Tat umsetzen konnte. Damals habe ich auch den Gesellschafter kennengelernt, bei dem ich nun seit 15 Jahren mittlerweile tätig bin, Herrn Rothenberger aus Frankfurt. Mit dieser Aufgabenstellung habe ich zum ersten Mal eine Tätigkeit in der oberen Führungshierarchie aufgenommen.

Da sind Sie damals schon ein gewisses Risiko eingegangen, oder?

Eigentlich nicht, ich war mir bewusst, was ich konnte und wollte, ich war knapp 40 Jahre alt und es war genau das richtige Alter, um dann eigenverantwortlich eine Geschäftsführung zu leiten. Ich sah das nicht als Risiko, weil ich zu diesem Zeitpunkt schon relativ viele Angebote hatte.

Einige Ihrer Kollegen aus dem Topmanagement meinen, dass man auch einmal den Mut zu einem neuen, zu einem unkonventionellen Schritt haben sollte. Das sehen Sie wahrscheinlich ähnlich, oder?

Ja, das sehe ich absolut so.

Wenn Sie zurück schauen, war auf dem Weg zu Ihrer heutigen Topmanagement-Position das Ingenieurstudium die richtige Wahl, oder hätte vielleicht ein anderer Weg direkter zum Ziel geführt?

Ich denke, es war die richtige Wahl und ich bin der Meinung, dass die Kombination aus Studium und Berufsausbildung für mich der entscheidende positive Faktor war. Ich hatte natürlich den Vorteil nach meiner Berufsausbildung, dass ich gewisse praktische Erfahrungen bereits besser verinnerlicht hatte, als das vielleicht reine Studienabgänger haben. Der Berufsstart nach dem Studium mit vorausgehender Lehre war für mich deutlich einfacher.

Deutschland ist auch durch seine exzellenten Ingenieure Exportweltmeister geworden, Sie haben ja eben gesagt, dass Ihr Unternehmen einen hohen Exportanteil hat. Jetzt entwickelt sich ja nicht jeder Ingenieur zum Topmanager, was ist ein klassisches Entwicklungskriterium, damit sich so ein Schritt vollzieht? Man darf zum Beispiel nicht zu fach- und detailverliebt sein, oder?

Es gibt gravierende Unterschiede abhängig davon, ob man in der Großindustrie arbeitet oder im Mittelstand. In Letzterem muss ich als Führungskraft eigentlich sehr detailliert die Dinge, die ich verantworte, kennen. Das ist der Unterschied zu einem großen Unternehmen, dort muss man in einer klar umgrenzten Aufgabenstellung einfach einen eng definierten Job erfüllen. Das ist heute im Mittelstand nicht ausreichend, hier sollte ich von der Pike auf das, was ich vermarkte, kennen und beherrschen. Diejenigen, die meinen, sehr viel mit einfachem Delegieren lösen zu können, kommen häufig nicht sehr weit, weil man doch letztes Endes als Geschäftsführer die Entscheidungen, die zu treffen sind, selbst verantworten muss.

Sie sprechen die Punkte des effizienten Controllings und der Nachhaltigkeit im Management an.

Das gilt für die Konstruktionstechnik, das gilt für das Controlling, das gilt für die Logistik und gilt eigentlich genauso für alle Bereiche, obwohl man immer nur wenige Schwerpunkte während des Studiums und auch während des normalen beruflichen Werdegangs verfolgt. Mein Schwerpunkt ist zum Beispiel die Konstruktionstechnik, aber trotzdem bleibt es mir nicht unbenommen, mich auch mit logistischen Fragen auseinander setzen zu müssen, wenn zum Beispiel Probleme in der Versorgung auftreten. Dann ist dieses Thema nur begrenzt zu delegieren, ich muss auch in der Lage sein, vor allem auch aktiv dazu bereit sein, mich mit all diesem auseinander zu setzen.

Empfehlen Sie Ingenieuren, betriebswirtschaftlich Zusatzqualifikationen auf dem Weg zum Manager zu erwerben?

Auf jeden Fall, ohne den zusätzlichen betriebswirtschaftlichen Background ist man als Ingenieur relativ schnell abgehängt. Reines Ingenieurwissen reicht heute nicht mehr aus, weil am Ende wirtschaftliche Prozesse gebildet werden müssen. Ein Unternehmen entwickelt sich nur, wenn es ökonomisch orientierte Ergebnisse erzielt und die sind häufig ohne betriebswirtschaftliche Kenntnisse nicht herstellbar.

Befürworten Sie ein Aufbaustudium in BWL nach dem Ingenieurexamen?

Ja, das macht auf jeden Fall Sinn.

Durch welche konkreten Eigenschaften, durch welche Verhaltensweisen, wird aus einem guten Ingenieur ein guter Manager?

Zunächst durch eine gelebte Vorbildfunktion, das ist meines Erachtens das Wesentliche, dass man nicht den Mitarbeitern das Gefühl gibt, es werden Probleme wegdelegiert, sondern es werden Aufgaben von mir aktiv mit gelöst. Folgende Parameter sind wichtig: Dass ich Teil der Lösungsfindung und Problemlösung bin, dass ich mit den Mitarbeitern vorbildlich voran gehe, dass ich Menschen motiviere und mitnehme auf dem Weg, um eine ausgezeichnete Gemeinschaftsleistung zu erbringen.

Sie nennen drei Haupteigenschaften: Menschen gut zu motivieren, sie aktiv zu integrieren und sie von einem gemeinsamen Ziel zu begeistern.

Das sind die wesentlichen Punkte, hier sehe ich die wichtigen Erfolgsfaktoren.

Wo liegen denn typische Probleme, die besonders Ingenieure im modernen Management von ihren Verhaltenseigenschaften her haben können?

Das können sehr vielfältige Dinge sein. Zum einen, dass ein Ingenieur vielleicht eher introvertiert, der Tendenz nach ein Bastler ist, dass er also betriebswirtschaftliche Notwendigkeiten nicht berücksichtigt. Es gibt nichts, was man nicht noch verbessern könnte, aber es macht nur Sinn, Abläufe bis zu einem gewissen Optimum zu bringen, weniger, sie endlos zu perfektionieren. Wir nennen das Over-Engineering. Man muss einfach wissen, wann es genug ist und wann man aufhören muss.

Tun sich Ingenieure manchmal schwer mit dem immer wichtiger werdenden Faktor soziale Intelligenz?

Das ist sicherlich ein Thema, weil wir doch sehr technisch versiert sind und die sozialen Komponenten in unserem Studium nicht vorkommen. Das wird nicht gelehrt und darauf wird man, wenn man in Führungsaufgaben kommt, eigentlich schlecht vorbereitet.

Führen, Moderieren, Konferenztechnik und Präsentationstechnik, das sind alles Dinge, die man irgendwann zufällig nebenbei lernt oder gar nicht?

Ich nenne ein ganz einfaches Beispiel: Mit der Microsoft Powerpoint-Anwendung zum Präsentieren muss man sich unbedingt rechtzeitig auseinandersetzen, aber das ist einfach nicht Ausbildungsinhalt in den normalen Curricula der Hochschulen.

Ist das nicht sehr schade?

Ja, hier besteht auf jeden Fall Nachholbedarf und hinsichtlich dieser Punkte sollte man auch die Studiengänge dringend reformieren.

Wenn Sie heute zurückschauen, Sie sind ja auch einmal operativ tätiger Ingenieur gewesen, wären Sie vielleicht auch gern in dieser fachlich orientierten Rolle geblieben? Oder fühlen Sie sich wohl in Ihrer heutigen Managementrolle?

Ich bin gern in der heutigen Rolle, weil ich ganz einfach in der Managementwelt mehr bewegen kann. Wenn man rein fachlich ausgerichtet bleibt, dann kann man sich sicherlich auch verwirklichen aber immer nur das umsetzen, was das direkte Umfeld zulässt. Wenn ich Menschen führen darf, dann kann ich natürlich meine eigenen Möglichkeiten duplizieren und verdreifachen, besonders, wenn Ideen ausdiskutiert werden, reifen und nach vorne gebracht werden.

Haben Sie schon Erfahrungen mit weiblichen Ingenieuren in Ihrem direkten beruflichen Umfeld gemacht?

Es ist nach wie vor so, dass das Ingenieurstudium oft nicht sehr beliebt ist bei Frauen. Aber hinsichtlich der Frauen, die ich in der technisch geprägten Berufswelt kennengelernt habe, konnte ich durchweg positive Erfahrungen sammeln. Wir haben selbst eine Vertriebsdame, die Ingenieurin ist, in unserem Team dabei. Sie präsentiert sich wirklich hervorragend. Gleichzeitig hat sie aber auch ein technisch detailliertes und tiefgreifendes Wissen, sodass sie sich hinter keinem Mann verstecken muss. Das habe ich auch auf Kundenseite erlebt, wenn Planerinnen tätig dort waren, Frauen können in solchen Positionen vielfach mehr bewegen als Männer. Der Ingenieurberuf ist leider bei Frauen in der beruflichen Präferenz nicht so weit oben angesiedelt, wie das vielleicht der Fall sein sollte.

In Deutschland gibt es offenbar besonders wenige Frauen in diesem Berufsfeld.

In Schweden ist das ganz anders, dort ist die Frauenquote deutlich höher, sie dürfte bei 20 bis 30% liegen. Wenn man regelmäßig mit schwedischen Kunden Kontakt hat, hört man häufiger auch Frauenstimmen am Telefon, wenn es um technische Fragen geht.

Letzte Frage. Was sind Ihre Empfehlungen für Ingenieure, die eine größere Managementkarriere anstreben wollen? Was geben Sie diesen mit auf den Weg?

Ich würde nicht an eine Managementaufgabe denken wollen, wenn die fachliche Basis nicht ausreichend gelegt ist. Damit meine ich, ein gutes Fundament als Ingenieur anzulegen und nach dem Studium zunächst das zusätzlich notwendige Wissen weiter zu optimieren. Dann geht es darum, sich zunächst für einige Jahre operativ mit der Ingenieuraufgabe auseinanderzusetzen. Wenn dies dann Früchte getragen hat, ist die Zeit, an eine Managementaufgabe heranzugehen und idealerweise nicht vorher.

Sie sprechen davon, zuerst einmal die eigentliche Ingenieuraufgabe zu erfüllen, bevor Weiteres folgt.

Diese eben skizzierten Stufen empfehle ich, einzuhalten. Ich habe auch einige Ingenieure kennengelernt, die kurz nach dem Studium schon zu stark managementorientiert waren, dann fehlt einfach oft am Ende der Tiefgang, um wirklich gut in im Fachlichen zu werden. Diese Menschen bleiben der Tendenz nach zu sehr an der Oberfläche und das ist häufig nicht fruchtbar in der langfristigen Perspektive.

Herr Preis, meinen herzlichen Dank für Ihre ausgezeichneten Informationen.

STEFANO WULF

Ehemaliger CEO, Fraport Cargo Services GmbH

WIE SCHAFFT MAN ES, IN JUNGEN JAHREN ZUM CHEF EINES GRÖSSEREN UNTERNEHMENS AUFZUSTEIGEN?

Herr Wulf, auf welche Eigenschaften führen Sie zurück, dass Sie sich in Ihre heutige berufliche Position entwickeln konnten?

Es war sicherlich ein Vorteil, neben dem Abschluss als Diplom-Kaufmann noch einen renommierten MBA-Studiengang zu absolvieren. Das reicht aber allein nicht aus, um sich zu qualifizieren. Es geht im Kern darum, durch eigenes Verhalten und entsprechende Charaktereigenschaften den jeweiligen Anforderungen gerecht zu werden. Ich war schon früh mit einem gewissen Ehrgeiz ausgestattet gewesen, und zweifellos gehört auch einfach ein hohes Maß an Tüchtigkeit dazu, um Erfolge im Berufsleben zu erzielen. Wichtig ist meines Erachtens auch eine Leidenschaft, einen Anspruch auf Qualität und Sinn für die Tätigkeiten, die ich ausgeübt habe. Dazu gehört auch eine große Neugier sowie der Drang, Zusammenhänge und das Wesentliche für eine ausgezeichnete Aufgabenerfüllung zu verstehen, eine wirkliche Antwort zu suchen auf die Frage, was die Prioritäten für das Unternehmen sind, für das ich arbeite.

Welchen Rat geben Sie in diesem Zusammenhang jüngeren Managern, die von einer größeren Karriere träumen?

Zunächst ist ein grundlegendes Handwerkszeug in Form eines Studiums sehr wichtig. Dann: Man sollte seine Zukunft nicht zu verbissen und detailliert planen. Meine Karriere hat sich in allen Stationen eigentlich eher ergeben, als dass ich sie aktiv in diese Richtung geführt habe. Ich habe mich sicherlich nicht treiben lassen, aber viele Dinge kamen einfach im Zuge der Entwicklung auf mich zu. Von daher empfehle ich, sich ein Stück weit zu entspannen, dabei schon mit einer gesunden Portion Ehrgeiz an die eigene Zukunft zu denken und nicht zuletzt, sich Ziele zu setzen. Man sollte dann aber die Dinge auch auf sich zukommen lassen und die sich einem dann bietenden Chancen beherzt ergreifen. Dies eingedenk der Tatsache, dass unsere Lebensrealität in den letzten Jahren immer dynamischer und damit weniger vorab berechenbarer geworden ist.

Was sagen Sie rückblickend zu Rückschlägen in Ihrer Karriere, wie haben Sie sich in solchen Momenten verhalten oder neu aufgestellt?

Ich bin jetzt seit 18 Jahren im Beruf und meine Erfahrung machte mir immer wieder die Notwendigkeit bewusst, durch viele neuartige Situationen und ungeplante Umstände eine hohe Veränderungsbereitschaft mitzubringen. Ich möchte vor einer innerlich zu passiven Haltung warnen, besser ist es, mit einer offenen Einstellung zu Neuem durchs Leben zu gehen. Innerhalb kurzer Zeit kann sich die Situation in der eigenen Firma völlig ändern, z. B., dass ein Vorgesetzter oder Mentor plötzlich das Unternehmen verlässt, die Firma verkauft wird oder durch wirtschaftliche Schwierigkeiten ein massiver Stellenabbau vollzogen wird.

Eine nicht pessimistische, sondern proaktive, offene Einstellung ist nicht typisch deutsch. Im Rahmen meines MBA-Studiums in den USA wurde viel Zeit darauf verwandt, uns nahe zu bringen: „Wie vermarkte ich mich selbst, wie gestalte ich einen Karriereweg aktiv, was sind Strategien und Maßnahmen für den Vertrieb in eigener Sache?" Das ist nicht nur wichtig für Menschen, die große Karriereziele haben, sondern hier liegen allgemein wichtige Grundlagen für die positive Entwicklung von Berufstätigen.

Bitte beschreiben Sie, Herr Wulf, Ihre wesentlichen Führungseigenschaften.

Für mich ist wichtig, schnell zu verstehen worin die wichtigsten Herausforderungen und Probleme bestehen und wo dann die entscheidenden Stellschrauben zur

Lösung solcher Themen liegen. Ich muss in diesem Zusammenhang immer wieder angemessene Ziele definieren und diese in konkrete Maßnahmen übersetzen. Das alles in einer beruflichen Realität von sich schnell ändernden Strukturen und Rahmenbedingungen und mit der Notwendigkeit zu einem kompetenten Veränderungsmanagement. Im Sinne von Führung heißt das: Sorgfältig anderen zuzuhören und Entwicklungen zu beobachten, immer wieder aufs Neue lernbereit zu sein und sich ganz einfach auch einmal hinten anzustellen, nämlich da, wo ich noch nicht die notwendigen Kenntnisse und Kompetenzen für die Formulierung geeigneter Lösungswege haben kann.

In der Führung von Veränderungsprozessen halte ich es darüber hinaus für elementar, angemessen zu kommunizieren und sich schrittweise Vertrauen bei den Menschen zu erwerben. Denn diese haben in der Regel ein untrügliches Gespür dafür ob ich wirklich an ihnen und der sie betreffenden Materie interessiert bin und diese nach vorn bringen möchte. Für mich bedeutet das, Menschen nicht nur mit den richtigen Konzepten und Maßnahmen, sondern auch mit emotionaler Kompetenz zu begegnen. Die große Bedeutung dieser emotionalen Fähigkeiten wird heute immer noch viel zu sehr unterschätzt.

Welchen Standpunkt haben Sie zum Bereich Karriereplanung, sollen junge Manager hochflexibel neuen Chancen folgen oder finden Sie, dass klassische, loyale Linienkarrieren im Endeffekt weiter führen?

Ich finde Treue einen sehr wichtigen Wert, also die Loyalität meinem Unternehmen gegenüber. Das schließt aber eine Veränderungsbereitschaft und innere Unabhängigkeit nicht aus. Es gibt heute seitens eines Arbeitgebers keine lebenslange Garantie mehr für den Erhalt der Stelle. Wer eine solche Erwartung aufbaut und pflegt, trägt heute mehr denn je ein hohes Risiko, enttäuscht zu werden.

Sie sind Geschäftsführer mit Verantwortung für einen Umsatz im mehrstelligen Millionen-Euro-Bereich. Arbeiten Sie eigentlich sehr viel mehr als Ihre Mitarbeiter, wie stehen Sie zu Fragen der Work-Life-Balance?

Wesentlich ist in den heutigen Zeiten in der Tat das Achten auf eine Work-Life-Balance. Die Verantwortung für das Haushalten mit den eigenen „Lebensressourcen" muss jeder selbst tragen. Das betrifft die eigene physische und psychische Konstitution, aber auch den Erhalt tragfähiger familiärer Strukturen. Trotz dieser Selbstverantwortung, die jeder Mitarbeiter für sich selbst tragen sollte, ist es aber auch meine Aufgabe als Manager, einen Rahmen zu schaffen, innerhalb dessen Mitarbeiter diese Selbstverantwortung auch ausüben können. Ich bin ein Gegner davon, dass Menschen sich im Unternehmen vordergründig dadurch beweisen sollen, indem sie regelmäßig über den Rand Ihrer Kräfte hinaus arbeiten. Hier habe ich, dessen bin ich mir bewusst, auch eine Vorbildfunktion gegenüber den anderen.

Es geht mir nicht darum, engagierten Fleiß in Abrede zu stellen. Auch ein reiner Dienst nach Vorschrift ist sicherlich nicht erstrebenswert. Aber das Arbeitsleben darf einfach nicht regelmäßig auf Kosten der eigenen Gesundheit und des Privatlebens gestaltet werden. Sicherlich wurde meine Karriere nur möglich durch ein Engagement über das Gewöhnliche hinaus, aber, eben dauerhaft nur in vernünftigen Grenzen.

Wenn Sie Ihre eigene Biographie betrachten, so waren Sie von Beginn an hochmotiviert, Diplom-Kaufmann in neun Semestern, dann die weltweit führende Wharton Business School, wo Sie einen MBA gemacht haben. Sind das die Grundlagen für Ihren Aufstieg oder lagen die woanders?

Ich war schon in meinen Jahren als Jugendlicher sehr ehrgeizig, hatte eine große Bereitschaft, mich in eine Sache „reinzuhängen". Meinen MBA in den USA habe ich selbst finanziert und die damit verbundenen Risiken in Kauf genommen. Abgesehen davon bin ich auch ein paar Jahre vor der Bewerbung für einen MBA-Studienplatz für einige Wochen in die USA geflogen und habe mich in der für mich völlig neuen Umgebung erkundigt, ob ein solches Studium für mich überhaupt sinnvoll ist. Erst nach dieser Recherche war mir klar, dass ich einen MBA nur an einer „Topadresse" machen will oder auf diese Zusatzqualifikation ganz verzichte. Die Investition von „all in" rund 100.000 DM für ein solches Studium war damals für mich, und ich denke für viele andere auch, kein Pappenstiel und ein Schritt, den ich sehr genau abgewogen habe. Ich war also über das reine Studium hinaus bereit, ins Ausland zu gehen und zu lernen, mich in andersartigen Kulturen zurechtzufinden. Dies habe ich in Form von Auslandsaufenthalten in meiner Schulzeit, während des Studiums durch internationale Praktika und mittels eines Berufsstarts im Ausland umgesetzt.

Zusammengefasst: Ich habe also über das „Normalmaß" hinaus vielerlei Chancen für zusätzliche Erfahrungen gesucht und wahrgenommen und war dann wohl in vieler Hinsicht dynamischer, flexibler und beweglicher als jemand, der in seiner

Zeit in der Oberstufe, im Studium und in den ersten Berufsjahren „zu Hause" geblieben war. Förderlich für mich war zudem, dass ich in meiner frühen Karrierephase alle drei Jahre das Unternehmen gewechselt habe, um verschiedene Unternehmensperspektiven kennenzulernen.

Was für Eigenschaften haben Menschen, die Sie, Herr Wulf, auf ihrem Karriereweg fördern möchten?

Natürlich spielt die Ähnlichkeit zum eigenen Profil zum Beispiel im Hinblick auf außerordentliches Engagement und Tüchtigkeit eine Rolle. Dies kann aber auch eine Gefahr sein, quasi im Sinne von „Inzucht" zu sehr die eigenen Eigenschaften zum Maßstab in der Auswahl von zu fördernden Kandidaten zu machen. Generell lässt sich sagen: Ich fördere gerne die Ehrgeizigen und Leistungsbereiten, Menschen mit einer großen Freude am Gestalten und an der Arbeit im Team mit einer guten sozialen Kompetenz. Ich sagte bereits, dass ich diese Eigenschaft für sehr wichtig für den Managementerfolg halte.

Haben Sie eigentlich als Jugendlicher schon gewusst, dass Sie Karriere machen wollen, haben Sie ein Ziel hier bewusst angesteuert oder entstand dieser Weg eher zufällig?

Ich hatte keine konkrete Vorstellung, wohin der Weg gehen soll, aber ich wusste sehr genau, dass ich was erreichen und was bewegen wollte. Ein prägender Charakterzug von mir war immer eine große Neugierde und der Wunsch, Dinge zu verstehen und größere Zusammenhänge erfassen zu können. Eine große Motivation, Entwicklungen aktiv zu gestalten und Verantwortung für andere Menschen zu übernehmen, war mir in den frühen Jahren ebenfalls eigen. Manche Menschen fühlen sich in bestehenden und vorgegebenen Verhältnissen wohl und sagen: „Das genügt mir so." Das war bei mir ganz und gar nicht der Fall.

Was muss ein Mensch aufgeben, der Ihren Weg gehen will und worauf muss er verzichten?

Wenn ich an meine ersten Jahre der hohen Beanspruchung im Studium und im Job denke, dann ist natürlich klar, dass ich auf viel Freizeit verzichtet, viele Ortswechsel in Kauf genommen habe und vor allem auch Risiken eingegangen bin. Ich bin dabei ein Mensch, der sich die Dinge hart erarbeitet, dem nichts von alleine zufliegt. Andere in meinem Studiengang haben sich mehr Zeit gelassen, viel länger gebraucht, die eine oder andere Zusatzarbeit ausgelassen und wohl auch das Leben in dieser Phase mehr genossen.

Und wenn Sie zurückblicken, war es den hohen zusätzlichen Aufwand wert?
Ganz sicher. Für mich gab es zu meinem Weg nie eine Alternative, ich fand es einfach in Ordnung so, wie ich vorgegangen bin und habe aus den sehr vielseitigen Erlebnissen und Erfahrungen für mich sehr viele Freude und Erfüllung gezogen. Ein Verzicht war sicherlich der kontinuierliche Aufenthalt an einem Ort oder Region und die sich daraus ergebende soziale Zugehörigkeit und Geborgenheit zu einem angestammten Netzwerk an Familie und Freunden.

Mir ist zum Schluss noch wichtig, deutlich zu machen, dass die Definition von Karriere im landläufigen Sinn für mich einfach zu engstirnig ist. Eine „gute" Karriere muss ja nicht zwangsläufig bedeuten, ein möglichst großes Unternehmen in der Top-Etage zu führen. Ich habe z. B. großen Respekt vor Führungskräften im mittleren Management, also Manager, die mit großem Engagement und Hingabe ihre Führungsrolle menschlich, engagiert und verantwortungsvoll im Hinblick auf die ihnen zugeordneten Mitarbeiter im Tagesgeschäft wahrnehmen. Solche Führungskräfte haben dem einen oder anderen „gefeierten Topmanager" einiges voraus. Ich möchte mich also dagegen wehren, davon ausgehen zu müssen, dass ein „ganz nach oben" führender Karriereweg von jedem quasi zwanghaft angestrebt werden sollte. Die zu der eigenen Persönlichkeit passenden Karriere- und Entwicklungsmöglichkeiten zu suchen und wahrzunehmen ist viel wichtiger, als immer „größer, weiter und mehr" als Maßstab anzulegen.

Herr Wulf, meinen ganz herzlichen Dank für dieses Gespräch.

[Stefano Wulf ist inzwischen Geschäftsführer der Polikum-Gruppe.]

GÜNTER BAUM
CEO der Bien Zenker AG

WELCHER KARRIEREWEG FÜHRT ZUR CEO-POSITION?

Lieber Herr Baum, bitte stellen Sie sich zunächst einmal kurz vor.

Mein Name ist Günter Baum, ich arbeite seit sieben Jahren für die Bien Zenker AG, davon die letzten eineinhalb Jahre als Vorstandsvorsitzender, davor war ich als CFO (Finanzvorstand) im Vorstand tätig.

Herr Baum, viele Menschen sehen nur die Sonnenseiten einer Tätigkeit als Vorstandschef einer AG, vielleicht sagen Sie aber zu Beginn etwas zu Ihrer Verantwortung als Unternehmer für die hiesige Region Schlüchtern-Fulda, die ja jeden Arbeitsplatz dringend benötigt.

Ja, Sie haben recht, die Wirtschaftsstruktur ist hier recht ländlich geprägt, wir haben viele kleinere und mittelständische Unternehmen. Bien Zenker beschäftigt am Standort Schlüchtern mehrere hundert Mitarbeiter und ist sicherlich einer der größten Arbeitgeber vor Ort, das bringt vor allem Verantwortung mit sich für viele Menschen, die in der Regel seit langer Zeit in unserem Unternehmen tätig sind. Eine große Zahl unserer Mitarbeiter ist seit ihrem Ausbildungsabschluss bei uns beschäftigt.

Sie sprechen von sehr langfristigen Arbeitsverhältnissen, ich denke an die vielen Familienverbände im Zusammenhang mit ihren Mitarbeitern, das erhöht ja für Sie noch einmal die unternehmerische Verantwortung, oder?
Auf jeden Fall, sicherlich bekommen wir hier auch etwas von dem gesellschaftlichen Wandel mit bei einer größeren Zahl von hier beschäftigten Singles, aber wir haben schon eine große Zahl von Familienvätern im Unternehmen.

Sie haben als Manager natürlich auch mal von unten auf der Karriereleiter angefangen. Wie ist Ihre Karriere entstanden?
Für andere kann ich kein Patentrezept für eine größere Karriere nennen. Ich wollte als junger Mensch auch nicht Vorstandsvorsitzender werden. Sicherlich gab es den Willen, eine interessante Führungsposition zu übernehmen. Was meine persönliche Entwicklung anbelangt, kam vieles unvorhergesehen. Aber man kann von bestimmten Kriterien sprechen, denen gefolgt werden sollte, um im Beruf weiterzukommen. Dazu gehört sicherlich ein qualifizierter Abschluss, ich selbst bin Wirtschaftswissenschaftler und habe mein Studium 1978 abgeschlossen. Daran im Anschluss habe ich noch das Steuerberater-Examen abgelegt. Ohne diese Schritte wäre mein weiterer Werdegang sicherlich nicht in dem Maße möglich gewesen wie dies heute geschah. Ich bin dann zunächst zum Thyssen-Konzern gegangen und habe hier das berufliche Umfeld eines Großunternehmens kennengelernt. Bei mir reiften dann recht bald Überlegungen, in den Mittelstand mit seinen oft größeren Gestaltungsspielräumen für den Einzelnen zu gehen.

Hat sich dieser Wunsch, im Mittelstand mehr selbst auf die Füße stellen zu können, erfüllt?
Das hat sich zu 100% erfüllt. Sicher gibt es viele Stimmen, die sagen, dass der Wechsel vom Konzern in ein mittelständisches Unternehmen nicht so einfach ist. Das bedarf doch eines gewissen Anpassungsprozesses, weil die Strukturen und die Anforderungen an die Mitarbeiter hier ganz anders aussehen.

Würden Sie diesen Schritt auch anderen empfehlen, um in eine umfänglichere Verantwortung hinein zu finden?

Ich glaube, dass dieser Weg gut geeignet ist für die eigene Karriere, weil man hier einfach breiter gefordert wird. Das betrifft zum einen die anzutreffenden Aufgabenstellungen aber auch die Anforderungen im Bereich sozialen Verhaltens. Im kommunikativen Bereich kompetent zu sein und überhaupt gut mit Menschen umgehen zu können halte ich für eine der Schlüsseldisziplinen für den beruflichen Erfolg. Ich meine hier nicht nur die engsten Mitarbeiter, sondern zum Beispiel auch den klugen Umgang mit den Arbeitnehmervertretern.

Weil Sie gerade von den sozialen Kompetenzen sprechen, welche Eigenschaften sollte ein Manager im Finanzbereich mitbringen, der eine größere Karriere machen möchte?

Nach meiner Tätigkeit bei Thyssen bin ich zu einem mittelständischen Bauträgerunternehmen gegangen und hatte hier das Glück, für zweieinhalb Jahre als Assistent eines Unternehmensinhabers tätig sein zu dürfen. So kam ich früh in Berührung mit recht anspruchsvollen Tätigkeiten. Das hatte mit einem Finanzfokus zunächst recht wenig zu tun, sondern mehr mit dem Aufbereiten von Vorlagen für unternehmerische Entscheidungen. Es ging unter anderem darum, Protokolle für wichtige Sitzungen zu schreiben und Geschäftsleitungsrunden vorzubereiten. So konnte ich die Welt der Leitung einer Organisation recht frühzeitig kennenlernen. Diese Chance zu bekommen ist nicht selbstverständlich.

Das ist ja interessant, Sie waren also wirklich in einer Schlüsselposition, was die Unternehmenssteuerung anbelangt. Halten Sie das für eine sinnvolle Vorgehensweise auch für andere, um sich früh in eine attraktive Position zu entwickeln?

Es ist natürlich eine Frage der persönlichen Zielsetzung. Wenn man ins obere Management kommen will, ist das eine gute Ausgangsbasis, so etwas zu tun. Zu meiner Zeit war es auch möglich, über Traineeprogramme ohne viele Zwischenschritte in eine gehobene Position kommen zu können. Den Weg, den ich damals gegangen bin, würde ich heute auch noch in gleicher Weise für junge Manager durchaus empfehlen. Damit meine ich konkret, sich nicht zu tief in ein Fachgebiet zu versenken, sondern mit den breiteren Thematiken des General Managements möglichst früh in Kontakt zu kommen.

Die folgenden beiden Karriere-Parameter würde ich gerne mit Ihnen diskutieren: Zunächst Branchentreue versus Branchenwechsel und dann eine gelebte lang- fristige Zugehörigkeit zum Unternehmen versus der Bereitschaft zum kontinuier- lichen Wechsel. Wie stehen Sie hierzu?

Also ich bin davon überzeugt, dass zur Weiterentwicklung der kontinuierliche Wechsel des Arbeitgebers gehört. Als absolut unternehmenstreuer Mitarbeiter ist es sicherlich nicht einfach, die oberste Managementetage zu erreichen. Es gibt für solche Karrieren wohl Beispiele, aber ich denke, dass dies eher die Aus- nahme ist. Der Wechsel der Organisation hat auch den Vorteil, dass man sich mit unterschiedlichen Anforderungen auseinanderzusetzen hat, nicht zuletzt mit neuen Produkten und Mentalitäten der dort jeweils arbeitenden Menschen.

Aber kürzer als drei bis fünf Jahre sollten die Intervalle nicht werden, oder was mei- nen Sie?

Job-Hopping halte ich auch eher für nachteilig. Ideal finde ich Zeiträume von drei bis sechs Jahren bei einem Arbeitgeber. Die fachlichen Anforderungen werden immer komplexer und dadurch werden die Einarbeitungszeiten immer länger.

Haben Sie in Ihrer Karriere auch aktiv mit Personalberatern gearbeitet?

Mein oben beschriebener Wechsel zum Bauträger ist aus Eigeninitiative entstan- den auf der Basis eines Stelleninserats in der Zeitung. Der nächste Wechsel nach sechs Jahren erfolgte dann angestoßen durch einen Personalberater, der mich vermittelt hat als Finanzvorstand zu einer im MDAX notierten Aktiengesell- schaft.

Was hätten Sie rückblickend gern anders gemacht in Ihrer Karriere?

Das ist eine schwierige Frage. Ich kann zunächst sagen, dass ich nach wie vor mit meiner Berufswahl voll einverstanden bin. Heute ist ein grundlegender Berufs- wechsel in jungen Jahren sehr viel häufiger als früher. Ich denke, dass meine Stellenwechsel sich in einem vernünftigen Maß im Rahmen gehalten haben, ich arbeite jetzt in meinem vierten Unternehmen und das ist, denke ich ganz gut so. In meiner Ausbildung habe ich mich rein auf die Betriebswirtschaft konzent- riert. Da würde ich mich rückblickend aus heutiger Perspektive sicherlich brei- ter aufstellen. Auch waren meine beruflichen Stationen sehr auf den deutsch- sprachigen Raum konzentriert. Es ist die Frage, ob man das selbst immer beeinflussen kann, da gibt es heute ja ganz andere Möglichkeiten und Herausforderungen. Wir leben heute in einer stark durch die Globalisierung geprägten Welt, das war vor 25 Jahren sicherlich noch nicht in diesem Ausmaß der Fall.

Wie können sich junge Finanzmanager heute idealerweise ausrichten zur Vorbereitung auf eine größere Karriere?

Erstes Kriterium ist nach wie vor eine solide Ausbildung, das wird in der Regel ein wirtschaftswissenschaftliches Studium sein müssen. Dann geht es darum, eine kompetente, einige Jahre während Erfahrung in den Bereichen Finanz- und Rechnungswesen zu sammeln. Aber eine definitive Leitlinie zum Topmanagement möchte ich eigentlich nicht definieren. Hier spielt sicherlich auch Glück eine große Rolle. Ich möchte jungen Managern raten, es mit der Karriere während der Ausbildung oder dem Studium nicht zu ernst zu nehmen, sie zu verbissen zu verfolgen. Wer mit 28 Jahren darauf hinarbeitet, CEO zu werden, hat eher geringe Erfolgsaussichten. Man sollte aber sicherlich mit langfristigen beruflichen Zielsetzungen arbeiten, was den eigenen Werdegang anbelangt. Auch familiäre Zielsetzungen zu finden, gehört zu diesem Thema.

Was unterscheidet Sie, Herr Baum, von Menschen, die in mittleren Managementpositionen geblieben sind?

Man wird in einer solchen Position hier breiter gefordert und es besteht in solch umkämpften Märkten wie dem unseren eine große Anforderung hinsichtlich Kreativität und innovativem Denken. Es geht für mich besonders auch darum, langfristige Pläne zu erstellen und die Mitarbeiter für diesen Weg zu motivieren. Nur mit den eben genannten Eigenschaften lassen sich Ziele wirkungsvoll anstreben und erreichen.

Sie sprechen hier ganz konkret Ihre Bereitschaft an, einerseits umfänglich die Verantwortung für das Geschehen zu übernehmen und andererseits kreativ neue Entwicklungen mit innovativem Denken herbeizuführen. So nehmen Sie tätig und wesentlich Einfluss auf den Erfolg Ihres Unternehmens, das sind doch die ersten Unterscheidungskriterien für das Topmanagement, oder nicht?

Auf jeden Fall ist das so. Ich denke, das sind die essentiellen Merkmale einer Führungskraft auf hoher Ebene. Nicht zuletzt gehört dazu auch der Wille, sich selbst jeden Tag weiterzuentwickeln und für Neues eine gewisse Offenheit zu zeigen.

Wir leben in einer durch Wissen geprägten Gesellschaft und da gehört die eigene Weiterentwicklung unbedingt zum Tätigkeitskanon des Topmanagers.

Und dieser Zwang zur Weiterentwicklung hört nie auf, oder?
Ich möchte Ihnen sagen, dass ich glaube, dass die Zyklen in diesem Zusammenhang eher immer noch kürzer werden. Der Prozess der Wissensvermehrung wird sich mehr und mehr beschleunigen. Übrigens nicht zuletzt auch durch die technischen Veränderungen im Büroalltag, Stichwort IT.

Ihr finaler Rat an junge Menschen, die sich irgendwann in Ihren Erfolgsdimensionen bewegen wollen?
Ich freue mich über meine eigene Karriere, aber es gibt sicherlich noch sehr viel interessantere Karrieremöglichkeiten. Zunächst rate ich zu einer gesunden Portion Gelassenheit, zu einem erklärten Willen zur Weiterentwicklung. Dann halte ich es für wichtig, das private Leben den eigenen Wünschen entsprechend auszurichten. Viele Karrieren scheitern daran, dass der Partner nicht bereit ist, die eigenen Bestrebungen mit allen zeitlichen Auswirkungen mitzutragen. Das kann einfach sehr hemmend für eine Karriere sein.

Sie sprechen also davon, im privaten Bereich überzeugende Antworten zu finden auf die eben skizzierten Fragen und dadurch die Grundlagen zu legen für eine erfreuliche Karriereentwicklung.
Genauso sehe ich das.

Herr Baum, ich danke Ihnen für dieses Gespräch.

[Günter Baum ist Ende Februar 2015 aus der operativen Geschäftsführung ausgeschieden und in den Beirat des Unternehmens gewechselt.]

— ● —

2. Die Erkenntnisse von mittel-ständischen Unternehmern zur erfolgreichen Gestaltung einer selbstständigen Karriere

DR. ARND BOGATZKI

Inhaber der GrundbesitzPartner AG

WIE MACHT MAN EIN UNTERNEHMEN IN DEN ERSTEN JAHREN ERFOLGREICH?

Bitte, Herr Dr. Bogatzki, stellen Sie sich und Ihr Unternehmen zunächst einmal kurz vor.

Die GrundbesitzPartner AG ist ein Projektentwicklungsunternehmen, das im Jahre 2000 gegründet worden ist. Das Unternehmen startete mit nur zwei Mitarbeitern und 12 Wohneinheiten. Derzeit halten wir in unserem Bestand ca. 600 Wohneinheiten, die von 16 Mitarbeitern betreut werden. Das Stammkapital von anfänglich 50.000 Euro ist mittlerweile auf eine Millionen Euro erhöht worden. Hinzugekommen sind diverse Tochtergesellschaften, die eigene Projekte betreuen. Hierbei handelt es sich um die ImmobilienPartner GmbH, die ImmoPartner GmbH, die WohnenNRW GmbH und die Reichshof Hilden GmbH.

Gegründet habe ich das Unternehmen, nachdem ich Berufserfahrungen im Immobilienbereich seit meinem 18. Lebensjahr gesammelt habe. Während meines Studiums arbeitete ich für die Firma GrundPartner GmbH in Wuppertal und war dort für die Bereiche Einkauf und Projektentwicklung zuständig. Während dieser Zeit promovierte ich in BWL im Bereich Operations Research.

Was sind die großen Anforderungen in der Gründungsphase einer Firma?
Die ersten Schritte in die Selbstständigkeit müssen einhergehen mit einem genauen Plan über die zukünftige Tätigkeit und die Ziele, die erreicht werden sollen. Am Anfang eines Unternehmens steht die Definition der Leistungen, die in einem übersichtlichen Zeitraum, von beispielsweise einem Jahr, zu realisieren sind. Diese Ziele müssen hoch, jedoch nicht unerreichbar, angesetzt werden. Häufig erwächst der Wunsch, sich selbstständig zu machen auch aus den fehlenden Möglichkeiten, im Angestelltenverhältnis Veränderungen durchzusetzen. Als Angestellter eines Unternehmens hat man keine oder nur begrenzte Möglichkeiten auf Bereiche, die man nicht kontrolliert, Einfluss auszuüben. Der Wunsch jedoch, Fehler zu vermeiden und Verbesserungen durchzusetzen, kann ein Ansporn sein, die ersten Schritte in die Selbstständigkeit zu wagen, um eigene Visionen verwirklichen zu können.

Müssen Existenzgründer eigentlich wirklich so viel mehr arbeiten als normale Arbeitnehmer?
Viele Unternehmer unterschätzen die Arbeitsbelastung, die auf sie zukommt, wenn sie sich selbstständig gemacht haben. Die selbst definierten Ziele müssen erreicht werden. Dies ist mit einem hohen Arbeitseinsatz verbunden. Oftmals scheitern Jungunternehmer daran, dass sie nicht bereit sind, diese Arbeitsleistung zu erbringen und korrigieren die selbst gesetzten Ziele nach unten.

Was waren Ihre ersten Strategien in Bezug auf die finanzierenden Banken?
In der heutigen Zeit ist es sehr schwierig, die Banken von Investmentkonzepten zu überzeugen. Insbesondere im Immobilienbereich ist nach der Affäre um Dr. Jürgen Schneider die Skepsis der Banken gegenüber neuen Konzepten extrem gewachsen. Ich empfehle daher, das Wachstum des Unternehmens an der Eigenkapitalbasis auszurichten. Die GrundbesitzPartner AG hat immer Wert auf kontinuierliches Wachstum gemäß den vorhandenen liquiden Mitteln gelegt. Folglich haben wir in Krisenzeiten auch keine Probleme gehabt, positive Jahresüberschüsse zu erzielen. Wir haben letztlich immer das investiert, was wir in den vergangenen Jahren auch erwirtschaftet haben. Somit war bei den Bankge-

sprächen das notwendige Eigenkapital vorhanden und das Risiko der Bank begrenzt.

Wie stehen Sie zu der gemeinsamen Unternehmensgründung mit Partnern?
Partner können für ein Unternehmen eine Erleichterung, jedoch auch ein großes Risiko darstellen. Ein Ungleichgewicht entsteht fast zwangsläufig, wenn sie zu unterschiedliche Vorstellungen von der Führung der Geschäfte haben. Das Problem, dass ein weniger fähiger Partner sich gerne an ein bereits etabliertes Unternehmen als Trittbrettfahrer „heranhängt", ist nicht zu unterschätzen. Sei es aus mangelndem Ehrgeiz oder Unfähigkeit seitens des Partners, sobald ein Missverhältnis erkennbar ist, darf man die notwendigen Konsequenzen, insbesondere die Trennung vom Geschäftspartner, nicht auf die lange Bank schieben. Sie gefährden andernfalls Ihr Unternehmen. Unterschätzen Sie nicht das Ausmaß, mit welchen Konfliktsituationen mit Geschäftspartnern Sie zeitlich sowie finanziell beansprucht werden können. Ich empfehle jedem Unternehmer, sich sehr gut zu überlegen, ob es notwendig ist, einen Partner mit ins Boot zu nehmen, oder ob die gesetzten Ziele auch ohne Partner erreicht werden können. Steckt man erst in einer Krisensituation stellt sich vielleicht zu spät heraus, dass der Partner keine Erleichterung, sondern eine zusätzliche Belastung ist.

Welche Fehler soll man in der Gründungsphase nach Möglichkeit vermeiden?
Strategische Fehler zu vermeiden ist schwierig wenn nicht sogar unmöglich. Ich persönlich sehe es so: Jeder Mensch täuscht sich in bestimmten Punkten. Wichtig ist es jedoch, dass man hier aus dem Erlebten lernt. So gesehen, kann man dem Irrtum auch etwas Gutes abgewinnen. Letztlich sind sie das Lehrgeld, welches man zahlt, um Erfahrungen zu sammeln, die einen in der Zukunft davor bewahren, weitere, ähnlich geartete Fehler zu machen. Ich sehe Fehler als Messlatte für zukünftige Handlungen an, die sich an der Vergangenheit orientieren.

Was war Ihr größter Erfolg bisher?
Der größte unternehmerische Erfolg der GrundbesitzPartner AG war die Entwicklung von Vermarktungsstrategien, um Wohnanlagen, insbesondere in schlechten Lagen mit schwierigen Mietern, zu entwickeln. Mein Unternehmen hat in seinem Bestand Wohnanlagen in Wuppertal und Duisburg, die generell als problematisch angesehen werden. Anfänglich verfügten diese Wohnanla-

gen über Leerstandsquoten von 20 bis 40%. Diese haben wir zum Teil auf 0,5% reduzieren können, indem wir eine intensive Betreuung unserer Bestandsmieter entwickelt und neue Vermarktungsstrategien aufgesetzt haben, die den vorhandenen Leerstand reduzierten.

Wie empfinden Sie Ihren betriebswirtschaftlichen Druck als Firmenchef?
Häufig ist das gesamte unternehmerische Leben mit existentiellen Kämpfen verbunden. Sicherlich ist es vorteilhaft, wenn man über ein finanzielles Polster verfügt, das zumindest die Familie finanziell absichert. Jedoch muss man sich darüber im Klaren sein, dass es in der heutigen Zeit eigentlich eine absolute Absicherung weder für Unternehmer, noch für Angestellte gibt. Unternehmer bzw. Personen, die es werden wollen, sollten sich einen Plan aufstellen, der die finanziellen Angelegenheiten für die erste Zeit, beispielsweise für das erste oder zweite Jahr detailliert beschreibt. Hier stellt sich die Frage, welche Beträge der Unternehmer bzw. seine Familie in der ersten Zeit benötigt zur Abdeckung der Lebenshaltungskosten. Der so ermittelte Betrag sollte, unabhängig von der unternehmerischen Tätigkeit, vorhanden sein.

Wo liegen die großen Risiken bei der Gründung einer Firma?
Die größten Risiken in den ersten Jahren einer Unternehmensgründung liegen zum einen darin, dass selbst gesetzte Ziele nicht erreicht werden und nicht erreicht werden können. Dies führt eventuell dazu, dass das unternehmerische Konzept insgesamt ins Wanken gerät. Häufig schätzen Gründer auch ihren Markt völlig falsch ein. Die Erwartungen werden de facto nicht erfüllt. Zu empfehlen ist hier, zunächst einen Versuch zu starten im kleinen Bereich, um mit begrenztem Kostenrisiko vorab zu eruieren: Wird das Produkt, dass der Unternehmer anbieten möchte, wirklich angenommen? Werden die erhofften Stückzahlen verkauft? Sind potenzielle Kunden über die Marketinginstrumente erreichbar? Auf diesem Weg kann die Resonanz angetestet werden. Weiterhin können vorab Befragungen stattfinden, damit der Unternehmer erkennen kann, ob seine Einschätzung des Marktes mit der Realität übereinstimmt.

Wie stehen Sie zu einer an stringenter Ergebnisorientierung ausgerichteten Firmenleitung?

Für jeden Unternehmer ist es unverzichtbar, sich ambitionierte Ziele zu setzen und diese beharrlich zu verfolgen. Nur so kann sich der Erfolg einstellen. Der Unternehmer muss in seinem Bereich ein Profi sein und die Bedingungen seiner Kunden sehr gut kennen. Weiterhin ist es notwendig die Konkurrenz zu beobachten, um zu eruieren, in welchen Bereichen man seine eigene Tätigkeit optimieren kann. Wo liegen die Schwächen der Konkurrenz? Was machen die anderen besser? Welche erfolgreichen Konzepte kann ich kopieren und wie kann ich Fehler vermeiden, die mein Konkurrent macht? Notwendig sein wird dann immer ein Soll-Ist-Abgleich in nicht allzu langen Abständen. Ist das selbst gesetzte Quartalsziel erreicht worden?

— ● —

FRANK SÜRMANN

Mitglied des Hessischen Landtags und Inhaber einer auf
Steuerrecht spezialisierten Wirtschaftskanzlei

WIE WIRD AUS EINEM JUNGEN JURISTEN EIN SELBSTÄNDIGER ANWALT?

Bitte, Herr Sürmann, stellen Sie sich und Ihre Funktionen zunächst einmal vor.
Ich bin 49 Jahre alt, verheiratet, habe drei Söhne und bin evangelischer Christ.
Aufgewachsen bin ich in Walldorf/Baden und geboren am Niederrhein. Mein
Abitur machte ich in Meerbusch, parallel eine Lehre zum Revierjäger und danach eine Banklehre bei der deutschen Bank in Düsseldorf. Anschließend führte ich als Werkstudent der Bank ein Jurastudium in Heidelberg, Montpellier
und Cambridge durch. Im Rahmen der Wiedervereinigung half ich als Beam-
ter beim Aufbau des Regierungspräsidiums Leipzig mit, erkannte, dass der öffentliche Dienst auf Dauer nicht meinen Vorstellungen entsprach und wechselte zum Haus- und Grundeigentümerverein Mannheim. Hier baute ich parallel
eine Kanzlei auf, die ich 1994 erwarb. Nach der Abwicklung einer weiteren
Kanzlei durch mich wegen Krankheit wuchs unser Unternehmen schneller als
geplant. Zusammen mit Prof. Dr. Ulrich Tödtmann bauten wir unsere Firma
mittels einer thematischen Schwerpunktbildung rasch aus. Hier kenne ich alle
Höhen und Tiefen, die die Selbstständigkeit mit sich bringt. Unser Unterneh-

men existiert heute mit einer Außenstelle in Mainz als Kanzlei Dr. Barth, Sürmann und Jäger, wobei ich seit 2009 mit meinem neuen Partner Rechtsanwalt Tobias Jäger zusammenarbeite. Im Jahre 1997 wurde ich noch Dozent an der Berufsakademie Mannheim, die heute als Duale Hochschule Mannheim firmiert, für den Bereich spezielles Immobilienrecht. Diese Lehrtätigkeit habe ich seit 2009 wegen der Wahl in den Hessischen Landtag unterbrochen.

Herr Sürmann, Sie sind Politiker, Unternehmer, Christ und Jäger, dazu noch Familienvater, wie bekommen Sie das alles unter einen Hut, ohne dass die Qualität dessen, was Sie tun, leidet?

In Einzelfällen leidet das eine oder andere doch einmal; das bleibt nicht aus. Grundsätzlich ist das Rezept strenges Zeitmanagement und eine gewisse innere Grundgelassenheit; aber das Einplanen von Freiräumen für die geistige Arbeit und auch Freizeit zur Erholung ist unabdingbar. Das musste ich sehr früh lernen, damit ich die Doppelbelastungen bestehen konnte.

Es gibt in Deutschland sehr viele Rechtsanwälte, und wer sich nicht anstellen lässt, hat es als Unternehmer oft nicht einfach, wie entstand Ihr großer Erfolg mit der eigenen Kanzlei?

Unsere Größe ist relativ zu sehen, die frühe Konzentration auf das Immobilienrecht und Steuerrecht und andererseits die Spezialisierung der Kollegen in den Bereichen Arbeits- und Gesellschaftsrecht haben uns im Bereich der kleineren und mittleren Unternehmen stark gemacht. Ein gesellschaftliches Engagement wie beispielsweise im Bund junger Unternehmer gehört untrennbar dazu.

Wie haben Sie Ihr erstes Mandantennetzwerk aufgebaut, hat die Politik dabei geholfen?

Durch eine gesunde Mischung von Publikationen in der Fachpresse wie zum Beispiel in der Wirtschaftswoche, durch zurückhaltende Werbung, gesellschaftliches Engagement und Mundpropaganda nach erfolgreicher Arbeit kam der Erfolg. Das politische Engagement spielte keine Rolle.

Welche Schritte empfehlen Sie jungen Anwälten, die sich selbstständig machen wollen, um sich von der Masse ihrer Kollegen positiv zu unterscheiden?

Sich auf das zu konzentrieren was man kann und, das ist wichtig, was einem auch Spaß macht. Im Vordergrund geht es immer darum, den Mandanten und sein Ziel zu verstehen und den Fall dahin zu lenken, wo das Ziel erreicht werden kann. Wem das Anliegen des Mandanten, sei es noch so realitätsfern, eher nervt, der sollte etwas anderes machen.

Wie entgehen Sie der Gefahr, von zu wenigen großen Dauermandatierungen abhängig zu sein?

Das habe ich mit einer Versicherung durchgemacht, die verkauft wurde. Wer nicht bereit ist auch forensisch zu arbeiten begibt sich in der Tat in eine Abhängigkeit, die leicht dazu führt, nicht mehr für kleinere und mittlere Unternehmen interessant zu sein; das kann schnell schiefgehen. Deshalb haben wir auch immer vermeintlich kleinere Fälle gehabt und genau diese Mandanten haben immer in schlechten Phasen zur Kanzlei gestanden.

Welcher Beruf macht Ihnen mehr Freude, der des Anwalts oder der des Landtagsabgeordneten?

Die Antwort des Juristen: Das kommt darauf an. Das Gestalten, also die Gesetzgebung, ist eine spannende Sache, da man endlich so vorgehen kann, wie man das als Anwalt erwartet hat und andererseits sehr schnell lernen muss, dass Rationalität eher selten der bestimmende Faktor ist; gerade dann wenn Politik sich von Medien und vermeintlicher öffentlicher Meinung zu sehr bestimmen lässt, versagt sie. Dagegen kämpfe ich weiter, denn man ist ja so etwas wie der Anwalt derjenigen, die zu meinem Mandat beigetragen. Insofern ähnelt das Abgeordnetendasein durchaus dem Berufsbild des Rechtsanwalts. Geradlinigkeit ist schwerer als man glaubt, aber das halte ich bei allem Ärger durch und ich kann mich morgens guten Gewissens im Spiegel betrachten. Ich arbeite im Moment natürlich etwas weniger in der Kanzlei, aber das Bearbeiten von realen Fällen bereitet mir nach wie vor Freude und, man kann es kaum glauben, es entspannt mich auch, diese Abwechslung zu haben.

Mit welchen Maßnahmen gelingt es, als freier Unternehmer gut durch finanzielle Krisenzeiten zu kommen. Was tun Sie dafür?

Meine Empfehlung ist, Rücklagen zu bilden, und wie oben erwähnt, auch die kleineren Mandate zu pflegen. Die sind immer da, denn Arroganz wird am Ende bestraft. Dazu gehören aber auch schlanke Personalkosten und gegebenenfalls auch die Bearbeitung neuer Rechtsgebiete, sich Neuem nie zu verschließen, heißt wohl das geeignete Motto.

Was waren Ihre größten Fehler in Ihrem unternehmerischen Dasein und was haben Sie daraus gelernt?

Ich habe zu viel Vertrauen in die Leistungsfähigkeit von Partnern gelegt. Deshalb zerschlug sich die Kanzlei 2001 in zwei Teile, wobei ich beschlossen hatte, zunächst das Ruder mit der Steuerberatung in Kooperation mit einem Betriebswirt alleine zu halten, um dann Stück für Stück die Verantwortung auf die Angestellten und letztlich auf meinen neuen Partner zu übertragen. Meine Erfahrung war hier, dass Frauen starke und loyale Führungskräfte sind, wenn man sie lässt!

Wie entstanden die erfreulichsten Erfolge für Ihre Firma?

Oft indem ich private Fälle von Menschen positiv löste, die in verantwortlichen Positionen für größere Firmen agierten und uns aufgrund ihrer Erfahrungen dort mandatierten. Aber auch ehemalige Studenten von mir, die heute leitende Stellen innehaben, vermittelten teilweise lang andauernde Großmandate.

In Ihrer eigenen Arbeit mit Angestellten, wovon raten Sie jungen Unternehmern unbedingt ab, was empfehlen Sie?

Als erstes braucht der Jungunternehmer eine Sekretärin, die die Mandanten begeistert und die Termine und Fristen gewissenhaft verwaltet. Da muss ein tiefes Vertrauen zwischen beiden möglich sein. Bei juristischen Mitarbeitern muss man immer gewahr sein, dass sie glauben, der Kuchen werde zu ihren Ungunsten ungerecht verteilt, weshalb für sie eine Gewinnbeteiligung beim Erreichen bestimmter Umsatzziele ratsam ist. Eine Anleitung und Motivation der Kollegen nach gemeinsam erarbeiteten Standards hat sich bewährt.

Was ist Ihr finaler Rat an junge und selbstständige Rechtsanwälte, die eine größere Kanzlei auf die Füße stellen wollen?

Die Zielklientel durch eigene Neigungen zu bestimmen, durch Publikationen und gesellschaftliches Engagement einen hohen Bekanntheitsgrad zu erreichen, des

Weiteren mit schnellen Reaktionszeiten zu überzeugen; der Mandant ist König, nicht der Anwalt.

Herr Sürmann, meinen herzlichen Dank für dieses ausgezeichnete Gespräch.

— ● —

MICHAEL LEYENDECKER
Geschäftsführer der Axavit Consulting GmbH

ENDLICH SPRINGEN ODER ANGESTELLT BLEIBEN?

Bitte, Herr Leyendecker, stellen Sie sich und Ihr Unternehmen zunächst einmal vor.
Ich bin Geschäftsführer der Axavit Consulting GmbH, deren alleiniger Inhaber ich bin. Wir beschäftigen uns mit der Erstellung von Unternehmensstrategien für mittelständische Firmen. Wir beraten aber nicht nur, sondern arbeiten zum Teil auch aktiv mit, diese Strategien im Unternehmen zu etablieren. In einigen Fällen haben wir uns dann auch direkt an dieser Unternehmung beteiligt. Daraus sind nun schon einige interessante Partnerschaften entstanden, jetzt gerade auch im Bereich Umwelttechnologie.

Sie haben den Sprung vom normalen Angestellten zum erfolgreichen Unternehmer mit einer größeren Zahl von Angestellten geschafft. Bitte erzählen Sie von Ihren ersten Monaten in der neuen und selbstständigen Situation.
Zu Beginn ist die finanzielle Situation selten entspannt, eher im Gegenteil. Wir haben uns auf das Wesentliche konzentriert und uns damit beschäftigt, neue Kunden zu gewinnen, diese zu begeistern und zu Stammkunden zu machen.

Bei den meisten Projekten war es so, dass der vollumfängliche Bedarf erst nach einigen Gesprächen und viel Zuhören klar geworden ist. Wir haben umfangreiche Marketingaktionen durchgeführt um auf uns aufmerksam zu machen und uns ins Gespräch zu bringen. Dabei haben wir uns immer wieder die Fragen gestellt „Wer? Was? Für Wen?". So haben wir nach und nach unsere Ziele konkretisiert und unseren Geschäftsplan verbessert. Verschiedene Themen haben wir mehrfach überarbeiten müssen, bis sie für Kunden, Mitarbeiter und Investoren verständlich waren.

Was empfehlen Sie Menschen, die sich selbstständig machen wollen, aber nicht über viel Eigenkapital verfügen. Welche Schritte sollen sie gehen?
Eine gute Geschäftsidee reicht nicht für dauerhaften Erfolg. Viele Existenzgründer überschätzen sich und ihr Marketingmodell und unterschätzen gleichzeitig die Bedeutung von einem soliden Businessplan und guter Vorbereitung, samt Kalkulation des mittel- und langfristigen Kapitalbedarfs. Laut KfW geben innerhalb der ersten zwei bis drei Jahre rund ein Drittel der Existenzgründer wieder auf. Aber ganz ohne Fremdkapital geht es leider meistens nicht, oder nur im Nebengewerbe. Aber ich sollte mich bei einer Unternehmensfinanzierung nicht übernehmen, sondern gerade am Anfang, langsam wachsen. Ich spreche davon, erst einmal in der eigenen Garage anzufangen und nicht gleich ein repräsentatives, teures Büros anzumieten, lieber die Kosten niedrig zu halten und zu Beginn „kleine Brötchen zu backen". Gut ist es, wenn Sie sich in einem Bereich selbstständig machen, indem Sie sich sehr gut auskennen.
Entweder bin ich der Einzige oder der Beste, beides bedeutet immer Erfolg! Tatsächlich sollte es so sein, dass meine Geschäftsidee meinen Kunden einen Nutzen bietet. Wenn dies gegeben ist, kann ich auch mögliche Kapitalgeber eher überzeugen. Leider sind Banken heute selten bereit hier zu helfen wenn das Eigenkapital gering ist. Erfolgreich ist man nie allein, sondern immer mit anderen. Wenn also die Kapitaldecke dünn ist, versuchen Sie Partner zu gewinnen, die sich nicht nur finanziell beteiligen, sondern auch aktiv im Unternehmen mitarbeiten. So ist es auch leichter am Kapitalmarkt Geld zu akquirieren.

Worin unterscheiden sich erfolgreiche Unternehmer von solchen, die auf der Strecke bleiben?

Dadurch, dass sie es geschafft haben? Nein, schwer zu sagen, ein Mann, den ich sehr bewundere, hat einmal gesagt, dass viele Unternehmungen erfolgreich geworden wären, wenn die Akteure nicht zu früh die Flinte ins Korn geworfen hätten. Es hätte womöglich gereicht, ein klein wenig länger durchzuhalten und man wäre über dem Berg gewesen. Demnach gehören Ausdauer, Durchhaltevermögen und Disziplin sicher dazu. Wichtig sind ein klares Ziel, Selbstvertrauen, eine hohe Kommunikationsfähigkeit, Flexibilität und eine positive Einstellung. Und was jeden erfolgreichen Unternehmer auszeichnet: Mut zum Risiko. Aber letztendlich muss auch mein Angebot, meine Dienstleistung oder mein Produkt stimmen. Was wir aber immer wieder feststellen ist, dass viele Produkte oder Dienstleistungen am Markt, am Kundenbedürfnis vorbei entwickelt wurden. Dann wird mit Aufwand und viel Geld versucht, ein unpassendes Produkt passend zu machen, das klappt so gut wie nie. Wenn wir Vertriebsstrategien entwickeln, ist es für uns wichtig schon beim Produktdesign mit dabei zu sein, sonst lassen sich Fehler im Prozess oder an der Dienstleistung, am Produkt, kaum noch reparieren.

Welchen Rat haben Sie für die Zeit, wenn die ersten Einstellungen von eigenen Mitarbeitern eine neue Situation für das junge Unternehmen bringen?
Mitarbeiter sind das Potenzial einer Firma. Mit den richtigen Mitarbeitern lassen sich auch ehrgeizige Ziele erreichen. In vielen Einstellungsgesprächen, die ich für eigene, aber auch im Auftrag, für fremde Unternehmen/Kunden geführt habe, ist Eines ganz klar geworden: Qualifikation, Ausbildung und Erfahrung sind überaus wichtige Faktoren, aber wesentlicher ist, ob der Kandidat zu uns passt. Sowohl menschlich als auch von seiner Arbeitsweise. Es sind immer die Menschen, die zusammenarbeiten und Geschäfte zusammen machen.

Hat sich für Sie der Schritt in die Selbstständigkeit eigentlich gelohnt, wenn ja von welchem Moment an war das der Fall? Was mussten Sie dafür tun?
Ja, definitiv. Wer mal eine längere Zeit in einem internationalen Konzern gearbeitet hat, weiß, dass man zwar vorgibt kundenorientiert zu arbeiten, aber in Wirklichkeit geht es meistens nicht anders, als prozessorientiert vorzugehen. Wenn ich nur an die Produktentwicklung denke, wie viele verschiedene Abteilungen müssen da involviert sein. Finance muss das Produkt abrechnen können, die Kollegen aus dem Support benötigen die Leistungsbeschreibungen und die

Fehleranalysen. Die Rechtsabteilung muss es juristisch absegnen usw. Am Ende kommt ein Produkt heraus, das ich intern in meinen Prozessen genauestens abbilden kann, das aber nicht mehr das ist, was mein Kunde kaufen möchte. Gelohnt hat sich für die Selbstständigkeit schon dadurch, dass ich Produkte und Dienstleistungen anbieten kann, die meine Kunden sich wünschen. Es ist leichter, das zu verkaufen, was meine Kunden wollen, als das, was ich anzubieten habe. Diese gestalterische Freiheit ist viel wert.

Mit welchen Werten gestalten Sie Ihr unternehmerisches Dasein? Liegt in einer Orientierung auf Werte hin eine Grundlage für Ihren geschäftlichen Erfolg?

Unternehmen sind Mitbestand einer gesellschaftlich-sozialen Entwicklung und verändern diese durch Expansion und Innovation oder durch gravierende Managementfehler. Hieraus ergibt sich eine Menge Verantwortung für den Unternehmer, aber auch für die für ihn tätigen Mitarbeiter. Wenn sie heute zehn Unternehmen fragen, wird jedes behaupten, irgendwie nachhaltig zu sein; denn dies ist mittlerweile eine öffentliche Erwartung an Firmen und Organisationen. Wichtig ist aber, wenn ich mir vorgenommen habe als Unternehmen etwas Positives für Gesellschaft und Umwelt zu bewirken, mein Managementhandeln dann auch wirklich konsequent und andauernd in diese Richtung auszurichten. Unternehmerisches Handeln soll heute, morgen und auch in schweren Zeiten an Werte gebunden sein. Das ist nichts Neues, aber schauen Sie sich an, wie das Vertrauen der Menschen in die Wirtschaftsordnung seit der Finanzkrise gelitten hat.

Meiner Ansicht nach sollte es alltagstaugliche und überprüfbare Standards zur Wirtschaftsethik in jedem, auch in kleineren, Unternehmen geben. Hier geht es nicht nur um sensible Themen wie Unternehmensgewinne, Stellenabbau und Gehälter, sondern auch um die Art des täglichen Umgangs miteinander. Ich bin fest überzeugt: Ethik und Wirtschaft stehen nicht im Widerspruch. Alleine mit einer Ausrichtung auf Effizienz kann man kein Unternehmen leiten. Wesentliche Voraussetzungen für Unternehmenserfolg sind Werte wie Integrität, Vertrauen, Respekt vor Menschen und der Umwelt. Ohne dies wird es dauerhaft schwierig Kunden, Geschäftspartner und Mitarbeiter für Ihr Unternehmen zu begeistern.

In meiner Erfahrung geht es um ein unternehmerisches Denken und Handeln in der Weise, dass ich einen Wert für die Gesellschaft schaffe, der sich nicht nur aus

Zahlen zusammensetzt, sondern, so banal das klingt, den Dienst am Wohlergehen der Menschen dokumentiert.

Welchen Rang nimmt die unternehmerische Flexibilität für Ihren Erfolg ein? Bitte beschreiben Sie hier Ihre Vorgehensweise.
Einen sehr hohen. Wachstum bedeutet Veränderung. Um wettbewerbsfähig zu sein, muss ich mehr tun als nur Gewinne zu erzielen. Ich muss in der Lage sein, marktprägende Veränderungen vorherzusehen, um darauf reagieren zu können. Flache Hierarchien und hohe Fachkompetenz der Führungsmannschaft erhöhen die unternehmerische Flexibilität. Darüber hinaus ermöglichen uns moderne Kommunikationsmittel in der Kundenansprache und im Erfassen von Kundenbedürfnissen unser Unternehmenskonzept immer wieder anzupassen.

Wie funktioniert eigentlich ein gutes Risikomanagement für einen erfolgreichen Mittelständler, der auch gut durch manche Krise gekommen ist?
Das ist sicher ein Thema für ein eigenes Buch. Die Frage lautet, würde Christoph Kolumbus es heute wagen einen Seeweg nach Indien zu suchen, oder nicht? Würde er eine Versicherung abschließen? Beim Abwägen von Risiken in Unternehmen spielen viele psychische und selten analytische Herangehensweisen eine Rolle. Es gibt gesetzliche Auflagen z. B. für Banken oder börsennotierte Unternehmen. In kleinen und mittelständischen Unternehmen aber kann Risikomanagement dann wirksam umgesetzt werden, wenn es in die Unternehmensführung und -überwachung integriert ist. So eingebunden in das Handeln einer Firma fördert Risikomanagement die bewusste Auseinandersetzung mit operationellen, strategischen und finanziellen Risiken.

In der Entscheidung zu springen oder Angestellter zu bleiben, wenn Sie Ihre damalige Situation reflektieren, was empfehlen Sie Menschen in dieser Schlüsselsituation ihres Lebens?
Hinterfragen Sie Ihr Vorhaben und Ihre Motivationen mit den folgenden Punkten:
- Was genau will ich genau erreichen?
- Ist mein Plan, wenn ich alles gebe, tatsächlich realistisch?

- Wird mein Produkt oder meine Dienstleistung wirklich nachgefragt?
- Bin ich bereit, die langen und oft nicht einfachen Wege zu gehen und Widerständen meine Kraft entgegenzusetzen?

Lassen Sie mich zum Schluss noch einen schönen Satz zum Thema Springen in die Selbstständigkeit zitieren. Ein großer Admiral sagte einmal folgenden Satz: „Vom Gesichtspunkt der Sicherheit ist der optimale Platz für ein Schiff der Hafen, aber dafür werden sie nicht gebaut."

Lieber Herr Leyendecker, vielen Dank für Ihre nutzbringenden Antworten.

— ● —

3. Interviews zur Entstehung grosser Karrieren aus der Sicht von Topmanagern und Personalchefs

Philipp Kurtenbach
Managing Director Corporate Development Aegis Media
Central Europe & Africa

Wie hängen visionäres Denken und ein erfolgreicher Aufstieg ins Topmanagement zusammen?

Philipp Kurtenbach ist seit März 2000 für die Aegis Media Gruppe tätig. Bis 2001 arbeitete er in der Funktion des Human Resources Directors. Seitdem ist er als Geschäftsführer Corporate Development für die Region Zentraleuropa zuständig, zu der auch Deutschland gehört. Sein Verantwortungsbereich umfasst die Bereiche Human Resources Management, Market Insights und Corporate Communications für rund 1.800 Mitarbeiter in 23 Märkten. Nach seinem BWL-Studium an der Universität Passau startete der Diplom-Kaufmann seine Karriere 1994 bei den Beratungsgesellschaften Hay Management Consultants und anschließend bei Gemini Consulting. Für diese Firmen war er als Unternehmensberater in Deutschland, Österreich, der Schweiz, UK und Osteuropa tätig.

Wenn man wie Sie schon seit einigen Jahren in Führungspositionen des Managements tätig ist, glauben Sie, dass visionäres Denken erlernbar ist oder muss man das originär mitbringen?

Ja, ich glaube schon, dass man visionäres Denken in großen Teilen auch lernen kann. Erfahrungen prägen und sind ein wichtiger Bestandteil auf diesem Weg. Es gibt sicher ein paar grundlegende Voraussetzungen, die man mitbringen muss, aber die Qualität visionären Denkens steigt mit zunehmender Erfahrung.

Können auch kühl rational denkende Führungskräfte ohne einen großen geistigen Entwurf visionärer Perspektive gute Topmanager werden?

Das ist eine sehr gute Frage. Es kommt darauf an, woran ich das messe. Wenn ich mich rein an betriebswirtschaftlichen Parametern ausrichte und von einem Manager erwarte, dass er seine gesetzten Zielsetzungen erreicht, kann das auch vorerst ohne große Vision funktionieren. Langfristiger Erfolg jedoch baut auch darauf auf, dass ich Menschen begeistern und inspirieren kann, dass ich Vertrauen für meine Vorhaben bei Geschäftspartnern, Kollegen und Kunden schaffe. Langfristig gesehen, werden kühle Rationalisten schlechter abschneiden als charismatisch angelegte Charaktere.

Wenn es um die Finanzseite in Ihrem Unternehmen geht, benötigen der CFO, der Finanzchef also, und seine zugeordneten Manager eine visionäre Ausrichtung oder genügt es, eine sauber controllte Bilanz abzuliefern?

Eine perfekte Symbiose im Management entsteht, wenn der CFO eine Art Gegenimpuls zum CEO, dem eigentlichen Zukunftslenker des Unternehmens, setzt. Er sollte das „Gewissen des Unternehmens" sein, insbesondere wenn es darum geht, in neue Felder vorzudringen und sie einer entsprechenden betriebswirtschaftlichen Analyse und fundierten Prognose zu unterziehen. Damit übernimmt er den entsprechenden analytischen Part innerhalb einer visionären Unternehmensführung. Er selbst muss dazu nicht unbedingt Visionär sein. Es ist jedoch mehr als hilfreich, wenn der CFO die Fähigkeit besitzt, eine Vision nachvollziehen und Begeisterung dafür entwickeln zu können, um gemeinsam mit dem CEO an einer erfolgreichen Entwicklung des Unternehmens zu arbeiten.

Werden visionäre Denker heute eigentlich schon Topmanager oder ziehen sie nicht eher noch in der Auseinandersetzung mit den konservativ geprägten Platzhirschen den Kürzeren?

Das hängt von der Marktsituation, von der Branche und von der Veränderungsnotwendigkeit in einem Unternehmen ab, aber auch von der individuellen Person. Alleine Visionär zu sein reicht sicher nicht aus.

Hier spielen vielleicht auch andere Eigenschaften eine Rolle, die der visionäre denkende Manager eventuell zusätzlich mitbringt, oder?
Eindeutig. Neben der Fähigkeit nach vorne denken zu können, hängt der Erfolg eines Managers auch von einem umfassenden Set an Qualifikationen ab; fachlichen, sozialen wie auch entsprechenden Führungskompetenzen und nachhaltiger Vorgehensweise. Messbare Leistungsergebnisse und das Potenzial eines Managers sollten über dessen Aufstieg im Unternehmen entscheiden. Wenn diese beiden Persönlichkeitsaspekte nicht vorhanden sind, werden Visionen nicht Wirklichkeit und dann können das Unternehmen und seine Stakeholder davon nicht profitieren.

Ist es für ein Unternehmen nicht auch ganz heilsam, wenn von sogenannten Visionären nicht jeden Monat eine Umstrukturierung angeschoben wird?
Wenn Veränderungen in diesen kurzen Intervallen erfolgen, hat das für mich nichts mit Visionen zu tun. Ganz im Gegenteil, hier sprechen wir über operative Hektik und sogar eher über einen Mangel an Vision. Diese basieren auf strategischen Überlegungen und müssen gut durchdacht sein, um langfristige Entwicklungen fundiert und erfolgreich in eine positive Richtung einzuleiten.

Das halte ich für einen ganz wichtigen Aspekt: die Langfristigkeit von Visionen. Haben Sie auch selbst Erfahrungen mit einem neuen Thema im Unternehmen, das für einen langen Zeitraum prägend für ihre Arbeit war?
Wir kommen ursprünglich aus dem Bereich der Mediaplanung, mit einer Historie von knapp 40 Jahren und waren damals der Pionier und die erste eigenständige Mediaagentur in Deutschland. Seit zehn Jahren arbeiten wir kontinuierlich daran, uns zu Kommunikationsberatern weiterzuentwickeln. Die ursprüngliche Idee des Firmengründers war, als eine Art Werkbank für die Marketingabteilungen der Kundenunternehmen zu agieren. Heute jedoch sind wir bestrebt nicht mehr nur das auszuführen was andere vordenken („Do it for me"), sondern kompetente Berater zu sein, wenn es um strategische Marketingentscheidungen geht („Think for me"). Diese neue Ausrichtung hatte gravierende Aus-

wirkungen auf die gesamte Steuerung unseres Unternehmens. Wir haben im Zuge dessen ganz neue Geschäftsfelder aufgebaut.

Aus dieser Vision heraus rekrutieren wir heute eine ganz andere Generation von Mitarbeitern als früher. Während wir vor fünf bis zehn Jahren hauptsächlich ausgebildete Werbekaufmänner/-frauen beschäftigten, stehen wir heute mit den führenden Blue-Chip-Unternehmen in direkter Konkurrenz, um den neuen Typ des strategischen Marketingberaters für uns zu gewinnen. Das hat auch Auswirkungen auf unser betriebswirtschaftliches Modell, zumal die Investitionen in unsere heutigen Mitarbeiter deutlich kostenintensiver geworden sind. Zusätzlich wurden in Verbindung mit unserer veränderten Ausrichtung leistungsorientierte Vergütungsmodelle eingeführt. Insgesamt betrachtet hat sich das Bild unseres Unternehmens im Markt durch die visionären Entwicklungen grundlegend gewandelt.

Können Sie etwas über die Geduld sagen, die ein Topmanager haben muss, der erlebt wie viele Visionen im eigenen Unternehmen nicht durchgesetzt werden können?

Geduld und Nachhaltigkeit sind zwei ganz wichtige Punkte. In heutigen Zeiten, besonders in Kapitalgesellschaften, sind Visionen manchmal nur schwer zu verwirklichen. Der oft übertriebene Shareholder-Value-Gedanke, der sich in einem Hasten von einem Quartalsreport zum nächsten ausdrückt, lässt wenig Raum für langfristige Unternehmensentwicklungen und nachhaltiges Investieren. Trotzdem glaube ich, dass eine visionäre Unternehmensführung keine beliebige Größe ist. Langfristige Zielsetzungen und Aufgabenstellungen, die im Unternehmen immer wieder scheitern, gehen auf Kosten der Glaubwürdigkeit des Topmanagements. Deshalb ist es nach dem Pareto-Prinzip mit einer 80/20-Priorisierung wichtig, sich auf wenige, aber relevante Themen auf übergeordneter Ebene zu konzentrieren und in diese aber auch die notwendige und durchtragende Energie zu investieren.

Was sagen Sie zu Managern, die die Vision von der Gleichbehandlung aller im Unternehmen übertreiben und wie sehen Sie diese modernen demokratischen Führungsprinzipien im Zusammenspiel mit dem Shareholder-Value-Gedanken?

Das Thema Leistung hat sich im Unternehmenskonzept sehr stark verändert. Während früher einzelne Protagonisten den Erfolg der Organisation nach vorne gebracht haben, ist heute die Teamleistung enorm wichtig geworden. Wenn ich unsere Struktur im Unternehmen betrachte, bieten wir eine Dienstleistung an, die sich aus dem Beitrag unterschiedlichster Einzelfirmen in unserem großen Verbund zusammensetzt. Wir arbeiten dabei mit integrierten Teamzugängen. Sicherlich gibt es für die einzelnen Teams auch Erfolgsziele, die nicht zuletzt für die variable Vergütung einen großen Ausschlag geben. Alphatiere sind in diesem Gefüge sogar eher hinderlich und können den Gesamterfolg des Teams negativ beeinflussen.

Sie sprachen von der Übertreibung der Demokratisierung. Ich glaube, dass wir von einer Übertreibung dieses Anspruchs noch weit entfernt sind. Wir sind tendenziell noch relativ stark in der klassischen Denkweise verhaftet. Viele Strukturen sind weiterhin stark abhängig von Einzelleistungen. Insofern liegt noch ein weiter Weg vor uns, moderne Teamstrukturen zu etablieren, die mit den entsprechenden Incentive- und anderen Motivationssystemen ausgestattet sind.

Haben Sie es schon einmal erlebt, dass es ein visionärer Manager an die Spitze Ihrer Organisation geschafft hat, und wenn ja, was war das Ergebnis dieser Entwicklung?

Seit Mai dieses Jahres haben wir einen neuen Global CEO, der ursprünglich aus einem Unternehmen kommt, das er selbst gegründet und später an unser Agentur Network verkauft hat. Er ist also eigentlich selbst ein Unternehmer und hat ein klares Bild, wie sich die Kommunikationsbranche weiterentwickelt. Er kam mit einer deutlichen Vision, wohin wir uns als Kommunikationsdienstleister bewegen und positionieren sollten. Er hat es geschafft, die Organisation neu auszurichten und ich bin mir sicher, dass von ihm auch zukünftig wesentliche Impulse für unseren Erfolg ausgehen werden.

Der Werbemarkt, in dem wir uns als Agenturgruppe bewegen, steht weniger für große strategische Würfe. Es ist ein äußerst schnelllebiges, sich veränderndes Geschäft, das von Trends, Innovationen und Technologie getrieben ist. Alles kann sich durchaus über Nacht verändern, nicht zuletzt damit verbundene Kundenanforderungen. Aufgrund dessen ist ein hoher Grad an Flexibilität in strategischen Überlegungen ein wichtiger Erfolgsparameter. Das unterscheidet uns von Industriezweigen wie z. B. Energiedienstleistern, die sich sehr langfristig und vorausschauend entwickeln können und deren Planungen über Jahrzehnte angelegt sind.

Fänden Sie es wünschenswert, in Ihrer Unternehmensstrategie längerfristig denken zu dürfen?

Ich glaube, es gibt niemanden, der das verneinen würde. Es ist in der Tat so, dass in der Hektik des Alltags das langfristig vorausschauende Arbeiten leider manchmal verloren geht. Im ständigen Konflikt zwischen dringenden und wichtigen Aufgaben verhaftet zu sein bedeutet, dass die langfristige visionäre Ausrichtung tendenziell zu kurz kommt. Dennoch sollte sich jedes Unternehmen und jeder Manager mehr denn je die Notwendigkeit eines visionären und strategischen Ansatzes bewusst vor Augen halten – zugunsten einer langfristigen Erfolgsausrichtung des Unternehmens.

Lieber Herr Kurtenbach, meinen herzlichen Dank für dieses Gespräch.

[Philipp Kurtenbach ist seit 2014 Global Talent & Organisation Development Director Dentsu Aegis Network.]

— ● —

DIETER BABIEL

Geschäftsführer Personal

der Saint-Gobain Building Distribution Deutschland GmbH

WARUM SIND DEMOKRATISCH FÜHRENDE MANAGER ERFOLGREICHER?

Herr Babiel wir sprechen heute über die klassischen Verhaltensweisen im Leadership, die Topmanager von mittleren Führungskräften unterscheiden. Was sind klassische besondere positive Führungseigenschaften von solchen Managern, die es ganz nach oben geschafft haben?

Neben den Klassikern wie Durchsetzungskraft, Empathie und Komplexitätsmanagement geht es vor allem um die Kriterien Angstfreiheit und innere Unabhängigkeit – dies bei aller Bescheidenheit. Ich habe vor Kurzem mit einer Dame gesprochen, die gerade dabei ist, ihr eigenes Unternehmen aufzubauen. Sie sagte mir, sie verfolge eine kurze und knappe Führungsphilosophie: Nämlich, dass ihre Mitarbeiter wissen, dass sie unabhängig und angstfrei agieren können versus einer Orientierung nur nach der Meinung anderer, insbesondere ausschließlich des Vorgesetzten. Das bremst, hindert Selbstentfaltung und Kreativität. Wenn man sich große Führungspersönlichkeiten anschaut, kann man sehen, dass diese es schaffen, sich auch im Dschungel von Konzernen zurechtzufinden, ohne dabei einen opportunistischen Weg gegangen zu sein. Das ist, glaube ich, das Wichtigste, dass man es schafft, idealerweise seinen eigenen Weg zu gehen ohne dabei zu sehr anzuecken und Regeln zu missachten. Der Saint-Gobain-Konzern hat ungefähr 200.000 Mitarbeiter. Auch bei uns ist es so, dass es vor allem solche Menschen ganz nach oben schaffen, die ihr eigenes Charisma besitzen und nicht in ihren Einstellungen und Gedanken bei mächtigen Personen „parken".

Es geht also um eine eigene Vision und eine persönliche Authentizität.
Die Vision darf natürlich nicht auf Kollisionskurs gehen aber ein Zuviel des Kollidierens findet man ja nicht erst heraus, wenn man mit einer großen Position betraut worden ist, solche Dinge zeigen sich ja sehr früh auf dem Karriereweg. Mir geht es um die eigene Stärke, Dinge nicht nur visionär zu denken, sondern auch mit tatsächlichen Schritten im Unternehmen voranzubringen. Des Weiteren gehört für mich dazu, tiefes Vertrauen in Menschen zu haben. Ich glaube, dass nicht mehr so sehr der Kontrolleur gefragt ist im Management, so wirkt man nicht sehr charismatisch. Falsch ist der zu sehr nach hinten gerichtete Blick, besser ist eine entschlossene Orientierung nach vorn.

Wenn man sich, dem folgend, mit Menschen umgibt, die selbst stark sind und die man dann auf ihren Wegen fördert, dann ist man auf dem richtigen Weg. Deswegen hier noch einmal der Begriff „Vertrauen in Menschen." Das ist nicht nur eine Phrase, sondern wesentlich für den eigenen Erfolg.

Welche Arten von Führungsverhalten behindern den Aufstieg von Managern in die Top-Liga?
Also, hier geht es nicht nur um Verhalten, es gibt manchmal auch Zufälle, die die Dinge behindern können. Aber ein Kriterium gilt: Der permanente Ja-Sager wird sicherlich nicht die große Karriere machen, die er sich so vorstellt. Einmal anders herum gedacht, was nämlich alles passieren darf: Auch Fehler dürfen gemacht werden, weil man daraus auf dem eigenen Weg lernt. Entscheidend ist: Steht man dazu? Bleibt man eine geradlinige Persönlichkeit? Hat man keine Schwierigkeiten, auch über eigene Fehler zu sprechen? Um Ihre Frage, so wie sie gestellt ist, zu beantworten:
Wer sich nur an anderen orientiert, wird irgendwann behindert sein in seinen eigenen Aufstiegsplänen. Wer Fehler versucht zu kaschieren, wer nicht bemüht ist, Vorbild zu sein. Das klingt recht allgemein, ist aber heute wichtiger denn

je, wer ein gutes Vorbildverhalten nicht hat und Chef sein möchte, der wird es ganz schwierig haben. Wer also nicht jeder Arbeitsstunde hinterherläuft, sondern wer gern bereit ist, sich ein bisschen mehr zu engagieren, ohne darüber zu lamentieren. Wer aber auch in der Sache leidenschaftlich agiert; wer also nicht nur mehr arbeitet, um seinen Aufstieg damit zu generieren, sondern wer viel arbeitet, weil er wirklich interessiert ist, das ist eigentlich die richtige Person. Das heißt, man muss es auch in der Tiefe des Unternommenen sehen, pure Anwesenheitszeit sagt gar nichts. Qualität und leidenschaftlich im Thema aufzugehen und dabei gute Ergebnisse zu produzieren, das sind Dinge, die uns sicherlich voranbringen. Wer also in den eben beschriebenen Dingen Vorbild ist, an wem Mitarbeiter wirklich aufschauen können, der bringt sich sinnvoll ein, ist kompetent und führt das Unternehmen wirklich voran. Solche Menschen bieten eine tolle Orientierung, das strahlt nicht nur aus nach unten, sondern auch in die über ihm liegenden Hierarchieränge. Dort liegen die wichtigsten Voraussetzungen für einen schlagkräftigen Aufstieg. Alles, was diesen genannten Kriterien an Verhalten nicht entspricht, wirkt behindernd für die eigene Karriere.

Wo haben Sie gelernt zu führen, Herr Babiel?

Gar nicht, ich habe das nicht theoretisch gelernt. Ich glaube daran, dass ein Stück weit Glück dazu gehört, eben das richtige Talent zu besitzen. Fangen wir ganz am Anfang an: Genetische Anlage gehört dazu, vielleicht die richtige Erziehung. Mich selbst betreffend kann ich das nicht genau zuordnen, glaube aber, dass ich eine Erziehung hatte, in der ich bestimmte Grundlagen gelernt habe. Das fängt bei kleinen Dingen an: „Guten Tag" zu sagen, wenn ich in einen Raum komme, mich zu bedanken. Auf Grundformen guter Erziehung lege ich auch bei meinen eigenen Kindern großen Wert. Ich denke, dass heute viele jüngere Menschen nicht mehr ganz so geprägt und erzogen worden sind, und dass sie es dadurch oft etwas schwerer haben, einen guten Eindruck zu machen. Und ich merke das auch in meinem beruflichen Umfeld. Menschen schätzen es sehr, wenn ich einfach höflich bin. Neben Talent und Erziehung ist das Zweite, dass ich eben auch Vorbilder hatte.

Also ich will Ihnen ein Beispiel nennen: Die vorletzte Firma, in der ich begonnen hatte zu arbeiten, war ein global agierendes großes Unternehmen. Als ich seinerzeit das allererste Mal mit meinem dann künftigen Chef in Kontakt kam, hatten wir in seinem Büro das erste Interview. Ein Personalberater war anwesend im Gespräch, ich war aufgeregt. Ich habe damals gar nicht daran gedacht, zu fragen, wo ich sitzen darf und wo normalerweise der Chef seinen Platz hat. Der Vorgesetzte kommt herein, sieht, ich sitze auf seinem Platz und sagt zu mir: „Das fängt ja schon gut an" und ich spürte seine Verunsicherung, er schaute sichtlich gequält. Dann fragte ich ihn, ob ich an meinem Platz sitzen bleiben dürfe oder ob das sein normaler Platz sei. Später sagte er mir Folgendes: „Ich habe Sie vor allem deshalb einstellen wollen, weil sie diese Situation durchgestanden haben und sich höflich verhalten haben, dabei aber trotzdem am Platz sitzen blieben."

Er hat mein Verhalten einfach respektiert. Bestimmte Dinge im eigenen Verhalten müssen einfach passen. Deswegen: Wenn ich heute Coachings und Mentorenprogramme sehe, so denke ich, sie sollten so wenig wie möglich gleichsam technisch auf bestimmte Verhaltensweisen abheben. Wichtig für alles Persönliche ist einfach, dass die Chemie stimmt. Und es ist wichtig, dass ein Mentor diesen wichtigen Gedanken aufnimmt. Wenn das persönliche Verhältnis zwischen Chef und Mitarbeiter, wenn die persönliche Chemie also stimmt, verzeiht man sich gegenseitig leichter, auch ein persönliches Sichentwickeln funktioniert unter dieser Voraussetzung besser. Es ist ein anderes Vertrauen da, man schiebt sich gegenseitig weiter in dem Entwicklungsprozess.

Können Sie etwas noch etwas mehr zu Ihren Erfahrungen im Bereich Coaching und Mentoring sagen?

Ich fange einmal damit an, wie wir hier arbeiten: Wir kooperieren regelmäßig mit externen Beratern. Seien es Psychologen oder Trainer, die ihre Dienstleistungen nicht von der Stange liefern, sondern sich sehr persönlich mit unseren Menschen hier im Unternehmen beschäftigen. Sei es in der Form von Development Centers, wo wir gegenüber unseren Führungskräften das totale Versprechen geben und einhalten, dass es nicht darum geht, auf der Basis hier erfolgter Beurteilungen irgendwelche Entwicklungsstopps einzuleiten sondern persönliche Entwicklungen vielmehr zu forcieren. Dazu muss deutlich werden, was sie heute können, wo sie heute stehen und woran sie arbeiten müssen, um in fünf Jahren ihren Job noch genauso erfolgreich machen zu können, idealerweise sogar noch ein zwei Karriereschritte weiterzukommen.

Das heißt, in diesem Bereich nutzen wir die Basis von Appraisals, sehr persönlich gehaltenen Audits (Beurteilungen) also. Unser Ziel ist es hier, eine klare Vorstellung zu erhalten, wo unsere Führungskräfte stehen. Menschen also, denen wir täglich viel Verantwortung für unsere Mitarbeiterinnen und Mitarbeiter übertragen. Das wird vor und nach dem Verfahren so offen kommuniziert, dass wir meist schnell Einigkeit erzielen, wo die Reise hingehen muss und welche weiteren Maßnahmen notwendig sind. Wir arbeiten dann zur Weiterentwicklung mit Trainings die wir anbieten. Zum Teil sind das sehr handwerklich angelegte Trainings zur Vermittlung grundlegender Fähigkeiten, wie zum Beispiel ein Mitarbeitergespräch, ein Zielvereinbarungsgespräch oder ein Kritikgespräch zu führen ist.

Weitere Beispiele sind das Training der Gestaltung von Konferenzen und Teambesprechungen um zu lernen, wie solche Formate effektiv gemanagt werden können. Das waren jetzt technische, handwerkliche Dinge, die wir vermitteln. Es ist aber auch gut, und daran arbeiten wir massiv, interne Coaches zu finden, also wirklich Vertrauenspersonen, Seniors oder Paten, die auf der Basis eines guten persönlichen Verhältnisses junge Nachwuchsmenschen fördern können und selbst Leitlinien geben können durch eigenes Verhalten. Manche Dinge kann man in Trainings nicht so leicht lernen, besser aber, wenn man neben jemandem sitzt, den man mag und dem man vertraut, der sich einlässt und sich wirklich Zeit nimmt, ohne Stakkato ein bestimmtes Programm durchzuziehen. Wir haben hier Führungskräfte in unserem Unternehmen und suchen noch mehr davon, denen wir junge Mitarbeiter an die Hand geben können und die als Vorbild wirken können.

Was empfehlen Sie Managern, die stellenweise Probleme mit einem Zuviel an Ambition haben?

Es ist immer die Frage, in welche Richtung genau diese Überambition geht. Da muss man zwei Dinge unterscheiden, das eine sind Manager, die vielleicht so ambitioniert sind, dass sie permanent Dinge an sich reißen, Prozesse dominieren und andere nicht zulassen in deren gestalterischer Kraft. Dann gibt es Menschen, die manchmal zu sehr egoistisch sind und zu sehr an ihre eigene Karriere denken. Wir können gerne auf diese beiden Beispiele kurz eingehen. Zunächst zu den Egomanen, von denen es gerade auch unter jüngeren Menschen immer mehr Exemplare gibt: Hier hilft nur ein klares und deutliches persönliches Feedback, um eben deutlich zu machen: Es gibt noch andere Werte als nur das Bestreben, sich selbst in ein gutes Licht zu setzen. Nämlich die Prämisse etwa, andere wachsen zu lassen und gut mit ihnen in einem Team zusammenzuarbeiten, dadurch ein positives gemeinsames Ergebnis zu produzieren, dass dann auch von allen gemeinsam getragen wird. Dadurch entsteht eine Integrität, die viel hochwertiger sein kann, als aus reiner Eigenaktivität. Mit Strenge und klarer Orientierung mag es gelingen, den einen oder anderen dieser Spezies zum Nachdenken zu bringen. Klar ist: Wir werden niemals jemandem im Unternehmen mehr Verantwortung geben wenn wir sehen, sie oder er ist überambitioniert.

Derjenige, der alles selber machen will, voll Gas gibt und andere mitzieht, ist manchmal gar nicht so negativ zu sehen. Es ist auch wichtig, solche Mitarbeiter nicht an der falschen Stelle auszubremsen. Man muss die betreffenden Personen nur dann auch immer wieder dazu anleiten, die anderen im Team aktiv mitzunehmen im Arbeitsprozess im Sinne einer gegenseitigen Bereicherung hinsichtlich Ziel und Ergebnis. Überambition darf einfach niemandem anderen schaden im Unternehmen. Sie ist aber, wie gesagt, nicht immer negativ für das Gesamtergebnis. Ich glaube, dass das Topmanagement einer Unternehmung hier sehr deutliche Marksteine setzen kann durch eine offene und frühzeitige Kommunikation im Sinne einer Balancierung von Positivem und Negativem.

Den Gedanken können wir vielleicht noch ein Stück weit ausbauen. Sie haben die Ambivalenz von starker Ambition angesprochen. Wenn Sie das Spannungsverhältnis betrachten zwischen starker Ergebnisorientierung einerseits und menschlich ansprechendem Verhalten andererseits, wo siedeln Sie den Typus des mittleren Managers an, den Sie bereit wären weiter zu fördern?

Also vorneweg: Alles muss sich an den geschäftlichen wichtigen Gegebenheiten und an positiven Ergebnissen orientieren. Wenn wir Erfolg haben, können wir die Arbeitsplätze in unserem Hause sichern, Mitarbeiter entwickeln und für ein Wohlfühlen im Unternehmen sorgen. Letztlich muss alles dahingehend auf den Prüfstein, ob es zu diesem Ziel, dem Erfolg des Unternehmens, beiträgt. Noch einmal zu dem Spannungsfeld zwischen Führungseigenschaften und Ergebnisorientierung: Heute ist eigentlich nicht die Zeit, in der wir diese Superplayer so sehr brauche, sondern mehr diejenigen, die bereit sind, sich in ein Team einzubringen und es voranzuführen. Wir sind ein Handelsunternehmen und leben vorm Verkauf unserer Produkte, dies bedeutet für uns, dass wir ganz besonders starke Teamplayer als Manager brauchen. Was wir brauchen, ist nicht das Team von zehn detailverliebten Experten, sondern mehr die Mischung ganz verschiedener Typen. Wichtig ist eine hohe Wiedererkennbarkeit beim Kunden. Das heißt aber auch: Je stärker Einzelplayer sind, desto mehr verwischen Sie möglicherweise die Wiedererkennbarkeit unserer Firma. Es geht also auch um einen Respekt vor unserem Unternehmen, der positiven Präsentation und Darstellung unserer Marke. Dieser Spagat zwischen eigenem Profil und Unternehmenszielen ist die hohe Kunst des für uns geeigneten Managens.

Welcher Führungstyp setzt sich heute durch, immer noch die Sorte alter Platzhirsch oder schon eher der integrative Steuerer?
Ganz entschieden suchen wir den integrativen Steuerer für unser Unternehmen als Führertyp. Sicherlich mit unterschiedlichen Konfigurierungen. Noch einmal: Im Vertrieb Teams zu führen erfordert ganz besonders den Integrierer. Es gibt Bereiche, da ist Integrationsfähigkeit nicht ganz so elementar, aber wichtig bleibt das in jedem Fall.

Vor mir schwebt das Bild, wie früher Topmanager aussahen, nämlich groß gewachsen, mit einer Hornbrille, einer Sekretärin, einer Mercedes-S-Klasse vor der Tür, Sie wissen, wovon ich spreche. Müssen junge Manager heute noch in solch eine Typologie hineinwachsen oder haben auch ganz normale Menschen die Chance, als Topmanager größere Einheiten zu führen?
Ein schönes Wort, hier von ganz normalen Menschen zu sprechen. Ich glaube, das trifft den Kern, der normale Mensch hat heute alle Chancen. Interessanterweise schauen viele jüngere Leute aber noch auf das alte Bild des hornbebrillten S-Klasse-Managers. Vor diesem Schema haben viele noch einen großen Respekt. Nur ist die Enttäuschung dann umso größer, wenn die damit verbundenen Erwartungen an persönliche Klasse nicht erfüllt werden. Ich sehe als modernes Bild jemanden, der sich von solchen S-Klasse-Standards gerne verabschiedet, der zum Beispiel sein Auto auch ohne Chauffeur selbst fährt. Jemanden, der selbst lebensfähig ist, ganz normal abends einkaufen geht und nicht zu jeder Besorgung seinen Fahrer schickt. Ich denke hier an Menschen, die mit beiden Füßen fest am Boden der Gesellschaft verankert sind, die in gleicher Weise auch

im Unternehmen eine gute Erdung haben. Die die anderen nicht zu sich kommen lassen, sondern selbst durch die Reihen gehen und alle Orte des Unternehmens kennen. Die eine offene Tür haben für die Fragen ihrer Mitarbeiter.

Erstaunlich ist: Es gibt eine Reihe von Unternehmen, wo dieser aussterbende alte Managertypus noch repräsentiert ist, aber wenn Sie sich moderne dynamische und jüngere Firmen anschauen, da hat sich das zum Glück sehr verändert. Vielleicht sind die moderneren, progressiveren Führungsleute am Ende des Tages sogar die anstrengenderen. Weil sie eben genau wissen, worum es geht und mit den Händen selbst im Schmutz wühlen. Weil sie sich gut auskennen und ganz andere, konkretere Ansprüche formulieren. Ich spreche hier nicht unbedingt über den angenehmeren, sondern eher mehr fordernden Chef in dieser Weise, und dies bringt einfach weiter als altes Hierarchiedenken.

Gilt das vielleicht gerade besonders in unserer modernen, stark handelsorientierten Welt, Sie sind ja zum Beispiel ein Handelsunternehmen, da passt dieser alte, hierarchieorientierte Manager nicht mehr so hinein, oder?

Überhaupt nicht. Allein, wenn Sie sehen, wie sich unsere Kundschaft verändert hat. Da kommen Sie mit dem Bild eines alten Schlachtrosses nicht mehr weiter. Man muss ein Stück weit in seiner Managementstruktur auch das eigene Kundenmetier repräsentieren und kann nicht elitär geprägt auftreten, was ich selbst übrigens auch unterstütze. Das sind Distanzen, die früher im Management geschaffen wurden und einfach nicht mehr angemessen sind. Es ist in den jeweiligen Ressorts auf Vorstandsniveau auch sehr viel mehr Kompetenz gefragt als früher, im Sinne von: Ich kenne mich in den Fragestellungen selbst aus. Dadurch wird Management anspruchsvoller und im Ergebnis auch erfolgreicher.

Herr Babiel, ich danke Ihnen für dieses Interview.

.

CAROLA PASCHOLA

General Manager GMS und Mitglied der Geschäftsleitung,
American Express Deutschland

SIND INNOVATIVE GESTALTER WIRKLICH DIE FÜHRENDEN KÖPFE DER ZUKUNFT?

Liebe Carola Paschola, bitte stellen Sie sich, Ihr Unternehmen und Ihre Funktion zunächst einmal vor.

Ich bin bei American Express Deutschland Vice President ,General Manager Merchant Services und Mitglied der Geschäftsleitung. In dieser Funktion bin ich für das Akzeptanzstellennetz von American Express in Deutschland und Österreich verantwortlich. American Express ist einer der weltweit führenden Anbieter von Reise- und Finanzdienstleistungen. Rund 60.000 Mitarbeiter kümmern sich in über 200 Ländern um die 92 Millionen Kartenkunden und viele Millionen Geschäftsreisende.

Ist es richtig, dass in angelsächsischen Konzernen eine größere Bereitschaft besteht, weibliche Führungskräfte in Top-Positionen zu etablieren?

Momentan gibt es in Deutschland eine rege gesellschaftliche Debatte um Frauen in Führungspositionen. Aus eigener Erfahrung, durch mehrjährige Aufenthalte unter anderem in den USA, England und Frankreich, kann ich sagen, dass

Frauen dort stärker in Führungspositionen vertreten sind, was sich deutlich an Zahlen belegen lässt. Dies liegt sicher an mehreren Faktoren. Zum einen gibt es eine höhere gesellschaftliche Akzeptanz von Frauen in Führungspositionen. Außerdem fördert die bessere Infrastruktur der Kinderbetreuung mit Tagesmüttern, Kindergärten mit langen Öffnungszeiten sowie Ganztagsschulen die Bereitschaft von Frauen mit Kindern, Führung zu übernehmen.

Sie haben Ihren MBA an der Universität Harvard absolviert, ein Traum von hunderttausenden junger Studierender, wie haben Sie es dorthin geschafft, ohne riesige Beträge selbst zu investieren?
Einen gewissen Teil habe ich selbst finanziert. Studenten haben in Harvard auch die Möglichkeit, an dieser Universität direkt angebotene Studentenkredite in Anspruch zu nehmen. Weiterhin gibt es in Deutschland verschiedene Stipendien, für die man sich bewerben kann. Ich hatte das Glück, ein Stipendium des Deutschen Akademischen Auslandsdiensts (DAAD) zu bekommen, das einen Teil meiner Kosten abgedeckt hat.

Sehr viele hochqualifizierte Akademiker verlassen derzeit Deutschland und wandern in die Schweiz, in die USA oder andere Länder aus, warum haben Sie sich für eine Karriere in Deutschland entschieden?
Obwohl ich in Deutschland aufgewachsen bin und hier mein erstes Studium absolvierte, habe ich den größten Teil meiner Karriere im Ausland verbracht und lebe erst seit einigen Jahren wieder in Deutschland. In unserer global vernetzten Wirtschaft ist das Verständnis für andere Länder und Kulturen unerlässlich und ich kann Menschen nur dazu ermutigen, diesen Schritt zu wagen, denn es ist eine bereichernde Erfahrung. Gerade die vielen Jahre im Ausland haben mir geholfen, Deutschland in einem positiveren Licht zu sehen und viele Aspekte unseres Landes stärker zu schätzen. Durch meine Erfahrung kann ich Deutschland mit anderen Ländern und Wirtschaftsregionen vergleichen. Das ist wichtig, da wir mit diesen im internationalen Wettbewerb stehen und langfristig nur wirtschaftlich erfolgreich sind, wenn wir uns in diesem Wettbewerb behaupten.

Womit überzeugt Sie eine jüngere Führungskraft, die Sie bereit sind, auf ihrem Weg zu fördern, was für Eigenschaften bringen Ihre High Potentials mit?

High Potentials sind für mich Personen, die durch ihre intellektuelle Neugier fähig sind, Visionen zu entwickeln und komplexe Zusammenhänge zu verstehen. Sie sind in der Lage, den Status Quo in Frage zu stellen und Veränderungen zu fördern. Sie haben hierbei auch den Mut, kalkulierte Risiken einzugehen. Gleichzeitig ist eine emotionale Intelligenz wichtig, um die Unterstützung der wichtigsten Stakeholder und relevanten Teams zu bekommen.

Deutschland ist ein sehr bodenständiges, eher elite-avers eingestelltes Land, wie stehen Sie zum Begriff der Elite und wie finden Sie in Ihrer herausgehobenen Position die richtige Balance zu den ganz normalen Menschen?
Der Begriff Elite ist schwer zu definieren und jeder versteht etwas anderes darunter. Meiner Meinung nach ist der Begriff aber in Deutschland zu negativ belegt. Unsere Gesellschaft benötigt intelligente, gut ausgebildete Menschen, die bereit sind Verantwortung zu übernehmen und sich für unsere Gesellschaft einzusetzen, sei es in wirtschaftlicher, politischer oder sozialer Hinsicht. Es ist enorm wichtig, sozial benachteiligte Personen zu unterstützen und zu fördern. Es ist aber gleichzeitig wichtig, dass man besonders begabte und engagierte Menschen dabei unterstützt, ihre Talente zu entwickeln und verantwortungsvoll einzusetzen. Dies fängt in der Schule an.

Bitte geben Sie hier weiblichen Führungskräften ein oder zwei ganz konkrete Ratschläge, wie sie sich verhalten sollen, wenn sie Top-Positionen im Management anstreben.
In Bereichen, in denen die Leistung und Erfolg objektiv an Zahlen gemessen werden kann, haben es Frauen sicherlich leichter. Weibliche Potenzialträger, die dafür eine Affinität haben, rate ich, sich Positionen beispielsweise im Vertrieb oder im General Management zu suchen. Gerade dort gibt es im Vergleich zu den klassischen Tätigkeitsfeldern von Frauen (wie z. B. im Marketing oder im Personalwesen) noch Nachholbedarf. Außerdem empfehle ich Frauen, mit ihrem Können und Wissen selbstbewusst umzugehen und ihren Weg mit Zielstrebigkeit zu verfolgen, ohne sich dabei zu verstellen.

Gibt es für Sie ein Leben ohne Management, haben Sie ein Alternativmodell in der Tasche, wie Sie Ihr Leben auch ganz anders gestalten könnten? Sie träumen nicht von einem Bauernhof auf dem Lande, oder?

Von einem Bauernhof auf dem Lande träume ich nicht. Ich träume jedoch davon, mich mit Themen beschäftigen zu können, für die mir im Moment nicht genügend Zeit bleibt. So würde ich meine intellektuelle Neugier gerne in einem Geschichtsstudium ausleben.

Wenn Sie die Top-Führungskräfte in Ihrem Umfeld bei American Express betrachten, was unterscheidet solche Menschen von anderen, die es nicht in eine solche Position geschafft haben? Geht es nur um mehr Arbeit, Dynamik und Flexibilität oder zählen andere Schlüsseleigenschaften?
Es geht nicht nur um mehr Arbeit, Dynamik und Flexibilität, sondern es gibt sehr wichtige andere Schlüsseleigenschaften. Erfolgreiche Führungskräfte haben die Visionen, um die Geschäftsmodelle der Zukunft zu entwickeln. Sie haben mit hoher persönlichen Integrität und Sozialkompetenz die Fähigkeit, die eigenen Mitarbeiter zu motivieren und erfolgreich zu machen.

Liebe Frau Paschola, meinen herzlichen Dank für unser Gespräch.

[Carola Paschola hat seit der 1. Auflage aktuell folgende neue Funktion übernommen: Managing Director Germany & Austria Domestic & General Insurance PLC.]

MICHAEL GAMBLA

Personalentwickler einer deutschen Großbank

WELCHER ZUSAMMENHANG BESTEHT ZWISCHEN WERTEORIENTIERTER NACHHALTIGKEIT UND ERFOLG IM MANAGEMENT?

Herr Gambla, Sie sind 48 Jahre alt und von der Ausbildung her Organisationspsychologe. In Ihrer Funktion beschäftigen Sie sich mit den Themen Veränderungsprozesse und Führungskräfteentwicklung/ Personalentwicklung. Ist ein werteorientiertes, nachhaltiges Management heute schon ein Kriterium dafür, ob aus einer Führungskraft ein Topmanager wird?

Ich möchte zunächst einmal eine Antwort darauf geben, was ich unter Nachhaltigkeit verstehe: Ursprünglich ging es bei diesem Begriff ja um ökologische Nachhaltigkeitsaspekte.

Ihnen geht es wohl eher um einen ganzheitlicheren, werteorientierten Managementbegriff, wenn ich Sie richtig verstehe.

Ich glaube, ob es sich hier um ein Aufstiegskriterium handelt, ist ganz stark abhängig von der Organisation, von dem System abhängig, in dem sich ein aufstrebender Manager bewegt. Nicht jedes System lässt es zu, dass seine Mitarbeiter wirklich werteorientiert denken und arbeiten. Ich habe mehrere Unternehmen in meinem bisherigen Berufsleben erlebt, die inhabergeführt waren. Dort waren zurückliegende und überdauernde Leistungen eines Menschen ein bleibender Wert. Das galt nicht nur für den Vorstandsvorsitzenden sondern auch beispielsweise für einen Vertriebsmanager. Hier gab es einen persönlichen Bezug vom Inhaber des Unternehmens mit allem, was in der Organisation passierte. In Aktiengesellschaften und globalen Konzernen geht diese direkte persönliche Verantwortlichkeit für das, was geschieht, eher verloren. Abgesehen von einigen Inseln andersartigen Verhaltens sind in solchen Organisationen Nachhaltigkeit, Wirksamkeit und persönliche Betroffenheit weniger anwendbare Parameter, auch wenn viele offizielle Unternehmensstatuten oder Leitlinien eine andere Sprache sprechen.

Können Sie Kriterien benennen, mit denen Sie den Begriff nachhaltiges Führen füllen möchten?

Nachhaltiges Führen heißt für mich, dass die Mitarbeiter von mir wirklich verstehen, warum ich eine bestimmte Zielsetzung oder ein Projekt verfolge. Dies vor allem auch dann, wenn ich Sie bei bestimmten, längerfristig angelegten Vorhaben nicht sehr bald mit Belohnungen ausstatten kann. Wenn es um die Einbindung persönlicher Führungsaktivitäten in ein Gesamtsystem geht, mit einem Bezug zu übergeordneten Strategien also, dann geht es für mich beim nachhaltigen Führen darum, Mitarbeitern verständlich zu machen, wo Ihre wichtige persönliche Rolle, die Sinnhaftigkeit ihres Tuns im Gesamtsystem liegt. Es geht auch darum, sie manchmal zum Überschreiten von Grenzen zu motivieren, wo keine raschen Erfolge zu erwarten sind. Ein nachhaltiger Führer ist nicht zuletzt selbst auf unsicherem Terrain mit einer großen Geduld ausgestattet auf dem Weg zum langfristig angestrebten Ergebnis.

Wenn nachhaltiges Management also ein wichtiges Qualitätskriterium ist, mit welchen Methoden ist es denn dann möglich, sich solche Führungsinstrumente anzueignen?

Zum Aneignen von solchen Management-Techniken fällt mir spontan das Unternehmensplanspiel als Simulation von Managementprozessen ein. Dies gibt die Möglichkeit, sein eigenes Wirken in einen Gesamtzusammenhang zu stellen und hinsichtlich seiner Folgen zu reflektieren. Hier geht es nicht zuletzt darum, mit der Trägheit von Systemen umgehen zu lernen und zu erleben, dass

Auswirkungen bestimmter Maßnahmen multiple, schwer kalkulierbare Richtungen haben können. Reziproke und negative Folgen sind hier in einem sicheren Rahmen erlebbar.

Schließlich: Menschen orientieren sich oft an Vorbildern. Man kann diese fragen, warum sie in bestimmten Situationen so und nicht anders reagiert haben. Und wenn so ein Mentor dann erklären kann, wie es zu den Handlungen und Entscheidungen kam, ist der Lerneffekt umso höher.

Wir sitzen hier in einer der größten deutschen Banken, hat sich denn seit den 90er-Jahren wirklich etwas zum Positiven verändert in der Hinsicht, dass nachhaltig orientiertes Führen ein prägenderes Entscheidungskriterium geworden ist?

Der Fokus hat sich wohl etwas verschoben, wobei diese werteorientierten Führungsparameter nicht wirklich etwas Neues sind. Sie sind wohl klarer und öffentlichkeitswirksamer herausgearbeitet worden. Ich möchte dazu etwas am Beispiel Eignungsdiagnostik verdeutlichen: Früher wurde die Frage gestellt: „Passt dieser potenzielle Mitarbeiter in unsere Kultur?" Heute tritt häufig an die Stelle solcher zum Teil intuitiv geprägter Entscheidungen eine multifaktoriell angelegte Matrix, die über den Ausgang des Verfahrens entscheidet. Das ist ein Beispiel für systematisierte, transparente Kriterien und Prozesse.

Ich möchte noch ein anderes Beispiel für nachhaltigere Entscheidungsstrukturen geben. In den 90er-Jahren tat man sich in einigen Unternehmen noch recht schwer mit der Balance Scorecard. Das ist für mich ein Managementmodell, das ich mit Nachhaltigkeit in Verbindung bringe. Denn es lässt verschiedene Wirkfaktoren in der Unternehmenssteuerung sichtbar werden. Unsere Bank hat heute wesentliche Gedanken des Axioms der Balance Scorecard verinnerlicht. Wo früher ein professionelles Bauchgefühl viele Entscheidungen beeinflusst hat, werden heute rationale Planungs- und Entscheidungsinstrumente eingesetzt. So wird nicht nur für das Topmanagement, sondern auch für andere Unternehmenseinheiten transparenter, wie Strategien formuliert werden und letztendlich Entscheidungen ausfallen. Das ist für mich ein ganz wichtiger Aspekt von Nachhaltigkeit, dass Topmanager der heutigen Zeit sich mithilfe der beschriebenen Instrumente in die Karten schauen lassen. So können Mitarbeiter ein Verständnis dafür entwickeln, wie sie vom Management gesteuert werden.

Erstreckt sich die erweiterte Sensibilität für nachhaltiges Topmanagement auch darauf, dass solche Führungskräfte vermehrt bereit sind, sich ehrenamtlich zu engagieren?

Unsere Bank ist in dieser Richtung aktiver als die meisten anderen Unternehmen. Wer in unserem Institut arbeitet, wer zu uns gekommen ist, bringt sehr oft von Hause aus eine erweiterte Bereitschaft zum ehrenamtlichen Engagement und für gesellschaftliche Belange mit. Sei es in politischen Organisationen oder in der Kinder- und Entwicklungshilfe.

Ehrenamtliches Engagement sehe ich allerdings nicht als zentralen Praedictor, um ins Topmanagement aufzusteigen. Ich sehe hier keine eindeutige positive Korrelation. Sponsoring zum Beispiel wird ja in den meisten Unternehmen in darauf spezialisierte Stabsabteilungen konzentriert. Ich nenne nur die Beispiele Sportsponsoring oder Kultursponsoring, die von Organisationen oft sehr öffentlichkeitswirksam betrieben werden. Eine Teilnahme an solchen Programmen kann für eine Führungskraft sinnvoller sein, als sich privat für einen Spielplatz zu engagieren.

Haben Sie ein konkretes Beispiel für einen Manager, der von seinem ehrenamtlichen Engagement für den eigenen Beruf profitiert hat?

Ich habe mal im äußersten Norden Deutschlands unter einem Vorstandsvorsitzenden gearbeitet, der aus seinem Privatvermögen Kulturgüter erhalten und immer wieder der Öffentlichkeit zugänglich gemacht hat. Das hat für ihn, als damals noch nachgeordneten Manager, einige öffentliche Auftritte bewirkt. Ich vermute, hier lag einer der Gründe, warum die Eignerfamilie des Unternehmens, für das er tätig war, ihn bat die Leitung der Organisation zu übernehmen.

Welchen Rat möchten Sie jüngeren Managern geben, die vor dem Konflikt zwischen einer ihnen wünschenswerten Orientierung an Kriterien ethischer Nachhaltigkeit und dem diesem entgegenstehenden faktischen ökonomischen Druck stehen?

Ich würde hier mit einer Matrix arbeiten, auf der ersten Achse würde ich den Ergebnisdruck, der aus der Organisation kommt, nachzeichnen, dies ruhig mit einer zahlenmäßigen Quantifizierung. Auf der zweiten Achse würde ich Kriterien der Integration meiner Mitarbeiter im Hinblick auf Werte und Ziele benennen, wie ich diese mit ins Boot meiner Strategien holen kann. Und aus der

Balancierung beider Achsen würde ich dann die für mich richtigen Lösungsalternativen herausfinden.

Am Ende des Tages, das ist meine klare Meinung, ist das Integrieren der Mitarbeiter in Ziele und Strategien immer besser für die Ergebnisse. Damit erreiche ich meine eigenen Ziele zuverlässiger. Es ist die Frage, ob das dann immer sehr schnell vonstattengeht. Es kann auch sein, dass ich der Führungskraft einmal raten muss, Druck aufzubauen; ich denke hier an den Ansatz des situativ bedingten Führens.

Was empfehlen Sie Führungskräften abschließend im Hinblick auf nachhaltiges Management und woran erkennen Sie die hier angesprochenen Eigenschaften an Bewerbern für Ihr Institut?

Man kann an einem Lebenslauf relativ leicht die Sprunghaftigkeit oder die Orientierung eines Kandidaten an einem zugrunde liegenden roten Faden erkennen. Beides ist in zu extrem praktizierter Weise zu vermeiden, mit entsprechenden Kandidaten würden wir wahrscheinlich nicht weiterführender sprechen. Wenn aber jemand seine Sprünge im Lebenslauf plausibel erklären kann und den Eindruck vermittelt, ein ethisch und innerlich unabhängig ausgerichteter Mensch zu sein, dann sind das für uns erste positive Anhaltspunkte, die wir durch eine solide Eignungsdiagnostik ergänzen. Hier spreche ich von Tests, Planspielen, Assessments und anderen Instrumenten.

Als abschließenden Rat zu dem Thema, wie ich erfolgreich werden kann als nachhaltiger Manager möchte ich Führungskräften empfehlen, Entwicklungen zunächst zu begleiten, zu betrachten und zu analysieren dahingehend, wo die entscheidenden Wechselwirkungen liegen, möglichst noch ohne schnelle Führungsimpulse zu geben. In unserer Gesellschaft ist es zwar Usus, schnell überall seine Duftmarken zu hinterlassen und Sichtbarkeit herzustellen und es kann natürlich eine Methode zum Erfolg sein, ein herausforderndes Projekt nach vorne zu treiben. So kann man sich vielleicht einen Namen machen, aber ob das dann nachhaltig ist und eine große Zukunft bewirkt, bleibt eine Frage.

Zurück zu der Frage, wie kann ich erfolgreich sein in einer Organisation mit nachhaltigen Strategien: Ich glaube, das Wichtigste ist, sich mit den richtigen Menschen zu umgeben. Wenn ich die Möglichkeit habe, mir ein Team zusammen zu stellen oder mein Team umzubauen, muss ich schauen, dass ich mich mit starken Charakteren, mit starken Fachexperten umgebe um mit diesen dann eine gemeinsame Vision aufzubauen, die ich dann nach außen trage um damit wirksam zu sein in der Organisation.

Herr Gambla, meinen herzlichen Dank für dieses Gespräch.

— ● —

ASTRID STOOF
Personalleiterin der Bridgestone Deutschland GmbH

WOMIT KÖNNEN WEIBLICHE FÜHRUNGSKRÄFTE BESONDERS PUNKTEN?

Bitte, Frau Stoof, stellen Sie sich zunächst kurz vor.

Mein Name ist Astrid Stoof, ich bin 53 Jahre alt und von Haus aus Juristin. Ich habe vor 18 Jahren in diesem Unternehmen als Personalleiterin begonnen zu arbeiten und ich berichte direkt an unseren Geschäftsführer Deutschland.

Wie viele Menschen führen Sie in Deutschland?

Die Bridgestone Deutschland GmbH ist eine reine Vertriebsgesellschaft und wenn wir die Mitarbeiter insgesamt betrachten, dann sind das knapp 300.

Was haben die weiblichen Führungskräfte, die Sie kennen und die es in leitende Positionen geschafft haben, für Eigenschaften?

Grundsätzlich würde ich erst mal davon ausgehen, dass diese führungsrelevanten Werte und Eigenschaften nicht nur bei Frauen, sondern auch für Männer gelten. Wenn man ins höhere Management kommen möchte, ist die erste Voraussetzung, dass man eine fundierte Ausbildung mitbringt.

Sie sind Assessorin, haben damit einen Universitätsabschluss. Wie sehen Sie heute die Entscheidung zwischen Universität, Fachhochschule und Berufsakademie. Sehen Sie qualitative Unterschiede für den Verlauf von Managementkarrieren? Schauen Sie sich an, was die Bewerber für einen konkreten Studienabschluss haben?

Ja, das machen wir sicherlich im Managementbereich, aber auch grundsätzlich, wenn wir Mitarbeiter einstellen.

Ist das für Sie ein Entscheidungskriterium, ob jemand von der Universität oder von der Fachhochschule kommt?

Nein, das nicht unbedingt. Ich schaue auch nicht unbedingt auf die Noten, weil diese für mich keine ausschlaggebenden Faktoren sind. Mein Abitur war auch nicht exzellent und auch meine Examensnoten vom ersten und zweiten juristischen Staatsexamen waren nicht im obersten Bereich. Aber wir schauen uns schon an, welche Qualifikationen der Bewerber mitbringt und das ist bei Frauen natürlich genauso der Fall.

Gehen wir noch mal zu den wichtigen persönlichen Eigenschaften zurück, Frau Stoof.

In unseren Anforderungsprofilen zählt zunächst wirklich die fachlich gute Kompetenz, dazu gehört aber genauso notwendig ein ganz ausgezeichnetes Sozialverhalten als wichtige persönliche Eigenschaft für den Managementerfolg.

Könnten Sie das bitte präzisieren?

Soziale Kompetenz heißt für mich, dass ich weiß, in welcher Situation ich wie mit Menschen umgehe. Im HR-Management ist der Kontakt mit vielen unterschiedlichen Menschen die Regel.

Woran scheitern Frauen, die es nicht ins höhere Management geschafft haben, obwohl sie das angestrebt haben?

Das lässt sich nicht so einfach sagen, ich kenne einige Fälle, dass Frauen nicht ausgewählt wurden, weil sie eine Familie hatten und nicht ständig zur Verfügung standen. Das kann ich eigentlich aus meiner Erfahrung heraus nicht nachvollziehen. Die weiblichen Führungskräfte, die ich kenne, erfüllen ohne Probleme solche Voraussetzungen in Sachen Verfügbarkeit.

Also ist die familiäre Zusatzbelastung kein Hinderungskriterium, sagen Sie?
Meiner Meinung nach sollte das keine Einschränkung mit sich bringen. Hier ist in den Unternehmen noch Aufklärungsarbeit zu leisten.

Jetzt haben wir in Deutschland eine Situation mit sehr wenigen Ganztagsschulen und unterproportional wenigen Plätzen in Kindertagesstätten, also nicht so gu-ten Rahmenvoraussetzungen. Gehen da viele Frauen auf dem Weg zur eigenen Karriere verloren?
Ich kann das nicht präzise beantworten. Aber ich kann mir dies durchaus vor-stellen. Wenn man es mit anderen europäischen Ländern vergleicht, glaube ich schon, dass dort die Rahmenbedingungen für berufstätige Frauen besser sind. Nun sollen aktuell die Kommunen seitens der Politik in Deutschland verpflich-tet werden mehr Plätze in Kindertagesstätten zu schaffen, das würde sicherlich ein Mehr an beruflichen Chancen für Frauen mit sich bringen.

Es geht ja nicht nur darum, dass es diese Plätze in Kindertagesstätten gibt oder die-se Ganztagsschulen, sondern es ist auch entscheidend, dass dann, wenn eine Frau in einer Eingangsposition angestellt und noch nicht 40 oder 50 Jahre alt ist, sie diese Plätze auch bezahlen kann.
Ja, das ist sicher ein wichtiger Gesichtspunkt.

Es sollte also vom Staat auch aktiv finanziell gefördert werden, dass Frauen ins Be-rufsleben zurückkehren können, das wäre schon wünschenswert, oder?
Also ich bin mir sicher, dass das wünschenswert wäre. Aber die Frauen und die Familie müssen diese berufliche Rückkehr auch wollen. Das ist ein ganz ent-scheidender Punkt.

Sie haben nun schon einige erfolgreiche Berufsjahre hinter sich, Frau Stoof. Wel-chen Rat geben Sie Frauen, die selbst den Ehrgeiz haben, etwas Großes im Leben erreichen zu wollen?
Was ich jetzt sage, gilt jetzt nicht nur für Frauen, sondern auch für Männer. Man muss schon für sich selbst ein klares Ziel haben mit einer deutlichen Vorstel-lung davon, was überhaupt in der Zukunft erreicht werden soll. Man soll die Dinge nicht einfach so auf sich zukommen lassen. Obwohl ich seit langem Per-sonalleiterin bin, wurden die Aufgaben und Verantwortung immer mehr und

somit auch die Herausforderung zusehends komplexer. Ich denke schon, dass man einen Plan haben sollte, wo die Reise hingeht. Dazu muss man aber in seinem privaten Umfeld alles sehr genau abgesteckt haben. Ich sage es noch mal, die Familie, der Partner und auch die Kinder müssen einen solchen Weg mittragen.

Sie sprechen von klaren Zielen, einer guten Planung, von dem notwendigen Rückhalt in der Familie. Ich möchte Sie nun zum Punkt der notwendigen Flexibilität befragen.

Diese ist in der Tat wichtig. Flexibilität und Mobilität gehören dazu. Solches müssen nicht nur Frauen, sondern auch Männer mitbringen. Ich selbst bin in meinem Leben neun oder zehn Mal umgezogen.

Das heißt, Sie haben auch große Opfer gebracht.

Ja natürlich, meine Familie lebt nicht im Rhein-Main-Gebiet, sondern ist etliche Kilometer entfernt, ich besuche sie am Wochenende oder an Weihnachten. Wenn man allerdings immer nur an einem Ort bleiben möchte oder sein persönliches Umfeld nie wechseln möchte, dann wird es schwer.

Gilt das oft für Frauen in Führungspositionen? Dass sie oft größere Opfer bringen als Männer?

Nein, das glaube ich nicht. Wenn man in die Führungsposition will, bringen beide, Frauen wie Männer, große Opfer.

Was machen Frauen in Führungspositionen von ihrem Verhalten her oft besser als die Männer?

Ich weiß gar nicht, ob sie wirklich etwas besser machen. Sie machen vielleicht das eine oder andere anders als Männer. Vielleicht ist es einfach so, dass weibliche Intelligenz ein bisschen offener ist bei manchen Dingen. Dass man als Frau vielleicht die eine oder andere Schwäche auch einmal zulässt, bei sich und bei anderen. Da spielt auch der emotionale Faktor mit, dass Frauen ihrem Gegenüber gut zuhören können ist ganz wichtig.

Ein Mehr an Zuhören, Empathie, Wertschätzung, weniger mit der Keule argumentieren, ich verstehe.

Ich will allerdings nicht alle Frauen über einen Kamm scheren, ich arbeite ja auch schon lange Jahre mit sehr vielen Männern zusammen, denen ich einige dieser Eigenschaften ebenso zusprechen muss. Aber vielleicht haben Frauen in den eben genannten Bereichen typischerweise ihre Stärken.

Jetzt haben wir die positiven Eigenschaften genannt. Wo gibt es Führungseigenschaften, in denen Frauen manchmal Nachholbedarf gegenüber Männern haben?

Als Frau muss man auch eine gewisse Beharrlichkeit mitbringen, auch Durchsetzungskraft und vor allen Dingen darf man keine Angst haben, wenn es kritisch wird im Unternehmen.

Im Harvard Business Manager las ich eine empirische Studie, wonach Frauen der Tendenz nach weniger innovativ, weniger visionär ausgerichtet seien. Können Sie das nachvollziehen?

Nein, überhaupt nicht, hier ein Gegenbeispiel. Wir haben in Bad Homburg eine staatlich anerkannte private Fachhochschule, ihr Name ist Accadis. Diese hat eine Frau ins Leben gerufen, eine Unternehmerin, sie war unglaublich innovativ. Sie war die Erste, die eine staatliche Anerkennung erreichte für eine private Fachhochschule, in der ein Bachelor und ein Master in BWL absolviert werden kann. Das ist für mich ein klassisches Beispiel von weiblichem, visionärem Denken. Diese Schule hat jetzt 30-jähriges Bestehen gefeiert. Ich kenne sie, weil wir unsere Studenten dort anmelden. Die Dame ist über 60 Jahre alt mittlerweile, sie hat noch immer viele innovative Ideen, vor dem Hintergrund dieses Beispiels kann ich die eben genannte Studie nicht unterstützen.

Welche weiblichen Manager sind Sie bereit zu fördern, Frau Stoof? Was haben diese für Eigenschaften?

Für mich steht, neben der fachlichen Qualifikation eigentlich die Person als solche im Vordergrund. Wie tritt sie auf, was für Ideen hat sie, wie argumentiert sie, was hat sie für eine Persönlichkeit? Das ist für mich eigentlich das Ausschlaggebende.

Ich komme aus einem beruflichen Personalberatungshintergrund und da war für uns eigentlich klar, der Auswählende im Unternehmen entscheidet sich meistens für den Bewerber, mit dem er sich am ehesten vorstellen kann, acht Stunden am Tag gemeinsam zu verbringen, ausgehend von Sympathie und Empathie.

Ja, das sehe ich genauso.

Wie stehen Sie zu notwendigen Anpassungseigenschaften versus innerer Autonomie?

Ich schätze es sehr, wenn Menschen ihre Meinung sagen und wenn sie konstruktive Kritik äußern, davon kann ich eigentlich nur lernen. Was bei uns bei Bridgestone überhaupt nicht gewünscht ist, sind Menschen, die immer nur Ja sagen.

Stefano Wulf, der ehemalige CEO von Fraport Cargo, sagt, dass unabhängiges Denken einer der relevantesten Haupteigenschaften für Führungskräfte im oberen Management sei. Sehen Sie das genauso?

Ja, so ist es. Man muss sicherlich in der Führungsebene gemeinsame Ziele verfolgen, man muss einen guten Teamgeist haben und die strategische Ausrichtung gemeinsam verfolgen, das ist schon klar. Das heißt aber noch lange nicht, dass alle zu allem Ja und Amen sagen müssen, sondern da muss schon noch Freiraum für Diskussionen sein.

Wenn ich wirklich innerlich sicher weiß als Frau, ich möchte in die Führung ganz nach oben, haben Sie dafür konkrete Empfehlungen?

Neben der fundierten theoretischen Ausbildung ist eine Empfehlung, sich praktisch die Hörner abzustoßen und viel Lebenserfahrung zu sammeln. Deswegen schätze ich es sehr, wenn junge Menschen während ihrer Studienzeit oder auch danach gejobbt haben, etwa um sich ihre Ausbildung selbst zu finanzieren. Eine gute Strategie ist auch, neben dem Studium eine größere Zahl ganz unterschiedlicher Praktika gemacht zu haben. Ich bin der Meinung, dass man so lernt, mit anderen Menschen, verschiedenen Umgebungen und unterschiedlichsten Voraussetzungen zurechtzukommen.

Wobei das, wenn ich Sie richtig verstehe, nicht ein Job über alle Jahre des Studiums sein sollte, sondern eine Bandbreite verschiedener Tätigkeiten.

Ja, das übt. Ich habe viele unterschiedliche Jobs gemacht während des Studiums und nach dem juristischen Referendariat, bevor ich dann eine feste Anstellung bekam. So habe ich viele Arten von Menschen kennengelernt. Ich bin unter anderem Taxi gefahren, habe geputzt und gekellnert. Und ich glaube, dass mir das geholfen hat für meine heutige Position, Eben, weil ich gelernt habe, mit unterschiedlichsten Menschen aus verschiedenen Schichten umzugehen.

Da sind wir ja wieder bei Ihrem Eingangspunkt, der emotionalen und sozialen Intelligenz.
Ja, die halte ich für sehr wichtig.

Es gab doch bestimmt einige Anrufer in Ihren 18 Jahren bei Bridgestone, die gesagt haben, steigen Sie doch bei uns ein, oder nicht?
Ja, das gab es. Ich glaube aber, es ist gut, nicht gleich die erstbeste Gelegenheit zum Wechsel zu verfolgen. Ich habe da schon abgewogen und wenn diese Chance wirklich so groß gewesen wäre und ich aus den Gesprächen heraus das Gefühl gehabt hätte, das bringt mich viel weiter, dann hätte ich dies wahrscheinlich genutzt. Insofern kann ich sagen, Vorsicht bei den einmaligen Chancen, nicht einfach hineinspringen.

Ist vorsichtiges Agieren ein Wort, das Sie gerne in den Vordergrund schieben würden im Bereich der Karriereplanung?
Nein, nicht unbedingt. Ich glaube, dass man in jeder Führungsposition, egal ob Mann oder Frau eine gewisse Risikobereitschaft mitbringen muss. Denn Sie müssen Entscheidungen treffen, jeden Tag, stündlich, zu großen und zu kleinen Projekten. Und diese Entscheidungen sind immer in gewisser Weise mit einem Risiko behaftet, das sind meine Erfahrungen. Aber es muss berechenbar sein. Wenn Sie jetzt ein zu vorsichtiger Mensch sind, dann glaube ich, dass es schwer fällt in solchen Positionen Entscheidungen zu treffen.

Risikobereitschaft gehört also zu einem guten Führer, dies bei einer vernünftigen Berechenbarkeit der Risiken.
Ja, aber ein gewisses Risiko muss man hier und da auch eingehen.

Ist dies vielleicht auch eine Sache, die Frauen schwerer fällt?
Nein, das kann ich nicht sagen. Bei uns in der Familie, da sind meine Schwester und meine Nichte ähnlich gestrickt, die gehen sicherlich auch hier und da mal

ein Risiko ein. Ich kenne das gar nicht anders. Das Risiko sollte nicht zu groß sein, das muss man sicherlich abwägen.

Ich fand ganz interessant, dass Sie auch Ihr Alter genannt haben, Sie sind 53. Sie haben einige junge Frauen erlebt, die den langen Weg zum Topmanagement ernsthaft verfolgen wollen. Was wollen Sie denen mitgeben?

Ich kann im Grunde genommen solchen Menschen nur raten, dass sie sich das gut überlegen müssen. Wollen sie diesen Weg gehen, ja oder nein? Und sie müssen, wenn sie eine Familie haben, dies deutlich mit ihnen abklären. Warum? Weil dies nur so weiter ein sicherer Halt ist. Wenn sie den Rückhalt der Familie nicht haben, dann funktioniert das nicht. Und darüber muss man sich vorher im Klaren sein. Man muss es mit dem Partner gemeinsam abwägen. Die Frage ist auch: Sind die Kinder gut gemanagt? Das alles sollte geregelt sein und da muss der Partner, die ganze Familie zu 100% dahinterstehen.

Ein Kollege von Ihnen hat gesagt, je höher es geht, umso größer wird die Gefahr einer Scheidung.

Das kann sein. Aber die Scheidungsrate ist sowieso relativ hoch in Deutschland oder?

So circa bei 30 bis 50%, je nach der Region in der die Paare leben.

Und ich glaube nicht, dass dies nur etwas mit Führung zu tun hat, mit Managementpositionen, es mag sicherlich auch ein zugrunde liegender Faktor sein. Aber das ist wirklich mein Rat, dass man die Marschrichtung zu Hause vorab klärt.

Sie haben von dem notwendigen Rückhalt gesprochen, dem Abstimmen mit der Familie, Risikobereitschaft, Planung, Flexibilität, Chancen anzuschauen, aber nicht jede unbedingt zu nutzen, aber da gibt es bestimmt noch weiterhin Wichtiges für die weibliche Karriere.

Man muss die Bereitschaft haben, sich auf neue Dinge einzustellen und sei es auf neue Medien oder auf neue Sprachen. Was ganz wichtig ist im Zuge der Globalisierung, dass sie die entsprechenden Sprachkenntnisse mitbringen. Ich spreche nur Englisch, manchmal wünsche ich mir, ich könnte noch ein paar andere Sprachen, weil dies immer mehr an Gewicht gewinnt. Und das kann ich eigentlich jedem empfehlen, solche Kenntnisse oder Fähigkeiten, die man hat, unbedingt zu nutzen oder auszubauen.

Ist die theoretisch geprägte Universitätsausbildung heute nicht viel zu dünn, um jemanden auf eine Managementkarriere vorzubereiten?
Davon bin ich überzeugt.

Jetzt haben Sie einen praktischen Parameter genannt, viel zu jobben, um viele Menschen kennenzulernen, aber wo hole ich mir das ganze Managementwissen her?
Ich glaube, dass das im Wesentlichen durch die Firmen selbst angeboten wird, mittlerweile haben viele große Firmen Führungskräfteentwicklungsprogramme installiert. Das war früher, vielleicht vor zehn Jahren, noch nicht der Fall, aber wir bei Bridgestone machen das heute auf globaler Basis. Das fängt in Japan an und geht herunter in die einzelnen Länder.

Und dann ist doch ein ganz wichtiger Parameter, diese Angebote, die Sie gerade genannt haben, lebhaft und kräftig zu nutzen, oder?
Ja, natürlich. Man muss sich als Mitarbeiter für solch eine Aufgabe auch selbst empfehlen. Das heißt natürlich auch, dass ich ausbildungsmäßig Zeit dafür investiere, um voranzukommen. Ich selbst investiere viel private Zeit für meine Ziele. Sie haben eben nicht immer um 17 Uhr Feierabend, sondern es geht häufig länger, manchmal müssen Sie auch am Wochenende etwas für Ihren Erfolg tun. Sie sind auch immer wieder geschäftlich unterwegs. Dies bedeutet, dass Sie irgendwo anders übernachten müssen und dann länger fort sind von der Familie. Solches muss man wollen und einbringen können als Führungskraft der Zukunft.

Liebe Frau Stoof, ich bedanke mich für dieses Gespräch.
Gerne, ich danke Ihnen.

— ● —

CLAUDIA SCHÖNROCK

Leiterin Personalentwicklung der Kreissparkasse Groß-Gerau

WIE KANN MAN IN SEHR JUNGEN JAHREN ERFOLGREICH IN EINER FÜHRUNGSPOSITION AGIEREN?

Liebe Frau Schönrock, bitte stellen Sie sich und Ihr Unternehmen einmal kurz vor.

Unser Unternehmen, die Kreissparkasse Groß-Gerau, hat in den letzten fünf Jahren eine ganz erfreuliche Erfolgsgeschichte schreiben dürfen. Es ist gelungen, aus dem letzten Drittel der hessischen Sparkassen auf Platz neun, gemessen am Betriebsergebnis, zu kommen. Das ist ein Ergebnis umsichtigen Managements und nicht zuletzt auch einer klaren Vertriebsausrichtung. Sicherlich spielte aber auch unsere unternehmenszentrierte Personal- und Führungskräfteentwicklung auch eine unterstützende Rolle. Die hessischen Sparkassen werden anhand der Parameter Konzernbilanzsumme und Betriebsergebnis gemessen und regelmäßig in ein Ranking gebracht. Unsere Bilanzsumme liegt aktuell bei 2,6 Milliarden Euro, unser Betriebsergebnis bei circa 36 Millionen Euro. Zu meiner Person: Ich habe vor zwei Jahren die Verantwortung für alle Themen rund um die Personalentwicklung in diesem Hause übernommen, das umfasst eine strategisch-konzeptionelle Komponente, aber auch den direkten und regelmäßigen Austausch mit den Führungskräften und die Weiterbildung der

Mitarbeiter. Hier geht es vielfach um Trainings- und Coaching-Maßnahmen, die ich zum Teil inhouse selbst durchführe, was nur durch kräftige Unterstützung meines Teams möglich ist. Denn unsere Weiterbildungsassistentinnen sind dafür zuständig, sämtliche Fort- und Weiterbildungen zu organisieren, vor- und nachzubereiten und überhaupt sind sie sehr gut darin, mir für meine wesentlichen Aufgaben den Rücken freizuhalten.

Sie, Frau Schönrock, sind die jüngste Interviewpartnerin in diesem Buch. Wie sind Sie in Ihre ersten beruflichen Schritte hineingekommen? Was hat letzten Endes zum Erfolg geführt?

Ich wusste, angeregt durch ein sehr aufschlussreiches Praktikum in jungem Alter, schon vor Beginn meines Studiums recht genau, was ich später einmal machen wollte, nämlich Personalentwicklung. Auf dieses Ziel habe ich dann meine Studieninhalte, meine weiteren Praktika und auch alle weiteren Aktivitäten ausgerichtet und in diese Richtung auch intensiv Kontakte geknüpft. Zum Erfolg geführt hat, glaube ich, dass ich mein Ziel so anschaulich und greifbar vor Augen hatte und es unbedingt erreichen wollte. Ich bin in meiner Arbeitsweise grundsätzlich recht hartnäckig und handle gewöhnlich sehr zielorientiert. So habe ich sehr bewusst meinen Lebenslauf in diese klar formulierte Richtung geführt und jede Gelegenheit genutzt mich weiterzubilden und weiterzuentwickeln.

Sind Sie zufrieden mit dem Platz, an dem Sie heute arbeiten?
Sehr!

Sie sind Anfang 30, Ihr Studium ist noch nicht so sehr lange her, wie haben Sie es nach dem Absolvieren Ihrer letzten Prüfungen geschafft, sich von der großen Menge der Bewerber damals positiv abzuheben? Welchen Tipp können Sie Absolventen geben?

Mein erster Tipp in dieser Situation ist es, viele Praktika zu absolvieren und die Studieninhalte zielorientiert in eine bestimmte Richtung zu orientieren. Aus meiner Erfahrung im Recruiting kann ich auch sagen, dass es wertvoll ist, ein Diplomarbeitsthema in dem Praxisumfeld anzugehen, das zu den eigenen Zukunftsplänen passt. Zudem gibt es viele Möglichkeiten innerhalb und außerhalb des Studiums, sich in diesem Lebensabschnitt persönlich weiterzuentwickeln, diese Chancen sollte man wahrnehmen und aktiv verfolgen. Hier meine ich zum Beispiel kostengünstig für Studenten angebotene Weiterbildungsprogramme, in denen man viel über das eigene Kommunikationsverhalten, Selbst- und Beziehungsmanagement lernen kann. Auch die Gelegenheiten zu Auslandsaufenthalten mit berufsbezogenem, sachorientierten Inhalt würde ich in jedem Falle nutzen, da auch hier viel Persönlichkeitsentwicklung geschieht.

Wie stehen Sie zum Wert ehrenamtlichen Engagements während der Studienphase und überhaupt in jüngeren Jahren?

Im Recruiting wird meiner Erfahrung nach in jedem Fall darauf geschaut, ob sich Bewerber ehrenamtlich engagieren. Wer früh Verantwortung für andere übernommen hat und selbst andere geführt hat, sei es im Sport oder bei anderen entsprechenden Gelegenheiten, lernt lange vor anderen, worauf es in der Personalführung ankommt. Zudem zeigt er schon in frühster Jugend die Motivation, Einfluss auf soziale Systeme ausüben zu wollen und Verantwortung zu übernehmen. Vor allem in der Auswahl von späterem Führungspersonal spielt ein solches Kriterium eine große Rolle. Bei uns in der Bank schauen wir heute gerade bei der Auswahl des Führungskräftenachwuchses auf solche Motive und Referenzerfahrungen.

Auf welche Weise erwirbt man sich als junger Mensch Vertrauen, um früh mit verantwortlichen Positionen mit viel Gestaltungsspielraum betraut zu werden, wie Sie es in Ihrer Position in der Bank haben?

Ich hatte einen Chef, der an mich geglaubt hat und mir diese Position zugetraut hat. Auch war er bereit, von seinen eigenen Kompetenzen aktiv Aufgaben an mich zu übertragen. Schließlich hat er auch meine Kernkompetenzen klar analysiert und mich entsprechend in meiner Positionierung ausgerichtet. Dieser Vertrauensvorschuss war schon notwendig, damit ich zeigen konnte, was ich bereit und willens bin, zu investieren und für die Bank zu bewegen. Es ist enorm wichtig, in jungen Jahren einen guten Mentor in der neuen Organisation für sich zu gewinnen.

Wie genau ist es Ihnen gelungen, dass dieser Chef begonnen hat, Sie zu fördern?

Da spielen, glaube ich, von meiner Seite konstanter Einsatz und gute Leistungen und von seiner Seite das schrittweise Einräumen neuer Kompetenzen und Aufgaben eine sich gegenseitig positiv beeinflussende Rolle. Umgekehrt besteht natürlich die Gefahr, auch Vertrauen zu verlieren, wenn gravierende Fehler gemacht werden und man nicht zeigt, dass man aus diesen Fehlern gelernt hat. Aber ich denke es ist wichtig mutig zu sein, Verantwortung zu übernehmen, Aufgaben bis zum bitteren Ende zäh zu verfolgen und auch dem Vorgesetzten gegenüber mal den Mund auf zu machen, um auf Missstände aufmerksam zu machen. So macht es sich auch für den Chef bezahlt, dass er einem Kompetenzen eingeräumt. Er muss wissen, dass er sich auf seinen Mitarbeiter verlassen kann, wenn er einen Vertrauensvorschuss gibt.

Wie geht man in Ihrer Situation mit älteren Mitarbeitern um, die seit Jahren in ihrer Karriere stagnieren und merken, dass Sie, Frau Schönrock, mit mehr Verantwortung betraut worden sind, um diese nicht vor den Kopf zu stoßen?
Ich versuche sehr offen und neugierig zu sein für deren Lebenserfahrung. Ihnen Wertschätzung für ihre Leistung entgegen zu bringen und ich versuche herauszufinden, was diese Menschen besonders gut können, um ihnen entsprechende Aufgaben übertragen zu können. Dazu gehört für mich auch die Einstellung zu wissen, dass man von anderen immer auch selbst lernen kann, da jeder Mensch andere Kompetenzen mitbringt und wir uns gegenseitig wunderbar ergänzen können. Diese Einstellung ist bei mir auch erst mit den Jahren gereift, ich glaube, dass ich zu Beginn noch nicht diese Sensibilität hatte.

Sie sind mit den Jahren also erst vorsichtiger geworden?
Ja, diese Dinge entwickeln sich über längere Zeiträume.

Wenn Sie Ihre ersten Berufsjahre noch einmal wiederholen könnten, was würden Sie heute anders machen?
Ich denke, ich würde im Wesentlichen die meisten Dinge noch einmal so machen. Fehler gehören zur Entwicklung, das macht sie nicht zuletzt auch wertvoll und diese Zeiten lassen sich nicht einfach überspringen. Was für mich wesentliche Lernimpulse der letzten Jahre im Umgang mit Menschen waren, war z. B. dass ich gelernt habe, anderen besser zuzuhören und nicht zu schnell mit dem Kopf durch die Wand zu wollen. Demütiger und wertschätzender zu agieren und etwas mehr Geduld mit und Vertrauen in andere Menschen zu haben.

Sie, sind eine junge und erfolgreiche Akademikerin, aktuelle Zahlen besagen, dass jede zweite Akademikerin in Deutschland kinderlos bleibt. Wenn Sie an Ihre eigene mittelfristige Planung denken, wie glauben Sie Beruf und Familie vereinbaren zu können?

Über diese Frage zerbreche ich mir schon lange den Kopf. Das ist wirklich nicht einfach zu beantworten. Die meisten Frauen in höheren Positionen, die ich kenne, haben sich irgendwann für die Karriere und gegen Kinder entschieden. Ich möchte in jedem Fall Kinder bekommen. Wir Frauen haben einfach viel weniger Zeit zwischen Studienabschluss und Zielposition im Beruf. Man ist fast gezwungen, sich rasant beruflich zu entwickeln, um dann in seiner Zielposition nach der Kinderpause wieder einsteigen zu können. Wenn ich z. B. auf dem Sprungbrett in die erste Führungsposition bin, ist in diesem Moment die Realisierung des Kinderwunsches nicht sinnvoll, denn kaum einer würde einen Mitarbeiter ohne Führungserfahrung nach der Kinderpause für eine Führungsposition einstellen. Männer haben für ihre Karriereentwicklung gefühlt viel mehr Zeit. Uns Frauen kommt einfach die Natur zuvor, wenn wir eine erste interessante Karriereposition nicht in einem relativ kurzem Zeitfenster erfolgreich erreicht haben.

Sie stehen als Frau also unter einem höheren Karrieredruck als die Männer?

Es wäre toll, wenn das Angebot von Teilzeit-Führungspositionen für Frauen existierte und auch Führungsnachwuchsprogramme noch Frauen mit Kindern offen ständen. Es gibt solche Konzepte in Deutschland leider kaum. Viele Frauen müssen ihre Führungsrolle aufgeben, wenn Kinder die Karriere unterbrechen. Das ist eine Herausforderung an die Zukunft, Frauen mit ihren besonderen Kompetenzen und Wünschen besser in ansprechende Karriereverläufe zu integrieren. Ich denke da nicht nur an Teilzeit, sondern auch an Home-Office-Angebote und überhaupt an flexiblere, den Menschen mehr entgegenkommende Arbeitsmodelle. Nicht zuletzt, da Frauen in Teilzeit erwiesenermaßen effizienter arbeiten und in der zur Verfügung stehenden Zeit oft sehr gute Leistungen erbringen im Vergleich zu ihren Vollzeitkolleginnen und Kollegen. Auch in meinem Team ist eine Mutter, die in den wenigen Stunden, in denen sie da ist, fast genauso viel Leistung erbringt, wie andere in einer Vollzeitposition.

Da sind wir in Deutschland nicht zuletzt gegenüber anderen europäischen Ländern noch nicht voll entwickelt, so wie das für Frauen eigentlich wünschenswert und richtig wäre gerade in den Zeiten von Fachkräftemangel und demografischem Wandel. Sehen Sie hier auch eine große Aufgabe an eine zielorientiertere Frauenpolitik, hier bessere Rahmenbedingungen zu schaffen?

Nicht nur die Politik, auch die Unternehmen müssen einfach neue und flexiblere Konzepte entwickeln in diesem Bereich. Zum Thema Home-Office: Die Mitarbeiter benötigen nicht eine zu 100% persönlich anwesende Führungskraft, das verlangen eher die anstellenden Unternehmen und nicht zuletzt, ohne Not, die Frauen selber von sich. Frei nach dem Motto: Wenn die männlichen Führungskräfte immer vor Ort sind, muss ich das genauso machen. Ich kann mir gut vorstellen, dass man ein Team auch mit einer 60-%-Stelle führen kann und trotzdem genügend Zeit mit den Mitarbeitern verbringt. Ganz ehrlich, welcher Vollzeitchef verbringt denn 100% seiner Zeit mit seinen Mitarbeitern? Ich habe noch nicht einen erlebt, der wirklich die meiste Zeit am Mitarbeiter ist, ihn coacht und begleitet.

Wir haben eben schon einmal über den höheren Druck für weibliche Führungskräfte gesprochen. Wenn gesagt wird, Frauen müssten doppelt so gut sein, um sich gegenüber Männern in Hierarchien durchzusetzen, empfinden Sie das ähnlich oder sind hier Ihre Erfahrungen anders?

Wir müssen nicht doppelt so gut sein, aber es ist notwendig, dass wir Frauen lernen, genauso wie leistungsstarke Männer, auf uns selbst und unsere Performance aufmerksam zu machen. Ich habe schon oft erlebt, dass junge Männer genau wissen, wohin sie es schaffen wollen und entsprechend deutlich ihre Forderungen stellen. Frauen hingegen machen ihren Job gut, sind mit Forderungen eher zurückhaltend und warten ab, dass ihr Chef von alleine merkt, wie sehr sie sich engagieren. Sie warten, in der Hoffnung, dass sie dann irgendwann eine Gehaltserhöhung und eine bessere Position angeboten bekommen. In der Praxis ist das aber anders, kein Chef möchte das fleißige Bienchen, seine beste Mitarbeiterin, an sich vorbei entwickeln. Vielmehr sind alle froh, wenn sie ihren Job weiter so gut macht ohne Forderungen zu stellen.

Womit können Frauen im Management besonders punkten, wo liegen ihre besonderen Chancen?

Man sagt Frauen nach, dass sie evolutionsbedingt eher beziehungs- und kommunikationsorientiert sind und gut darin sind sich in andere hineinzuversetzen, sie zu verstehen und Meinungen zu integrieren. Ich erlebe tatsächlich, dass viele Frauen solche Kompetenzen mitbringen. Sie sollten diese Fähigkeiten entdecken, bewusst weiterentwickeln und sie für die eigene Karriereentwicklung nutzen. Denn genau diese Beziehungskompetenzen sind es, die erfolgsentscheidend für einen guten Teamleiter sind. Andere Dinge wie z. B. strategisches Denken und Selbstreflektion müssen sich sowohl Männer wie Frauen gleichermaßen erarbeiten.

Ihre Thesen zur beziehungsorientierten Führungskompetenz von Frauen finden sich ja in vielen einschlägigen Theorien für wirkungsvolles Leadership wieder. Wir sprechen hier von der Ermutigung, der Motivation von Mitarbeitern, auch von Empathie im Beziehungsprozess, vom Balancieren von Beziehungen und einem geduldigeren Zuhören. Alles Dinge, die Frauen eigentlich gut beherrschen, oder?

Ich denke, dass viele Frauen das in sich tragen und einfach den Mut haben sollten, diese positiven Eigenschaften in einer männlich dominierten Welt zu nutzen und weiterzuentwickeln.

Wenn sich in jüngeren Jahren keine Chancen auftun und im eigenen Unternehmen so gar nichts vorangeht, was empfehlen Sie dann, beharrlich zu warten oder sich recht bald auf dem Markt nach besseren Gelegenheiten umzuschauen? In den ersten Berufsjahren darf der Stellenwechsel doch ruhig auch einmal ein bisschen öfter erfolgen, oder nicht?

Als Personalentwicklerin ist mir natürlich wichtig, dass die Menschen eine gewisse Geduld mitbringen, dazu gehört auch die Bereitschaft, Entwicklungen abzuwarten bis es zu einer Förderung kommt. Dennoch sollte man sein Ziel nicht aus den Augen verlieren. Hier geht es darum, zu schauen, wo sich im Unternehmen Chancen, zum Beispiel bei besonderen Aufgabenstellungen, ergeben, damit ich mich profilieren und Gutes zeigen kann. Das können Projektleitungen oder einfach die Betreuung eines Auszubildenden sein. Es können sich im Unternehmen auch horizontale Chancen in einem anderen Fachbereich ergeben. Zusammengefasst: Ich finde es wichtig, nicht gleich aus Ungeduld oder Frust das Handtuch zu werfen. Wenn aber nach drei bis vier Jahren das Gefühl aufkommt, dass andere mehr aus meinen Kompetenzen machen können, dann ist es durchaus ein konsequenter Schritt zu sagen, ich wechsele jetzt um meiner Entwicklung willen.

Alle Welt spricht aktuell über das Burn-out-Syndrom, die Frankfurter Allgemeine Zeitung nannte im Februar 2011 von einer Rate von bis zu 30% chronisch erschöpfungsgefährdeten Berufstätigen in Deutschland. Sind Frauen hier sensibler, achtsamer, um eine gesunde Work-Life-Balance einhalten zu können?

Zunächst: Frauen wie Männer brennen aus, wenn sie zu viel wollen, wenn die Anforderung erdrückt. Hier geht es um übertriebenen Perfektionsdrang, darum, immer der Beste und der Schnellste sein zu wollen. Vielleicht haben Frauen den Vorteil, dass sie einfach gesellschaftlich induziert auch einmal Schwäche zeigen dürfen und gelernt haben, die Signale ihres Körpers eher wahrzunehmen. Und dass sie vielleicht eher bereit sind um Hilfe zu bitten.

Männer wachsen oft noch nach der Devise auf: „Ein Indianer kennt keinen Schmerz", beziehungsweise, sie werden nach solchen Maximen erzogen. Männer und Frauen haben die Aufgabe, sich mit den eigenen inneren Antreibern und den externen Stressoren auseinanderzusetzen, auch den eigenen Körper wahrzunehmen und überhaupt einmal kennenzulernen. Essentiell ist hier die Fähigkeit, Anspannung und Entspannung als in gleicher Weise wichtige Lebensphasen bewusst in den Alltag einzubauen. Weil es nicht für jeden in gleicher Weise das passende Patentrezept gibt, habe ich selbst erst einmal ein paar Dinge durchprobiert wie Yoga, progressive Muskelentspannung und anderes. Hier muss man einfach selbst das finden, was persönlich Spaß macht. Ich selbst bin hier erst auf meinem Weg gestartet und noch lange nicht am Ziel. Aber: An diesem Prozess des besseren Eingehens auf sich selbst kommt niemand vorbei. Man kann andere nur dann gut führen, wenn man sich selbst im Griff hat, sich selbst achtsam managen kann.

Es ist also in Ihrem Alter schon wichtig, großzügig Freiräume im eigenen Zeitmanagement zu entwickeln, oder?

Es geht nicht ohne Entspannungsphasen. Wenn man jünger ist, akzeptiert der Körper noch eher die Überbelastung, umso härter ist der Schock des Ausbrennens. Deswegen ist das Entspannenkönnen, und sei es zunächst einmal in einer vernünftigen Mittagspause, einfach eine Kerndisziplin. Auch mal etwas auf dem Schreibtisch unvollendet liegen zu lassen ist eine Kunst, die man lernen muss.

In den 90er-Jahren hieß es noch: „Lunch is for loosers". Das sehen wir heute anders, oder?

Das ist in der Tat so. Nicht nur der Entspannung wegen, sondern auch weil Networking so wichtig ist, um erfolgreich zu sein. Nichts eignet sich dafür besser als ein gemütliches Mittagessen.

Was möchten Sie abschließend den jungen berufstätigen Menschen, die dieses Interview lesen, für Ihre Karriereentwicklung mitgeben und wovor möchten Sie vielleicht auch warnen?

Der erste Erfolgsratschlag ist die Orientierung auf die eigenen Kernkompetenzen, damit meine ich, es geht um eine aktives Erforschen, ein andauerndes und tiefgehendes Nachdenken darüber, wo die eigenen Stärken liegen. Im zweiten Schritt dann sollten diese Stärken ein größerer Teil meines Lebens werden. Was ich nicht so gut kann, sollte ich gerne durch anderes kompensieren oder an andere delegieren. Mir hat sehr geholfen, klare Ziele, eine weittragende Vision für das eigene Leben zu entwickeln und das auch schriftlich zu fixieren. Ich bin wie gesagt Psychologin und mache gute Erfahrungen damit, konkrete Lebensschritte – und Ziele mir immer wieder vorzustellen und in leuchtenden Farben auszumalen. Hier existieren empirische Studien, die den Erfolg solcher Visualisierungsübungen belegen. Natürlich ist essentiell wichtig, früh Netzwerke aufzubauen, fördernde Mentoren und Sparringspartner zu suchen, die mit Rat und Feedback helfen.

Schließlich: Für mich wahr hilfreich, viele von außen kommende Angebote und Möglichkeiten in Studium und Berufsleben aktiv zu verfolgen. In die eigene Weiterentwicklung und Weiterbildung würde ich in jedem Falle immer wieder meine Zeit und mein Geld investieren. Warnen möchte ich vor Ungeduld im Prozess des Weiterkommens. Entwicklung braucht einfach Zeit. Fehler und Rückschläge können sehr hilfreich sein, wenn man sich die Zeit nimmt sie zu reflektieren, kann man sie zur eigenen Entwicklung nutzen.

Konrad Adenauer hat sinngemäß gesagt, „Hinfallen ist nicht schlimm, nur nicht wieder aufstehen, das ist wirklich verheerend". Liebe Frau Schönrock, meinen herzlichen Dank für dieses Interview.

[Frau Schönrock hat inzwischen geheiratet und heißt heute Claudia Eisinger. Sie hat seit der 1. Auflage aktuell folgende neue Funktion übernommen: Beraterin/Trainerin/ Coach, ifsm - Institut für Sales Management.]

— ● —

ANDREAS MORITZ

Manager des Orchesters der Komischen Oper Berlin

WAS SIND DIE GRUNDLAGEN FÜR GROSSE KARRIEREN IM KULTURMANAGEMENT?

Herr Moritz, bitte stellen Sie sich, Ihre Organisation und Ihre Funktion zunächst einmal kurz vor:
Die Komische Oper Berlin ist ein Teilbetrieb der landeseigenen Stiftung Oper in Berlin. Unter dem Dach dieser Stiftung sind die drei Opernhäuser der Stadt und das Staatsballett Berlin nebst Betrieben wie z .B. den Bühnenwerkstätten organisatorisch und rechtlich zusammengefasst. Die Komische Oper Berlin mit ihren ca. 400 Mitarbeitern ist in verschiedene Direktionen/ Abteilungen aufgeteilt. Die personell größte Abteilung ist hier die Orchesterdirektion mit ca. 120 Mitarbeitern in Orchester und Verwaltung, mit einem Gesamtbudget von ca. acht Millionen Euro. Als Orchestermanager bin ich als Leiter dieser Abteilung sowohl für die budgetären, als auch für die Belange der Mitarbeiterführung und – dies ist ein besonders schöner Teilbereich – für die Planung der ca. 20 Konzerte pro Spielzeit verantwortlich.

Sie kennen aus nächster Nähe Menschen wie Anne-Sophie Mutter, Rudolf Buchbinder oder Kurt Masur. Ist das Ihr Traumberuf? Was macht Ihre Tätigkeit im Wesentlichen aus?

Ich habe meinen Traumberuf in meiner jetzigen Tätigkeit gefunden, ohne diesen als solchen früher – in Zeiten der beruflichen Weichenstellungen, also zur Zeit der Studienwahl – hier vermutet oder erkannt zu haben. Die Frage nach dem wesentlichen Merkmal meiner Tätigkeit ist nicht damit beantwortet, die verschiedenen Felder meiner Tätigkeit als solche einfach zu benennen. Dieses findet sich besser in jenem Bogen, der sich über die einzelnen operativen Aufgaben spannt: Hier geht es darum mit einem Kollektiv von Künstlern in allen Belangen (musischen, budgetären, disziplinären etc.) kommunizieren zu können, mehr noch: Wichtig ist, diese eigentliche Hauptaufgabe auch im Konfliktfall gern erfüllen zu wollen und – dank entsprechender Ausbildung – zu können.

Was war das größte Highlight Ihrer bisherigen Karriere?

Jener, für mich unerwartete Moment, als der Insolvenzverwalter des Berliner Symphoniker e.V. im Sommer 2005 auf mich als Orchestermusiker zukam und sagte: „Wir machen in neuer Rechtsform (mit den Berliner Symphonikern) weiter und Sie werden Intendant."

Wo liegen die entscheidenden Faktoren für einen nachhaltigen Erfolg im Musikmanagement?

Im bereitwilligen Leben und Berücksichtigen der folgenden Tugenden – die Liste hat keinen Anspruch auf Vollständigkeit:

- Das Allerwichtigste zuerst: Freude an der Reflexion.
- Der Mut, sehr unangenehme Themen, Korrespondenzen, Entscheidungen etc. zum einen niemals aufzuschieben, zum anderen immer jedoch einmal zu überschlafen.
- Hier auch: stets zu wissen, welche Personen eingebunden sein müssen. Mit Alleingängen habe ich immer schlechte Erfahrungen gemacht.
- Stets freundlich im Ton zu bleiben.
- Eigene Erfahrungen aus (in meinem Falle zehn Jahren) der Orchestermusikerpraxis sind nahezu zwingend nötig, um Problemstellungen, mit denen man täglich konfrontiert wird, angemessen einschätzen zu können. Mehr

noch: ich denke, dass eine (leitende) Tätigkeit im Orchestermanagement nicht ohne vorige eigene Musikerpraxis den Erfordernissen genügend ausge-übt werden kann.

- Klare Haltung zu beweisen – vor allem, weil es dann als Zeichen von Größe wahrgenommen wird, wenn man sich von einer gegenteiligen Haltung (hier natürlich hauptsächlich: seitens des Orchesters und derer Interessenvertreter) überzeugen lässt und die eigene in der Folge revidiert.
- In diesem Zusammenhang jedoch: „keinen Schlingerkurs fahren".
- Vorbild sein, was einen regelmäßig frühen Beginn des Arbeitstages anbetrifft (der Chef kommt als erster und geht als letzter).
- Fehler, die in der eigenen Abteilung passieren, als Fehler nach außen mutig zu benennen, besonders solche, die in meinem Verantwortungsbereich gesche-hen sind.
- Übermäßig emotionale Äußerungen von Musikern keinesfalls persönlich zu nehmen – dies vor dem Hintergrund des Wissen um das „besondere Psycho-gramm" von Künstlercharakteren …
- Sich private Ausgleichsräume zu sichern.
- Und, da mag nun jeder denken drüber, wie er will: Mich trägt mein Gottver-trauen.

Welche Schritte empfehlen Sie, um irgendwann in einer hochattraktiven Position im musikalischen Leben anzukommen, die der Ihren vergleichbar ist?
Ich empfehle Initiativbewerbungen, die liebevoll gepflegt werden müssen. Also Bewerbungen auch nach zu telefonieren, sich z. B. auf einen Kaffee einzuladen, weil man nächste Woche ohnehin gerade in München ist etc.

Aus allen Kanälen dringen Ihnen heute angelsächsische Musik und moderne TV-Formate mit viel Pop entgegen, sehen Sie die klassische Musik und damit die Möglichkeit, in diesem Bereich Karriere zu machen, auf dem Rückzug?
Nein. Die Qualität der klassischen Musik setzt sich langfristig durch, davon bin ich überzeugt.

Im Licht Ihres langjährigen Lebens als renommierter Orchestermusiker: Gibt es eine Möglichkeit zu einem geregelten und planbaren Dasein in diesem Beruf oder wa-ren Sie immer auf dem Sprung zum nächsten Engagement?

Als fest angestellter Orchestermusiker in einem Tarifvertragsorchester ist man nach erfolgreicher Probezeit im Prinzip nicht mehr kündbar. So man in dem betreffenden Orchester und auf der Position dort zufrieden ist, kann der Einzelne dort bis zur Pensionierung bleiben – die einzige Gefahr ist eine Orchesterabwicklung, also die Auflösung der Organisation.

Hunderttausende junger Menschen üben mehrere Stunden täglich ihr Instrument, um eines Tages vielleicht professionell in diesem Bereich arbeiten zu können. Wodurch unterscheiden sich die tatsächlich groß werdenden Eleven von der Masse der anderen?

Durch eine besondere Qualität natürlich. Das berühmte Quäntchen Glück spielt nämlich erst dann eine Rolle bei der Frage des Stelle-Bekommens, wenn die Frage der Qualität eben keine mehr ist. Ich will sagen: Es gibt keine Alternative zum Fleiß, um fest in einem Orchester engagiert zu werden.

Was ist, Herr Moritz, Ihr Karriereziel und was möchten Sie tun, um dies zu erreichen?

Ich fühle mich auf meiner Position sehr wohl. Vor allem auch deswegen, weil ich spüre, dass ich hier dennoch aufmerksam genug bleibe, was das Anstreben möglicher weiterer Ziele anbetrifft. Um diese erreichen zu können/ wollen: Ich denke, es reicht in der Tat, die oben in meiner längeren Aufzählung aufgeführten Punkte „still und konsequent zu praktizieren", da ich der Auffassung bin, dass eine so eingeübte Praxis in einem künftigen Bewerbungsgespräch von selbst nach außen strahlt. Das soll nun beileibe nicht zu passiv klingen, ich meine nur einfach, dass bei derlei Fragen eher in der Ruhe die Kraft der Überzeugung liegt.

Lieber Herr Moritz, noch viele wunderbare Spielzeiten für Sie bei der Komischen Oper Berlin und meinen herzlichen Dank für unser interessantes Gespräch.

— ● —

REINHARD BOHN

Leiter Personalentwicklung der R+V Versicherung AG

HÄNGT EINE INTENSIVE AUS- UND WEITERBILDUNG MIT EINER EXZELLENTEN MANAGEMENTKARRIERE ZUSAMMEN?

Lieber Herr Bohn, wenn Sie sich zu Beginn bitte einmal kurz vorstellen.

Ich bin Reinhard Bohn, leite seit gut dreieinhalb Jahren die Personalentwicklung der R+V Versicherungen in Wiesbaden. 1979 bin ich als Ingenieur bei IBM Deutschland eingestiegen, habe später auch noch Diplom-Psychologie studiert. Ab 1992 arbeitete ich in der Personalentwicklung bei IBM Deutschland. Seit acht Jahren bin ich jetzt bei der R+V Versicherung, begonnen habe ich dort als Berater in der Personalentwicklung.

Wir wollen uns heute zu dem Thema Ausbildung und Weiterbildung auf dem Weg zu einer größeren Karrieremöglichkeit austauschen. Sind die Topmanager der R+V Versicherung eigentlich durchweg BWLer und Mathematiker?

Mathematiker wüsste ich vielleicht einen. Ansonsten dominiert BWL/ VWL und bestimmt noch gibt es noch den einen oder anderen Jurist, aber auch Informatiker.

Haben Sie ein Beispiel für ein ganz extremen oder sonst abweichenden Ausbildungsgang von einem ihrer Topmanager? Vielleicht erinnern Sie sich noch, Daniel Goeudevert von VW z. B. war ja Literaturwissenschaftler.

Er hat sich ja auch wieder der Literatur zugewandt. Wir haben bei uns im Vorstand keine beruflichen Quereinsteiger außerhalb der klassischen Ausbildungsdisziplinen.

Sind Ihre Vorstände Menschen, die seit sehr langer Zeit im Unternehmen sind?

Mehrere sind seit zehn bis 15 Jahren dabei. Manche sind erst in den letzten fünf Jahren von außen gekommen, haben z. B. einen Beratungshintergrund, etwa bei McKinsey, in ihrem Lebenslauf. Aber es gibt auch Führungskräfte, die teilweise lange vorher in anderen Unternehmen ähnliche Aufgaben gemacht haben. Wir haben im Bereich des Topmanagements niemanden hier, der als totaler Quereinsteiger von ganz woanders herkommt. Das sind alles Manager, die entweder in unserer Branche unterwegs waren, eben beratend tätig mit einem Branchenfokus, oder in der IT versicherungsaffin waren.

Bei uns gilt die folgende Regel: Das Management muss etwas von den Inhalten seines Aufgabengebietes verstehen. Wir haben keinen ausgeprägten General-Management-Ansatz. Nicht jede Führungskraft kann ich im gesamten Unternehmen platzieren, hier wird sehr deutlich Fachwissen verlangt, auf jeder Ebene, auch beim Vorstand.

Wenn Sie vor sich eine mittlere Führungskraft sehen, die abends nach Hause fährt mit dem Gefühl, irgendwann in meinem Leben möchte ich es einmal ins höhere Management schaffen. Was für eine Weiterbildungsempfehlung würden Sie hier geben?

Es gibt bestimmte Basiskompetenzen, die man beherrschen muss. Aber sich im fortgeschrittenen Alter zu überlegen, ich möchte ins Topmanagement, zu diesem Zeitpunkt ist es vielleicht schon zu spät. Ich glaube, das ist ein Thema, für das man möglichst früh die Weichen stellen sollte. Zur Karriere gehört auch eine gewisse Geschwindigkeit, sonst schaffe ich es einfach nicht mehr ins Topmanagement oder gar in die Vorstandsetage. Das heißt, eine zu lange Verweildauer in einer Organisation, in einer Aufgabe ist bestimmt nicht förderlich. Es geht eher darum, eine breite Erfahrung in unterschiedlichen Funktionsbereichen zu sammeln und sehr gute Ergebnisse abzuliefern. Das Thema Weiterbildung ist hier unterstützend, allein über Weiterbildung ist noch niemand ins Topmanagement gekommen.

Wenn Sie die Top-Karrieren in Ihrem Unternehmen anschauen, die Sie kennen, spielt Internationalität eine große Rolle?
Aktuell spielt diese noch keine sehr große Rolle bei der R+V Versicherung. Das kann aber ein sehr relevanter Faktor in einer global aufgestellten Organisation sein.

Ist Ihr vorheriger Arbeitgeber IBM ein Beispiel für die wichtige Internationalität im eigenen Erfahrungshintergrund?
Sicherlich, dort ist eine multinationale Aufstellung in der Vita oft unabdingbar, man muss lernen, mit Unterschieden in den Kulturwelten, zum Beispiel im angelsächsischen Umfeld, klar zu kommen. Das ist für mich eine Basisvoraussetzung. Ohne sehr gute englische Sprachkenntnisse haben Sie keine Chance.

Jetzt haben Sie Folgendes gesagt: „Fang früher mit der zielorientierten, nach oben führenden Entwicklung an, sei auch gerne frühzeitig international beschlagen."
Zum dritten wichtigen Punkt in diesem Zusammenhang: Es gibt ja einen neuen Elitegeist in Deutschland, was Ausbildungsstätten betrifft: Die WHU in Vallendar, die EBS in Oestrich-Winkel, die Universität Sankt Gallen und so weiter. Ist das für einen jungen Menschen empfehlenswert, soll er sich auf solche Kaderschmieden ausrichten oder ist das nicht so wichtig?
Es schadet nichts, ob es unbedingt etwas hilft, ist durchaus die Frage. Als Eintrittskarte in große Unternehmen bzw. Beratungsunternehmen ist die Ausbildung an einer Elitehochschule möglicherweise von Vorteil. Es gibt junge Menschen, die von diesen Ausbildungsinstituten kommen, dann mit einem sehr hohen Anspruch in den Organisationen landen und dort sehr schnell frustriert werden, wenn die Karriere nicht so schnell oder so glatt läuft wie erwartet.

Die also zu sehr erwarten, dass sie direkt nach oben kommen?
Das ist eine Frage der Kultur der Organisation, es gibt Unternehmen, da geht dies schneller, bei der R+V Versicherung funktioniert das Thema Aufstieg letztendlich vor allem über Resultate.

Sind eigentlich die großen Führungskräfte immer auch sehr fleißige Netzwerker?

Ich würde Folgendes sagen: In der Regel ja, in unserem Unternehmen allerdings ist das ein klares Muss. Das hat bei uns strukturelle Ursachen, da die R+V Teil des genossenschaftlichen Finanzverbundes ist. Solche Organisationsformen benötigen einen hohen Anteil von Beziehungsmanagement. Wenn Sie bei einer Bereichsleitungsfunktion, also eine Stufe unter dem Vorstand, angelangt sind, dann müssen Sie spätestens zu diesem Zeitpunkt an Ihrer Vernetzung in den genossenschaftlichen Finanzverbund arbeiten, dort müssen Sie mitspielen können. Das heißt ganz deutlich, ohne eine gute Vernetzung ist der Aufstieg in unserem Unternehmen schwierig.

Das ist ja wirklich ein interessanter Punkt. Herr Bohn, vorhin haben Sie Folgendes gesagt: „Du musst die Grundlagen zum Aufstieg sehr früh legen." Ist es vielleicht eine Chance für den, der sich erst mit Mitte 30 auf so einen Weg begibt, über exzellente Vernetzung, die systematisch betrieben wird, etwas für die eigene berufliche Entwicklung zu tun? Als Kompensation für den späteren Beginn des Anlaufs nach oben?

Nebenbei bemerkt ist Mitte 30 noch nicht zu alt. Ja, ich glaube, das ist eine Chance, aber alleine eine gute Vernetzung genügt nicht. Das soll hier auch einmal gesagt werden: Zu früh begonnene Karrieren enden manchmal in plötzlichen Krisen, ohne dass es notwendigerweise immer weiter nach oben geht.

Und dann entscheidet gerade die Reaktionsfähigkeit in solchen Zeiten, wie sich die Dinge weiter entwickeln, oder?

Ein ewiges Nur-bergauf in Lebensläufen halte ich persönlich für eine Fehlentwicklung. Unter anderem weil dann das wichtige Thema der Krisenbewältigung zu kurz kommt um eine sturmerprobte eigene Persönlichkeit auszubilden. Am meisten lernen wir an Schwierigkeiten und Herausforderungen, manchmal auch im privaten Umfeld. Wenn der Weg zu geradlinig ist, fehlen oft Zeit und Herausforderungen zum Sammeln breiter Erfahrungen.

Sie als Leiter der Personalentwicklung sind Sie ja auch mit den Karriereentscheidungen für andere befasst, oder?

Eher mit der Bereitstellung von Systemen, Instrumenten und Prozessen um Karriereentscheidungen zu ermöglichen und Wege zu ebnen.

Was ist denn für Sie eine Schlüsseleigenschaft, die Sie von jemandem erwarten, der ins Topmanagement aufsteigen will?

Da spielen vor allem kognitive Intelligenz und Schnelligkeit eine große Rolle, aber auch der Umgang mit Komplexität. Eben Folgendes zu wissen: Bei den 100 Fäden, die ich vor mir habe, welchen ziehe ich zuerst? Soziale Intelligenz ist mindestens ebenso wichtig wie das kognitive Beherrschen von Problemen. Es geht hier darum, schnell und sensibel in gute Beziehungen zu kommen. Für eine Führungskraft gilt es, die Person, mit der ich zusammenarbeite, tatsächlich für meine Ideen und Initiativen zu gewinnen und das ist für mich ein wesentlicher Teilbereich des Themas soziale Intelligenz. Belastbare Beziehungen zwischen Führungskraft und Mitarbeiter bauen sich über Wertschätzung und Respekt auf – hier geht es um persönliche Werthaltungen. Soziale „Taschenspielertricks" zahlen sich auf Dauer nicht aus.

Ich möchte Sie um einen finalen Rat bitten, den Sie aufstiegswilligen Führungskräften mitgeben wollen.

Der Rat ist, den Hut in den Ring zu werfen, Herausforderungen zu suchen, Probleme aktiv, initiativ zu lösen und dabei erfolgreich sein. Dies immer in der Konzentration auf das, was meiner Organisation tatsächlich weiterhilft. Also nicht nur zu dienen, sondern durchaus auch sichtbar zu sein in dem was ich tue. Wichtig scheint mir aber, eher auf den Prozess und Resultate konzentriert zu sein, als sich immer nur zu fragen „Wie stehe ich jetzt da und wann kann ich meine Karriere machen?" Solche Menschen habe ich oftmals scheitern sehen, eben diejenigen, die zu sehr aufstiegsverbissen waren.

Lieber Herr Bohn, meinen herzlichen Dank für dieses Gespräch.

— ● —

JOHANNES GRÖBEL
Senior Managementberater HR der Commerzbank Real AG

AUF WELCHE WEISE ENTSTEHEN GROSSE KARRIEREN IN DER INVESTMENTBRANCHE?

Herr Gröbel, bitte stellen Sie sich und Ihre Aufgabe zunächst einmal kurz vor.
Die Commerz Real AG ist eine 100-prozentige Tochtergesellschaft der Commerzbank mit Hauptstandorten in Düsseldorf und Wiesbaden. Unser Kerngeschäft sind sachwertorientierte Anlage- und Finanzierungsprodukte. Einen Schwerpunkt bilden dabei Immobilieninvestitionen. Hier in Wiesbaden betreuen wir den Bereich offener Fonds und Spezialfonds, das sind im Wesentlichen Immobilien-Investment-Projekte im mehrstelligen Milliarden-Euro-Bereich. Am Standort Wiesbaden bin ich der stellvertretende Personalleiter.

Ihr Unternehmen bewegt viele Millionen Euro. Erwächst aus diesem großen Volumen für seine Führungskräfte nicht ein hoher Verantwortungsdruck?
Grundsätzlich ja. Wir verwalten ein Vermögen von insgesamt ungefähr 40 Milliarden Euro. Das ist ein gewaltiges Volumen. Als Finanzdienstleister und Sachverwalter von fremden Vermögen sind wir uns der hohen Verantwortung, die mit unserem Geschäft verbunden ist, sehr bewusst. Das gilt insbesondere für

die Entscheidungsträger. Ich bin aber davon überzeugt, dass unsere Mitarbeiter dies weniger als Belastung, sondern vielmehr als Motivation empfinden, für unsere Anleger und Kunden jeweils optimale Investmentlösungen zu entwickeln.

Was passiert, wenn ein 100-Millionen-Euro-Fehler im Unternehmen geschieht?

Zunächst einmal arbeiten wir auf der Basis eines ausgereiften Prozess- und Risikomanagementsystems, das die Wahrscheinlichkeit operativer Fehler minimiert. Hier ist es auch besonders wichtig, gesetzliche Vorgaben genau nachzuvollziehen. Dennoch können natürlich überall dort, wo Menschen tätig sind, jederzeit Fehler passieren. Die entscheidende Frage ist, wie man als Unternehmen damit umgeht und welche Lehren daraus gezogen werden. Treten Fehler auf, sind deren Quellen sorgfältig zu analysieren und schnellstmöglich Vorkehrungen zu treffen, die ein erneutes Auftreten solcher Fälle vermeiden. Dies geschieht u.a. in Form einer fortlaufenden Optimierung unserer internen Organisationsrichtlinien. Bei besonders schweren oder wiederholten Versäumnissen kann es im äußersten Fall natürlich auch zu Personalmaßnahmen kommen.

Es ist der Traum vieler Menschen, eines Tages einmal einen solchen verantwortungsvollen aber auch spannenden Job zu haben. Wie wird man beispielsweise Fondsmanager für große Immobilienvermögen, wie sie die Commerz Real verwaltet?

Ein großer Teil unseres Nachwuchses kommt aus dem eigenen Unternehmen. Wir haben die Erfahrung gemacht, dass externe Kräfte mit all der fachlichen Expertise, die wir benötigen, am Markt nur sehr schwer zu bekommen sind. Wir sind hier im Rhein-Main-Gebiet, einer Region mit naturgemäß hoher Personalfluktuation. An unserem Düsseldorfer Standort ist das etwas anders, dort ist auch das Durchschnittsalter unserer Belegschaft etwas höher als in Wiesbaden. Ein Teil der Mitarbeiter kommt beispielsweise über ein Berufsakademie-Studium mit anschließendem Traineeprogramm zu uns. Diese jungen Mitarbeiter entwickeln sich dann schrittweise in verantwortliche Funktionen. Es gibt auch einen höheren Prozentsatz von internen Funktionswechslern in unserem Unternehmen, d.h. Mitarbeiter mit langjähriger Erfahrung in Großimmobilien, die zwischen den einzelnen Bereichen springen. So kann etwa ein Asset-Manager in die Akquisition gehen, um ein Gefühl für den Angebotsmarkt zu bekommen und Objekte zu kaufen bzw. zu verkaufen. Oder ein angehender

Portfoliomanager wächst aus einer langjährigen Tätigkeit im Fondscontrolling heraus in seine neue Aufgabe. Gut ist, wenn ein Portfoliomanager sowohl zahlenaffin als auch markterfahren ist.

Mitarbeiter mit Hochschulstudium hatten meistens schon in der Studienzeit in irgendeiner Weise Berührung mit Immobilienthemen oder sogar eine entsprechende fachliche Ausrichtung. Beispielhaft sind hier Studiengänge an der European Business School in Oestrich-Winkel, der Fachhochschule Holzminden und die Fachhochschule Biberach an der Riss. Es gibt bei uns auch Fakultäten ganz anderer Richtung, z. B. Mathematikabsolventen, das ist aber eher selten.

Spielen Absolventen internationaler Fakultäten bei Ihnen eine größere Rolle?
Eher vereinzelt, häufiger sind bei uns ehemalige Studierende mit ein oder zwei Semestern Auslandserfahrung.

Dabei sind Ihre Fonds aber schon sehr international ausgerichtet, oder?
Die Immobilien unseres Hauses liegen zu circa 80% im vorwiegend europäischen Ausland, und natürlich haben wir auch eine Reihe von internationalen Mitarbeitern, sowohl an unseren deutschen Hauptstandorten als auch in unseren ausländischen Geschäftsstellen.

Sie sagten eben, in Ihrer Personalstruktur herrsche eine kontinuierliche Fluktuation. Gibt es denn in Ihrem Hause auch langfristig angelegte Karrieren?
Grundsätzlich ja, viele Führungskräfte, die bei uns große Verantwortung tragen, haben sich vorher über lange Jahre im Unternehmen entwickelt. Unser oberster Asset-Manager hat hier im Hause als Akquisiteur begonnen und sich über die verschiedenen Hierarchieebenen kontinuierlich weiterentwickelt. Er ist heute Vorstandsmitglied unseres Unternehmens. Auf diese Weise haben mehrere Führungskräfte bei uns einen längeren, erfolgreichen Weg in der Organisation hinter sich gebracht.

Verdienen in Ihrer Branche nur Mitarbeiter in Managementpositionen das ganz große Geld oder kann man auch als Angestellter auf nachgelagerten Ebenen zu außerordentlichen Gehältern kommen?
Wir sind im Unternehmen insgesamt rund 800 Mitarbeiter und damit ein Mittelständler. Auch bei uns wachsen gehaltstechnisch die Bäume nicht in den Him-

mel. Ich glaube, die Menschen arbeiten hauptsächlich bei uns, weil sie das Geschäftsmodell interessant finden. Von Sachwerten, wie z.B. Immobilien, geht – anders als bei abstrakten Finanzwerten – eine gewisse Faszination aus, weil sie greif- und erlebbar sind. Die Gehälter bei uns sind konform mit den Regularien der zentralen Bankenaufsichtsbehörde geregelt. Hier ist zum Beispiel klar definiert, dass der Schwerpunkt des Gehaltes fix ausbezahlt werden soll. Es gibt – auch im Interesse des Kunden- und Anlegerschutzes – keine monetäre Umsatzbeteiligung, sodass sich die variablen Gehaltsbestandteile in einem vernünftigen Rahmen bewegen.

Aus der Perspektive Ihrer langjährigen Erfahrung im Investmentbereich, finden Sie diesen beruflichen Weg empfehlenswert für Menschen, die eine größere Karriere angehen wollen?

Ja, durchaus, das kann ich schon empfehlen. Ich kenne beide Blickwinkel – die klassische Bankenkarriere als auch das Befassen mit Immobilienthemen. Wer sich mit reinen Beratungsthemen nicht wohlfühlt, weil ihm das zu theoretisch und zu trocken ist, der fühlt sich mit unseren sehr realen Werten, glaube ich, bedeutend wohler. Ich bin nun auch selbst schon eine Reihe von Jahren in diesem Bereich tätig und habe viele Bewerbungsgespräche für unsere Organisation geführt. Hier sagen mir potenzielle Mitarbeiter immer wieder, dass sie großen Wert darauf legen, in einem sehr praxisnahen Bereich zu arbeiten – so, wie wir das beispielsweise mit unseren Großimmobilien tun. Bodenständigkeit, Langfristigkeit im Portfoliomanagement und eine solide Renditeperspektive, das sind Schlüsselbegriffe für unsere Branche.

Wir haben immer wieder Menschen hier, die aus den Vereinigten Staaten kommen und sich wundern, dass die Gehälter bei uns viel niedriger sind als bei den großen US-Firmen. Ich erlebe immer wieder, dass diese Bewerber nach ihren ersten Erfahrungen auf dem amerikanischen Markt gerne zu uns kommen, weil sie diese Hire-and-fire-Mentalität nicht mögen, weil sie eine Immobilie auch einmal über einen längeren Zeitraum betreuen wollen und nicht nur von heute auf morgen agieren wollen.

Spüren Sie schon den demografisch bedingten Wandel am Arbeitsmarkt hinsichtlich der neuen Orientierung auf ein verknapptes Angebot an Fachkräften?

Ja, es ist schon deutlich schwieriger geworden, geeignetes Personal zu bekommen. Das Stichwort „war for talents" ist sicherlich übertrieben, aber Anzeichen in diese Richtung sind zu erkennen. Die fachliche Qualität der Bewerber im Bereich der Auszubildenden ist teilweise erschreckend niedrig. Es gibt bestimmte Funktionen, da ist es sehr schwer, geeignete Mitarbeiter zu finden. Hier haben auch schon einige Headhunter vergeblich für uns gearbeitet. Aus all diesen Gründen spielt der Faktor der internen Qualifizierung unserer Mitarbeiter eine sehr große Rolle.

Wie unterscheiden sich Ihre Top-Führungskräfte von allen anderen im Unternehmen?

Wer es bis zum Vorstandsposten gebracht hat, verfügt meist über eine hohe Entscheidungsfreudigkeit und dabei auch Entscheidungssicherheit. Solche Menschen halten auch schwierige Entwicklungen mit hoher Zuverlässigkeit durch. Ich spreche hier von mental entsprechend ausgerichteten Erfolgstypen. Um mit dem Sport zu sprechen: Solche Menschen gehen auf das Spielfeld, um zu gewinnen und nicht nur um irgendwie mitzuspielen. Das betrifft auch die innere Einstellung, mit der an neue Aufgaben herangegangen wird. Solche Führungspersönlichkeiten planen ihre Schritte vorab und ziehen ihre Pläne dann auch konsequent durch. Wer zu viel zweifelt hinsichtlich der eigenen Fähigkeiten und eher Bedenken als Chancen sieht, der schafft es einfach nicht so weit, wie Menschen mit großem Glauben an die eigenen Projekte und an sich selbst.

Was hätten Sie, wenn Sie Ihre eigene Karriere anschauen, gerne anders gemacht?

Ich bin immer in der Bankenwelt geblieben, habe aber innerhalb dieser Branche ganz verschiedene Aufgaben erfüllt. Diese Vielfalt, die ich erlebt habe, habe ich sehr schätzen gelernt, meine heutige Arbeit profitiert davon. Es kann sein, dass ich mit einem geradlinigeren Lebenslauf weiter gekommen wäre, aber ich bin nun einmal Personalmanager, und da steht der Mensch im Mittelpunkt.

Herr Gambla von einer deutschen Großbank sagte, die Kunst sei, die richtige Balance zu finden zwischen zuverlässiger Geradlinigkeit und dem Mut zu einem Seitenschritt.

Dem stimme ich vollkommen zu. Wer immer nur einer geraden Linie folgt, bleibt oft defizitär im Sinne eines ganzheitlichen Qualifikationsprofils. Das wird beispielsweise deutlich an Misserfolgen in den ersten Führungsaufgaben. Je breiter Sie in Ihrer Erfahrung angelegt sind und je mehr Sie persönlich erlebt haben, desto überzeugender sind Sie auch als integrative Führungspersönlichkeit.

Das umfasst also auch ganz deutlich in Ihrer Perspektive den Mut, im eigenen Berufsleben auch einmal einen unkonventionellen Weg zu gehen, oder?
Genauso sehe ich das.

Worauf legen Sie besonderen Wert bei Kandidaten, die sich bei Ihnen bewerben?
Besonders wichtig ist mir eine unverstellte Authentizität beim Bewerber. Viele Menschen sind gut geschult im Verkaufen der eigenen Vita. Darum geht es aber nicht. Nach dem ersten einstudierten Erfolgsbeispiel müssen die realen Geschichten kommen, die das Leben des Gefragten betreffen, und wenn dann nur eine Maske gezeigt wird, ist das einfach schade. Ich mag Menschen, die gern auch ein wenig kantiger auftreten und dabei ihre Ziele kennen, auch wenn das weniger stromlinienförmig herüber kommt. Unehrlich, stereotyp argumentierende Menschen, die auch nicht bereit sind, über eigene Schwächen zu sprechen, haben geringere Chancen auf einen erfolgreichen Bewerbungsprozess. Wichtig ist auch ein dialogsicheres Englisch, da geht es mir weniger um die Schulnote als um wie und wo auch immer erworbene Fähigkeit, flüssig in der fremden Sprache kommunizieren zu können.

Welchen Rat geben Sie Ihrem Sohn im Hinblick auf sein kommendes Berufsleben?
Der erste Rat ist wieder der Mut zur Authentizität. Außerdem gehört zu einem erfolgreichen Leben einfach eine gesunde Portion Mut, nämlich auch einmal etwas Ungewöhnliches auszuprobieren. Ich spreche hier auch von dem Mut, sich dem allgemeinen Trend zur Mittelmäßigkeit entgegenzustellen und die übertragenen Aufgaben außergewöhnlich gut zu verrichten. Zum Schluss: Angst ist immer ein schlechter Berater, man soll sich vor nichts fürchten.

Herr Gröbel, vielen Dank für dieses ausgezeichnete Gespräch.

[Johannes Gröbel ist inzwischen selbstständig mit der Firma Gröbel Personalmanagement.]

— ● —

GERHARD SCHULZE

Gesamtpersonalleiter der Berkenhoff GmbH

Von welchen Faktoren hängt erfolgreiches Managen im Mittelstand ab?

Wir sind bei Gerhard Schulze, Gesamtpersonalleiter des metallverarbeitenden Unternehmens Berkenhoff GmbH in Herborn. Wenn Sie vielleicht so nett sind, Herr Schulze, sich und Ihr Unternehmen einmal kurz vorzustellen.
Die Berkenhoff GmbH gibt es schon seit 1890 mit verschiedenen Unternehmensformen. Zunächst war es ein Familienunternehmen, bis es in den siebziger Jahren verkauft wurde an ThyssenKrupp. Mittlerweile befinden wir uns im Besitz einer Beratungsgesellschaft. Ich selbst bin seit 1986 im Unternehmen und seit 2005 Gesamtpersonalleiter für beide Werke unserer Organisation.

Was sind die Vorteile für jemanden, der sich zu Beginn seiner Karriere oder auch später für den Mittelstand entscheidet, anstatt in einen großen Konzern zu gehen?
Die Vorteile sind ganz klar. Wenn der Mittelständler eine Entscheidung trifft, dann gibt es hier einen relativ kurzen Zeitraum von der Idee bis zur Umsetzung. Und davon profitiert natürlich der Einzelne viel schneller.

Die Entscheidungsauswirkungen sind also direkter. Gibt es vielleicht auch die Möglichkeit, mehr direkte Verantwortung auszuüben?

Ja das ist richtig. Natürlich gibt es Hierarchien, nicht jeder darf alles entscheiden, aber trotzdem hat der normale Mitarbeiter hier mit seinen Entscheidungen eine deutlich weitere Tragweite als das in Konzernen der Fall ist. Der mittelständische Mitarbeiter hat auch viel mehr die Möglichkeit sich nach links und rechts zu entfalten, weil er zu den Nachbarabteilungen mehr Kontakt haben muss als in großen Unternehmen. Man ist einfach mehr über den Gesamtunternehmensplan informiert als nur über ein kleines Segment des persönlichen Umfelds.

Das heißt, wenn in den BWL-Vorlesungen an den Hochschulen über Ganzheitlichkeit im Managementprozess gesprochen wird, dann gibt der Mittelstand Ihrer Meinung nach ein Beispiel dafür.

Wir machen das eigentlich täglich so. Der Mitarbeiter weiß immer, wo er im Unternehmen steht und er weiß auch immer, wo er sich die Informationen in den Nachbarabteilungen holen kann, wenn er etwas braucht.

Wo sehen Sie die Nachteile gegenüber einer echten Konzernkarriere?

Ich sehe keine wirklichen Nachteile. Natürlich verfügen Mittelständler nicht über ganz so große Ressourcen, wie das in einem Großkonzern der Fall ist. Vielleicht gibt es punktuelle Nachteile bei der Vergütung. Auch hat man im Mittelstand nicht so viele wohlklingende Titel zu vergeben wie im großen Konzern. Ich bin hier Gesamtpersonalleiter, aber da gibt es natürlich nur einen, nicht drei oder vier wie in verschachtelten Konzernhierarchien.

Was war Ihr Ausbildungsabschluss?

Ich bin gelernter Industriekaufmann.

Finden Sie, dass im Mittelstand eher die Möglichkeit gegeben ist, auch ohne akademischen Grad eine größere Karriere zu machen?

Ja, das begegnet mir eigentlich täglich. Es gibt immer wieder Mitarbeiter, die alleine durch ihre Leistung herausragen. Und wir schauen auch eigentlich gar nicht darauf, ob der Betreffende jemand mit einem Hochschulabschluss ist oder nicht. Wir besetzen die meisten Stellen in der Nachfolgeregie aus unserem eigenem Personal.

Das heißt, die prägende Rolle von formalen Qualifikationen geht eher zurück?
Ja, ich denke schon.

Sind denn die Karrierewege bei einem Mittelständler wie der Berkenhoff GmbH eher dynamischer oder langsamer als anderswo?
Wie gesagt, wir reagieren sehr schnell auf neue betriebliche Umstände, dementsprechend setzt die Dynamik in den Karrieren dann auch recht rasch ein, wenn es notwendig ist.

Wenn ich an die BWL-Absolventen der Hochschulen denke, dann wird immer gesagt, die Hälfte von ihnen wollten Unternehmensberater werden, aus welchem Grund auch immer. Finden Sie, dass die produzierende Industrie in gleicher Weise attraktive Karrieremöglichkeiten bietet? Wenn jemand ein BWL-Studium hinter sich gebracht hat, würden Sie ihm sagen, die produzierende Industrie ist ein vielversprechender Weg?
In jedem Fall ist die produzierende Industrie interessanter als wenn man nur auf strategische Beratungsprozesse allein schauen muss. Jeder Tag stellt neue Anforderung an uns. Wir haben hier Unternehmensberater gesehen, bei denen wir eigentlich vom ersten Tag an festgestellt haben, dass sie überhaupt nicht mehr an der Basis dran waren. Sie haben ein theoretisches Wissen aus der Universität mitgebracht hatten und noch niemals in einem Unternehmen gesehen, wie eine Schraube gefertigt wird oder in unserem Fall ein Draht gezogen worden ist. Diese Berater sind oft früh gescheitert, weil sie von den Mitarbeitern überhaupt nicht akzeptiert wurden. Ich würde schon sagen, dass ich die produzierende Industrie spannender finde.

Was sollte man bei einer Bewerbung im Mittelstand besonders beachten? Kann man hier zum Beispiel eher mal den Weg eines persönlichen Kontaktes gehen?
Ja, wenn er gewollt ist. Für mich ist es zunächst einmal wichtig, die schriftliche Bewerbung gelesen zu haben, bevor ich mich persönlich mit jemandem beschäftigen kann. Dann bevorzuge ich es, wenn ich ein Bild des Bewerbers vor mir habe. Und wenn diese Grundlagen da sind, kann ich mich auch mit jemandem

am Telefon besprechen. Es kommt aber auch darauf an, wie der Bewerber am Telefon rüberkommt, ob er sich interessant macht, ob er mein Interesse weckt. Grundsätzlich ist die Idee anzurufen nicht schlecht. Wir haben letztlich einen Herrn eingestellt, da basierte vieles auf dem ersten telefonischen Kontakt. Wir hatten zwar eine Annonce ausgeschrieben, der Bewerber hatte aber noch keine Bewerbung geschrieben und einfach angerufen. Wir hatten ein Gespräch über eine halbe Stunde und dann sagte er, dass das mit uns etwas werden könnte und ich sagte zu ihm, ja das kann ich mir auch vorstellen. Die Sympathie ist natürlich auch wichtig, er hat mich einfach überzeugt durch seine Kommunikation, das kann man in einer schriftlichen Bewerbung nicht in der Weise. Die reine Aufzahlung von Daten sagt ja wenig über den Menschen aus.

Herr Schulze, wenn Sie auf ihren Karriereweg zurückschauen, was würden Sie heute anders machen?

Der Weg, den man geht, bestimmt man ja nicht nur selbst, sondern über diesen entscheiden auch andere. Ich habe mehrmals Glück gehabt und mich nach der Bundeswehr zunächst als Kaufmann beworben, da war der Bewerbungsprozess im Unternehmen für die Stelle schon lange abgeschlossen. Ich hatte das Glück, dass ich am Telefon auf den Personalleiter getroffen bin, der direkt gesagt hat, dass es zwischen uns passen würde und er sich mit mir unterhalten wollte. Dort bin ich dann als letzter von 180 Bewerbern, obwohl die Stelle eigentlich schon vergeben war, noch hineingerutscht, das ist natürlich immer auch ein bisschen Glück. Ein BWL-Studium kann sicherlich weiterhelfen, aber wir können uns nicht erlauben, fünf Mitarbeiter nur für die Strategie zu haben, dazu ist ein Mittelständler viel zu straff organisiert. Wichtig ist einfach, eine fundierte Ausbildung zu haben, ob mit oder ohne Studium.

Meinen Sie, dass zu Ihrem Karriereweg auch ein duales Studium gepasst hätte?

Auf jeden Fall, wir sind hier den Weg des dualen Studiums schon mehrfach gegangen, ich glaube mittlerweile haben wir zehn Mitarbeiter, die dies absolviert haben. Natürlich haben sie in diesem Modell das BWL-Studium als Hauptaufgabe, aber sie bekommen auch die wichtigen betrieblichen Prozesse mit. Dieser duale Weg ist für uns sehr hilfreich, denn dann sind die Mitarbeiter am Ende ihres Studiums so weit, direkt für das Unternehmen arbeiten zu können. Dies ohne noch einmal ein Jahr investieren zu müssen, um ihnen zu zeigen, was für die Organisation wichtig ist. Das halte ich eigentlich für den idealen Weg im Mittelstand.

Was sind das für Menschen, Herr Schulze, die Sie in Ihrem Umfeld große Karrieren haben machen sehen? Was haben sie für Eigenschaften?
Die große Karriere zeichnet zunächst immer eine fundierte Ausbildung aus, egal auf welchem Weg sie erworben wurde. Man muss sein Handwerk verstehen und einen gesunden Egoismus mitbringen, sonst scheitert die Karriere irgendwann. Damit meine ich Folgendes: Man muss seine eigenen Ziele haben, idealerweise liegen diese ein Stück weit parallel zu den Unternehmenszielen. Ich mache jeden Tag auch eine Art Politik im Unternehmen, das bleibt nicht aus. Wir haben oft wichtige Entscheidungen zu treffen, da versuche ich natürlich meine eigene Meinung einzubringen, dies meine ich mit gesundem Egoismus. Ähnlich ist das auch mit allen anderen, die Karriere machen wollen. Irgendwann sind sie an einem Punkt, wo sie sich nicht nur mit den Dingen rein sachlich beschäftigen können, sondern auch mit der Firmenpolitik verbunden sind, mit dem was durchsetzbar und erreichbar ist.

Muss ich für eine größere Karriere auch Macht ausüben wollen?
Macht ist natürlich ein sehr mächtiges Wort. Einfluss wäre mir lieber, Macht gibt es sicher im Konzern, wenn ich Arbeitsdirektor bei Thyssen bin, dann habe ich Macht, bei Mittelständlern geht es eher um Einfluss, darum, Firmenpolitik mitzubestimmen, das machen wir täglich. Dies betrifft alle Abteilungsleiter, die in irgendeiner Form ihre eigenen Interessen mit einbringen. Hier meine ich die Eigeninteressen einer Unternehmenseinheit, weniger eine Einflussnahme im ausschließlich persönlich relevanten Sinne.

Ist ein mittelständisches Unternehmen notwendigerweise heute noch hierarchischer organisiert als ein größerer Konzern?
Auf dem Papier ja, im täglichen Leben sicher nicht. Man kann sich gar nicht erlauben, mit seinen Mitarbeitern den täglichen Dialog nicht so zu pflegen, dass die Abteilung reibungslos funktioniert. Man muss heute mehr als früher darauf hören, was der Mitarbeiter beiträgt, was ihm wichtig ist auf der Sachebene. Die Abteilungen sind heute relativ klein geworden. Früher hatten wir eine Buchhaltung mit zehn bis 15 Kollegen, heute machen ein Drittel der Mitarbei-

189

ter die gleiche Arbeit. Deshalb kann man sich gar nicht erlauben, zu sehr hierarchisch zu denken, sondern ist eigentlich mehr der Sprecher für seine Abteilung, so würde ich mich heute eher verstehen.

Wenn Sie sich die idealen Eigenschaften Ihres Vorgesetzten aussuchen dürften, wie würden Sie diese definieren?
Verlässlichkeit, das steht bei allem oben an. Wenn ich eine Absprache getroffen habe mit meinem Chef ist es wichtig, dass er diese auch wirklich so einhält wie wir sie besprochen haben, dass er dann eventuelle Änderungen noch mal mit mir bespricht und mir erklärt, warum er das so und nicht anders macht, das steht für mich ganz oben. Dazu gehört auch eine Transparenz, eine Offenheit mir gegenüber in den Bereichen, in denen das möglich ist. Genauso ist Vertrauen ein wichtiger Faktor, er sollte mir als seinem Mitarbeiter vertrauen.

Er muss sicherlich auch Ihre positiven Initiativen aktiv unterstützen, oder?
Ja, immer im Zusammenhang mit der jeweiligen Strategie des Unternehmens und unter der Maßgabe: Wo entstehen hier neue Vorteile, die tatsächlich weiterhelfen? Ein idealer Vorgesetzter weiß auch, wann er eine Idee einfach einmal abblocken sollte. Gleichzeitig sollte er auch selbst Ideengeber sein, ein Moderierer von Neuerungen und nicht zuletzt ein guter Zuhörer. Es geht weniger um das Ausüben von Macht als das vorsichtige Ausloten von förderungswürdigen Wegen, die dann gemeinsam beschritten werden.

Was ist Ihr finaler Rat an Manager, die dieses Buch lesen, wie entsteht Ihrer Ansicht nach, durch welches Verhalten konkret, eine große Karriere?
Mein Rat ist, sich selbst nach Möglichkeit treu zu bleiben und dann, wenn man sich absolut nicht mehr wohl fühlt in einem bestimmten Unternehmensumfeld, die Konsequenzen zu ziehen, also den Mut haben zu gehen. Ich halte es nicht für sinnvoll, in einer solchen Situation auf einem Posten zu lange zu verharren. Man kann mit seinem Chef sprechen und nach Lösungen suchen, das ist sicherlich sinnvoll, aber man sollte nicht an einer Position, die nicht passt, kleben bleiben.
Ein zweiter Rat ist, etwas vorsichtig mit Ratschlägen an andere umzugehen. Hier ist immer wichtig, vorab eine Substanz durch eigenes Handeln gezeigt zu haben bevor ich in die Prozesse anderer eingreife. Ich finde es ein wunderbares Prin-

zip, eher nur solche Dinge an andere weiterzugeben, die man sich tatsächlich vorher selbst erarbeitet hat.

Mein dritter Rat ist es, sich nicht mit fremden Federn zu schmücken im Management. Es ist heute eine Unart geworden, dass Mitarbeiter Dinge wochenlang vorbereiten, die ein übergeordneter Chef dann als seine Errungenschaft nach außen präsentiert. Das macht das eigene Team unglücklich und die Bereitschaft der Mitarbeiter, zu helfen, wenn es wirklich einmal wichtig wird, ist eher gering.

Das ist besonders wichtig, weil viele Karriereentscheidungen ja heutzutage nicht mehr von oben erfolgen, sondern auch immer mehr die Mitarbeiter in den Teams nach Ihrer Meinung zur jeweiligen Führungskraft befragt werden.

Ja, dies ist auch meine Erfahrung, es wird bei einer Beförderung ganz klar geschaut, wie das Ansehen der jeweiligen Führungskraft im Unternehmen ist. Und das gilt umso mehr bei einer mittelständischen Firma. Jeder Manager ist allen bekannt und wenn hier falsche Entscheidungen getroffen werden, spricht sich das ganz schnell in negativer Weise herum in der Organisation.

Herr Schulze, meinen herzlichen Dank für dieses Interview.

— ● —

MICHAEL BRAUN

Personalleiter der Frankfurter Rundschau

WODURCH WACHSEN GUTE
PERSPEKTIVEN IM JOURNALISMUS?

Herr Braun, wenn Sie bitte zunächst sich selbst und Ihr Unternehmen kurz vorstellen würden.

Ich bin vor Kurzem 50 Jahre alt geworden, von der Ausbildung her Psychologe und die Frankfurter Rundschau ist die dritte Station in meinem beruflichen Werdegang. Ich befasse mich schwerpunktmäßig mit dem ganzen Thema Reorganisation und Restrukturierung. Das sind wichtige Entwicklungen in der Zeitungsbranche, vor allem bei den überregionalen Zeitungen. Wir alle sind seit einigen Jahren in einer nicht einfachen ökonomischen Situation und das liegt auch daran, dass sich in der Leserschaft vieles verändert. Die Abonnementzahlen schwinden, die Möglichkeit jugendliche Leser zu gewinnen ist geringer geworden, viele lesen keine Zeitung mehr, sondern steigen ins Internet und nutzen kostenlose Inhalte. Bei den Anzeigeerlösen haben wir eine ähnliche Situation, da wandern auch viele Inserenten, Immobilien- und Autoanzeigen zum Beispiel, ins Internet ab, dadurch ist das Geschäftsmodell der klassischen Tageszeitung nicht bedroht, aber es findet unter schwierigeren Bedingungen statt. Das führt unter anderem dazu, dass wir sehr überlegt Kostenstrukturen anpassen müssen. Dabei stehen wir im Fokus der Öffentlichkeit.

Sind Journalisten von ihrer inneren Einstellung her genauso viel oder wenig karriereorientiert wie andere Berufstätige auch, oder gibt es da signifikante Unterschiede?

Man muss immer überlegen, wie die klassischen Karrierewege eines Journalisten aussehen, üblicherweise gibt es nicht den einen klassischen Berufseintritt. Wir haben eine Hand voll spezialisierter Schulen in Deutschland, allerdings ist der Werdegang des klassischen Journalisten in der Regel ein anderer. Viele kommen aus dem Bereich der Geisteswissenschaft, haben Politik studiert oder Sozialwissenschaft, es sind relativ wenig Naturwissenschaftler dabei. Wir haben auch einige Studienabbrecher. Die alle bewerben sich dann bei Verlagen und arbeiten sehr häufig eine gewisse Zeit als sogenannte freie Mitarbeiter. Dann folgt als nächster Schritt ein Volontariat, das circa zwei Jahre dauert. Der klassische Studiengang des Journalismus kommt bei uns recht selten vor. Was mir hier bei uns auffällt, ist, dass unsere Mitarbeiter sehr vielfältig eingesetzt werden können, viele arbeiten einige Zeit in lokalen Zeitungen.

Jetzt zu dem Thema einer Karriere: Der Weg eines Journalisten ist nicht unbedingt immer sehr gradlinig. Der nächste Schritt nach der ersten Stufe ist der stellvertretende Ressortleiter, dann folgt der Ressortleiter und daraufhin schon das Thema Chefredaktion. Die Möglichkeiten verschiedene Hierarchiestufen zu erklimmen, sind gar nicht so stark ausgeprägt, zumindest bei uns hier im Haus. Es gibt auch noch eine sogenannte horizontale Wechselmöglichkeit, das heißt, jemand fängt beispielsweise im lokalen Bereich an, in irgendeiner Stadtteilredaktion und entwickelt sich dann von Hanau, aus der Lokalredaktion, wirklich in die Politiksparte, wo er über diese anderen Themen einfach ein stärkeres Gewicht bekommt, eventuell sogar für einen deutschlandweit erscheinenden Titel, wie wir es sind. Wer über die Gesundheitsreform von Herrn Rösler schreibt, wird natürlich deutschlandweit gehört. Überregional wahrgenommen zu werden kann ein wichtiger Bestandteil von Karrieren bei Journalisten sein.

Sie haben ja schon viele Presseleute kennengelernt im Ihrem Leben, was waren das denn für Menschen, die es in herausgehobene Positionen geschafft haben?

Sicherlich 80% der Anforderung an einen guten Journalisten sind Qualität, was das Schreiben angeht. Es ist aber nicht nur das Schreiben, den Fehler habe ich am Anfang auch gemacht, weil ich dachte, ein Redakteur muss immer nur gut schreiben können, das ist nicht der Fall. Ein Journalist muss wissen, wie und welche Themen er besetzt, wie er die Dinge wirklich aufarbeitet. Er muss in der Lage sein, Netzwerke zu bilden, es nützt nichts hinzugehen und dann irgendwas abzuschreiben, was in einer Agenturmeldung steht, sondern er braucht in diesen Feldern, die er besetzt, Spezialisierungen und Netzwerke, also sehr gute Kontakte. Er muss genau wissen, wie er die Gesprächspartner findet und er muss über das Thema dann am Ende des Tages auch vernünftig schreiben können. Es gibt hervorragende Leute ohne große Formulierungsgabe, die sind aber exzellente Rechercheure, haben ein unglaubliches Näschen für das richtige Thema und wissen genau worauf es ankommt. Das sind allgemeine Grundprinzipien eines guten Journalisten. Wenn sie zum Beispiel jemanden nehmen wie Heribert Prantl von der Süddeutschen Zeitung, er ist ein hervorragender Schreiber und hat auch ein Näschen für die richtigen Themen. Er hat sicherlich viele Eigenschaften eines klassischen Journalisten, ist auch gut vernetzt, er kann sich artikulieren und kommunizieren und alles auch in einer originellen Form zu Papier bringen. Dies tut er so, dass es der Leser nicht nur versteht, sondern auch gern liest. Chefredakteure müssen noch mehr können, das sind wirkliche Manager. Die Mitglieder einer Chefredaktion müssen wissen, wie die Zeitung insgesamt funktioniert. Sie brauchen einen ressortübergreifend Blick, müssen in den Konferenzen, die täglich stattfinden, sehen, welche Themen die Welt interessiert. Dann geht es um Folgendes: Wer bildet in der Redaktion welche Inhalte ab und wie manage ich den Produktionsprozess in der Entstehung der Zeitung? Das sind also die Köpfe, die übergreifend denken und so ein Blatt auch geistig ausrichten. Sie müssen nicht unbedingt glänzende Schreiber sein. Allerdings gibt es viele Chefredakteure, die können hervorragend schreiben. Leitende Redakteure müssen auch in der Liga der Politiker mitspielen können, also repräsentabel sein und in der Lage, auch auf höchster Ebene zu kommunizieren. Sie sind öfter einmal im Fernsehen, zumindest was unsere Chefredakteure von der Frankfurter Rundschau betrifft. Sie brauchen ein Gespür für Personalführung und sind verantwortlich für eine ganze Redaktion. Das sind in der Regel zwischen 150 und 200 Mitarbeiter, teilweise auch noch mehr. Schließlich sind Chefredakteure verantwortlich für ein Budget, müssen also auch ein gutes

Gespür für Zahlen haben, aber auch für das Transportieren von sensiblen redaktionellen Werten in die Redaktion, dabei müssen auch einmal unbequeme Entscheidung durchgesetzt werden. Chefredakteure sind wirkliche Manager.

Gibt es so etwas wie einen Königsweg, um als junger Journalist zu einer überregionalen Zeitung zu kommen? Vielleicht können Sie aus der Perspektive Ihres Mediums sagen, wie das funktionieren kann.

Also ein guter Weg ist sicherlich ein Studium, wobei gar nicht so wichtig ist, welche Fachrichtung Sie gewählt haben. Wenn ich auf unser Blatt, die Frankfurter Rundschau, fokussiere, ist es sicherlich nicht schlecht ein Studium im wirtschaftlichen Bereich absolviert zu haben. Ich bin ein großer Verfechter der wirtschaftlichen Kompetenz aus der Ausbildung heraus, sie können sich aber auch für eine Geisteswissenschaft entscheiden. Und dann würde ich jedem raten, der schreiben kann, ein Faible für Zeitung hat und vielleicht schon in der Schülerzeitung mitarbeitete, während des Studiums Anschluss an eine Redaktion zu bekommen. Dies indem er beispielsweise über eigene Schwerpunkt- und Kompetenzthemen einen Kontakt zu einer Zeitung gewinnt und dort zunächst auf freier Basis etwas veröffentlicht, das ist ganz wichtig. Viele gehen den Weg der andauernden freien Mitarbeit, das ist oft existentiell problematisch, ich würde mich eher schnell um ein Volontariat bemühen und so in ein geordnetes journalistisches Berufsleben hineinkommen. Das ist der klassische Weg.

Sie, Herr Braun, entscheiden ja auch über die Karriereentwicklung von Mitarbeitern. Was für Eigenschaften haben Menschen, die durch Sie gefördert werden?

Es geht mir nicht um ein Nasenprinzip, wir rekrutieren oft Führungskräfte aus den eigenen Reihen und dann müssen Sie natürlich die Betreffenden in die Lage bringen, den Anforderungen des neuen Jobs zu genügen. Wir haben hier bei der Frankfurter Rundschau keine einfache Situation, das Unternehmen ist im Umbruch und wir mussten Personal reduzieren. Wir haben sehr straffe organisatorische Einheiten und stehen vor großen weiteren Herausforderungen. Die Frankfurter Rundschau ist jetzt auch Teil eines umfassenderen Konzernnetzwerks. Wir entwickeln neue Führungskräfte über Einzelcoaching-Maßnahmen, aber auch mit Trainings. Es entsteht gerade eine konzernweite Nachwuchsförderung. Junge Führungskräfte durchlaufen hier ein systematisch entwickeltes Programm.

Jetzt haben wir eben vor dem Interview über den Bereich der Neuen Medien gesprochen. Heute geht es sehr viel mehr um Zweit- und Drittverwertungen, um Anbieter, sich sehr gerne im Internet den Inhalt anderer aneignen. Wie sehen Sie in solchen Zeiten für junge Menschen die langfristige Perspektive im Journalismus?

Man muss sich langfristig von der Wichtigkeit des gedruckten Papiers lösen, ich sehe das in keiner Weise negativ. Hätten Sie einen 16-jährigen Sohn und würden mich fragen, ob ich diesem raten würde, Drucker zu werden, dann würde ich Nein sagen. Würden Sie mich fragen, ob er Journalist werden soll, dann wäre meine Aussage: Wenn er begabt ist und kein Millionär werden will, dann kann er das gerne machen. Einfach, weil ich glaube, dass man immer begabte Leute braucht, die Informationen selektieren und aufbereiten. Diese Jobs wird es immer geben, aber das Gesicht der Zeitung wird sich ändern, die Art und Weise, wie man etwas schreibt, wie man etwas online und digital präsentiert, das wird eine andere sein. Sie brauchen immer Leute, die genau solche Selektionen herstellen können, die sich um eine Übersichtlichkeit kümmern und Inhalte vermitteln. Deswegen glaube ich, dass sich der Beruf des Journalisten zwar ändert, er aber nicht ausstirbt.

Wir haben eben schon mal über die Schnittstelle Journalist und Manager gesprochen. Was sind das für Schritte, die Sie empfehlen im Übergang vom Journalisten zum Manager, wenn es zum Beispiel irgendwann einmal um die Führung eines Mediums wie der Frankfurter Rundschau geht?

Journalisten werden oft verspottet als Künstler und kreative Menschen. Ich habe häufig erlebt, dass der Sprung vom kreativen Journalisten hin zum Manager kein leichter Weg ist. Wenn Sie mich jetzt fragen, ob das in anderen Verlagshäusern einfacher ist, dann müsste ich lügen, ich weiß es nicht genau. Ich habe nur das Gefühl, dass sich sehr viele schwer damit tun, aus der Position des Schreibers plötzlich übergeordnete Funktionen und Aufgaben wahr zu nehmen, also zum Beispiel ein Team zu steuern. So wird auch das Schreiben als solches weniger wichtig und Sie glauben gar nicht, wie eitel Journalisten da sein können. In dem Augenblick, wo sie eine Blattmacherfunktionen haben, erfordert das ganz andere Fertigkeiten.

Es geht in der neuen Tätigkeit um Ökonomisierung, Systematisierung und ein gutes Selbstmanagement, oder?

Richtig. Und auch um Führungsstärke. Sie müssen Verantwortung für eine Gruppe übernehmen, Sie haben es mit Dynamiken, Sie haben es mit Wettbewerb zu tun, Sie müssen vermitteln, manchmal unbequeme Entscheidungen treffen und sorgfältig aufs Geld schauen. Es ist immer einfacher, wenn Sie sich nur auf eine Tätigkeit fokussieren und die ist noch mit einem kreativen Element und direkter Selbstbestätigung verbunden. Es gibt viele, die wollen das auch nicht. Ressortleiter sind nicht unbedingt die Jobs, nach denen die Redakteure mit Haut und Haaren streben.

Was wollen Sie am Ende des Interviews den Lesern mitgeben, die einflussreiche, erfolgreiche Journalisten werden wollen? Nicht heute, nicht morgen aber irgendwann einmal?
Sie meinen, was diese mitbringen müssen?

Was ist Ihr finaler Rat, den Sie solchen Menschen mitgeben wollen, die es wirklich zu einem profunden, großen Journalisten bringen wollen? Was sollten die tun?
Das ist eine gute Frage, ob sie etwas tun oder nicht vielmehr so sein müssen, wie sie selbst angelegt sind. Ich glaube, es sollte eine unglaubliche Sensibilität für relevante Themen da sein, dies getragen von einer Neugier dafür, was sich öffentlich entwickelt. Sie sollten immer bereit sein, auch über den Tellerrand originär eigener Themen hinaus zu schauen. Wichtig ist, zu respektieren, was wirklich Mainstream ist und nicht rechts oder links eingeflüstert wird. Ich muss mich von diesem relativ langweiligen Einerlei der Themenbehandlung lösen. Das größte Problem beim Journalismus ist die Konventionalität, also wenn Sie die Zeitung aufmachen und sehen unveränderte Agenturmeldungen oder Sie lesen samstagabends den Spiegel und merken, dass das dort Gesagte in der darauffolgenden Woche im Rundfunk und in allen Talkshows kommt. Alle anderen trampeln also hinterher. Hier müssen Sie eine eigene Originalität entwickeln.

Meinen herzlichen Dank für dieses Interview mit Ihnen, Herr Braun.

[Michael Braun ist seit Anfang 2012 Geschäftsführer des Berliner Verlags.]

— ● —

Rainer Roswig

Werksleiter Personal eines großen Automobilzulieferunternehmens

Was bewirkt eine gute Resilienz in Krisenzeiten für die Eignung als Topmanager?

Lieber Herr Roswig, bitte stellen Sie sich einmal kurz vor.

Zunächst zu unserem Unternehmen: Unsere Firma ist eines der bundes- und weltweit führenden Automobilzulieferunternehmen. Typisch für uns ist eine sehr zahlen- und ergebnisorientierte Form des Managements. Unser Ziel ist es, bald zu den ganz Großen in unserer Branche weltweit aufzuschließen. Für unseren Standort mit mehreren tausend Mitarbeitern bin ich mit der Leitung des Personalbereichs betraut.

Ich denke, Sie haben einige Manager in Ihrem Umfeld kommen und gehen sehen und auch schon einige Unternehmenskrisen erlebt. Wie unterscheiden sich wirkliche Topmanager von anderen Menschen in ihrem Krisenverhalten?

Ich habe hier ganz unterschiedliche Verhaltensweisen erlebt. Einige Führungskräfte waren für eine Zeit lang mit bestimmten Strategien erfolgreich, bis dann irgendwann ein Niedergang einsetzte. Für langfristig erfolgreich halte ich solche Manager, die authentisch mit anderen umgehen, die eine gute Menschlichkeit mitbringen und das dann mit den vor ihnen liegenden Aufgaben harmonisieren. Das sehe ich auch als die wesentlichen Parameter, um ein Unternehmen sicher durch eine Krise zu bringen. Ein Schiff auf hoher See auf stabilem Kurs zu halten geht manchmal nicht ohne Opfer. Aber die Art und Weise, wie die Opfer gebracht werden, ist das, was für mich einen Topmanager von einer weniger begabten Führungskraft unterscheidet.

Was heißt das in Bezug auf die anders gebrachten Opfer konkret? Sie sprachen von Menschlichkeit und Authentizität.

Ich mache das einmal an der Person des Herrn Meluch (Name geändert) fest, den ich sehr schätze. Das war unser vorvorletzter Vorstandsvorsitzender. Er hat sehr strikt seinen Kurs eingehalten und klar verständliche Ansagen gemacht, sodass jeder wusste, woran er ist und keine Unsicherheiten entstanden. Das halte ich für ganz entscheidend in der Krise. Die Menschen wissen, wo sie stehen. Es gibt ein klares Wissen über Werte und Ziele. Dazu gehört, dass Folgendes deutlich ist: Wir werden uns von einigen Mitarbeitern verabschieden müssen oder setzen harte Sparrichtlinien in die Unternehmensregeln ein. Was hinderlich ist auf dem Weg durch diese Krise, davon werden wir uns trennen. Solche Aussagen waren bei Herrn Meluch unmissverständlich klar und jeder wusste, woran er ist.

Mit welchen inneren Schemata, mit welchem geistigen Konstrukt bringen Sie eine gute Resilienz von Managern in Krisenzeiten in Verbindung?

Entscheidend ist dabei, die Anfangsangst, die Anfangshektik in der Krise ziemlich schnell abzulegen, bald in einen normalen Modus zurückzukommen und sorgfältig das Ereignis und die möglichen Auswirkungen zu analysieren. Was bedeutet die Krise für mein Unternehmen, für mich, und was muss ich tun, um die Situation wirkungsvoll stabilisieren zu können? Dies, um so die Abweichung nach links oder rechts vom Kurs wieder ausgleichen zu können. Zunächst eine kritische Analyse und dann ein strukturiertes Vorgehen gehören hier für einen Topmanager eng zusammen.

Haben Sie einmal einen Manager erlebt, an dem alle Krisen abgetropft sind und der immer auf der Sonnenseite blieb?

Man erlebt solche Menschen ja oft nur aus der Ferne, aus den Medien, ich denke da an einen bekannten Schweizer in den Diensten der Deutschen Bank. Das ist der Einzige, den ich mir unter solch einem Gesichtspunkt vorstellen kann.

Warum sind Krisen so wichtig, um zu einer besseren Qualität des Managens zu finden?
Ich glaube, dass ist gerade deswegen der Fall, weil die Krise eine erschütternde Wirkung hat. Ganz wörtlich: Ich kann sehr effizient Äpfel ernten, indem ich gegen den Stamm des Baumes schlage, dann bewegt sich etwas. Nach einem Vulkanausbruch, einer Krise also, besteht einfach die Chance, dass etwas Neues entsteht. Im besten Fall stellen sich die Beteiligten die Sinnfrage: Was ist passiert, warum ist es passiert, wie hätten wir das Getane besser machen können? Ich kenne viele Beispiele eines gestärkten Zustandes von Unternehmensstrukturen nach einer Krise. Im persönlichen Bereich wird klar, so wie ich bisher aufgestellt war, das genügt nicht, ich muss neue Strategien finden. Es gibt nichts zu verlieren, also kann entspannt in eine neue Richtung gegangen werden.

Sie kennen ja das Axiom von James Darwin des „survival of the fittest". Man lernt praktisch neue Überlebenstechniken.
Das passt gut zum Untergang der Dinosaurier, die keine neuen Strategien zum Überleben in der Natur hatten.

Wie kann man sich als Manager aus dem ewigen Zyklus des „fire fightings", des ständigen Kämpfens gegen Krisen also, befreien?
Was ich feststelle ist, dass die Zyklen, in denen wir beurteilt und gemessen werden hinsichtlich unseres Erfolges, immer kürzer werden. Häufig wird es belohnt, heute einen Euro zu sparen, auch wenn ich morgen damit drei Euro an Gewinn verliere. Es fehlt im modernen Management oft die Fähigkeit, innezuhalten und zu fragen, ist das, was wir heute tun auch morgen und übermorgen noch richtig oder bewegen wir uns aktuell vielleicht mit einem zu kurzfristigen Fokus? Ein Auto ändert sofort die Richtung, wenn Sie am Lenkrad drehen. Beim Steuern eines Schiffes aber entscheidet der Leuchtturm am Horizont über die Richtung. Wenn Sie beim Fliegen hektisch und schnell reagieren, schaukeln sich solche Reaktionen leicht zu einer Katastrophe auf. Mir ist einfach die langfristige Managementperspektive sehr wichtig, diese geht heute oft völlig unter.

Helfen Zielvereinbarungssysteme in Krisen resistenter zu werden?
Viele Krisen kommen, eben wie ein Vulkanausbruch, von außen, sie sind nicht durch mein Verhalten angelegt. Das sind also Zustände, die ich durch meine betrieblichen Verhaltensweisen nicht unbedingt verhindern kann. Es gibt aber auch Krisen, weil ich meine Sensibilität für die Umwelt einschränke, nur noch mich selbst sehe, denke, ich bin der Beste und verliere die Orientierung auf das Wesentliche. Wenn also Krisen von uns selbst tangierbar sind, können wir sehr wohl mit langfristigen Managementstrategien etwas tun, um diese zu verhindern oder sie abzumildern.

Der Trend, die angelsächsische Quartalshörigkeit abschütteln zu wollen, klingt ja bei Ihnen als empfohlene Strategie immer wieder durch.
Ein einseitiger Shareholder-Value-Gedanke ist einfach überholt. Niemand hat wirklich einen Nutzen davon. Von einem unserer letzten Vorstandsvorsitzenden wurde berichtet, er sei amtsmüde geworden, weil ihm ständig knapp über 30-jährige Finanzanalysten vorschreiben wollten, nach welchen Zahlenwerken er sein Unternehmen zu steuern habe. Ein 300 Meter langer Tanker kann auf hoher See nicht ständig hin und her navigiert werden. Das ist nicht zielführend.

Was ist Ihr finaler Rat an Manager, die in Krisensituationen kommen?
Wichtig ist mir einfach, dass in jeder Krise die Chance für einen Neuanfang steckt. Am schlimmsten ist es, wenn nicht analysiert wird: Was hat mich hierher geführt? Was sind meine konstruktiven Lerneffekte? Wie kann ich verhindern, dass es zu solch einer krisenhaften Situation ein weiteres Mal kommt? Wie kann ich systematischer als bisher meine Verhaltensweisen erfassen und anders ausrichten?

Herr Roswig, meinen herzlichen Dank für dieses Gespräch.

Dr. Thomas Schneider-Bienert

Personalleiter Europa der Döhler Group

Ist unabhängiges Denken wichtig für ein kraftvolles Management?

Wir sind heute bei der Döhler Group in Darmstadt. Mir gegenüber sitzt Dr. Thomas Schneider-Bienert, europäischer Personalleiter der Döhler Group. Lieber Dr. Schneider-Bienert, bitte sagen Sie zunächst ein paar Worte zu sich und zu Ihrem Arbeitgeber.

Die Döhler Gruppe ist ein traditionsreiches Unternehmen, über 170 Jahre alt. Ursprünglich aus dem Backgeschäft kommend, sind wir mittlerweile spezialisiert auf alles, was mit Konzentraten, Grundstoffen, Aromen und Ingredients für Getränke und Milchprodukte zu tun hat; in Europa sind wir marktführend. Obwohl uns der Verbraucher kaum kennt, sind wir Versorger vieler bekannter Food-Markenartikler, aber auch Partner des Handels für Getränke und Milchprodukte jeglicher Geschmacksrichtung. Das Unternehmen ist sehr international ausgerichtet, stark in Europa, aber mittlerweile auch mit einigen bedeutenden Gesellschaften auf anderen Kontinenten.

Zu meiner Person: Ich bin gelernter Industriekaufmann und Volljurist und seit 20 Jahren hier tätig. Angefangen habe ich im Rechtsbereich und nun arbeite ich seit etwa 15 Jahren im Personalmanagement.

Warum ist Dr. Thomas Schneider-Bienert Europapersonalchef bei der Döhler Group und nicht ein Herr Meier oder Herr Müller? Auf was führen Sie das zurück?
Das ist eine gute Frage. Das Unternehmen hat sich immer schneller am Markt als intern entwickelt und regelmäßig die internen Strukturen nachziehen müssen – das ist vielleicht auch typisch für relativ schnell wachsende Unternehmen. Da hat derjenige, der zur richtigen Zeit am richtigen Platz ist, die Chance mitzuwachsen. Das war bei mir einfach der Fall. Ich bin eigentlich nicht zu Döhler gekommen, um Personaler zu werden, sondern an sich wollte ich als Jurist spannende Aufgaben im Unternehmen erfüllen. Das habe ich auch in den ersten Jahren getan, bekam dann aber die Chance, auch im Personalbereich Verantwortung zu übernehmen. Gerade die Doppelfunktion gab mir die Möglichkeit, früh sehr breit das Unternehmen kennenzulernen.

Sie sind also zu Beginn Ihrer Karriere nicht zum großen und eher verlockenden Konzern gegangen, sondern zu einem kleineren Player und davon haben Sie dann profitiert, oder?
Der Weg zum Konzern war für mich nicht die Alternative. Das wollte ich auf keinen Fall. Ich habe meine kaufmännische Ausbildung bei der Hoechst AG gemacht und hatte eine Vorstellung davon, wie man in einem Konzern Karriere machen kann. Das war für mich nicht reizvoll. Meine Alternative war die freie Anwaltskanzlei, wo man relativ schnell selbst Dinge bewegt, selbstständig arbeitet und auch als Unternehmer tätig werden kann.

Aber ich darf einen Strich darunter machen, dass es sich durchaus lohnt für jüngere Menschen auf einen vielversprechenden kleineren Player zu setzen, wenn es um die Berufswahl geht, oder?
Absolut. Aus meiner Sicht ist das auch der attraktivere Weg. In so einem Organismus wie z. B. in unserem Unternehmen haben Sie als ehrgeiziger Berufseinsteiger sehr schnell Aufmerksamkeit, denn mit guter Arbeit fallen Sie der Geschäftsführung direkt auf. Ihr Gesicht, Ihr Name ist ohnehin sehr schnell bekannt, man kennt sich. Auch bei 2.500 Kollegen bleibt die Personalstruktur

insgesamt so übersichtlich, dass man sehr bald die guten Leute erkennt. Für Menschen, die schnell vorwärts kommen wollen, ist der Einstieg bei einem international aufgestellten Mittelständler aus meiner Sicht die bessere Möglichkeit gegenüber der Konzernlösung. Unter anderem auch, weil Sie sehr viele Chancen bekommen, die nicht vorgestanzt sind in weitgehend definierten Karrierewegen.

Zu unserem Hauptthema, Herr Dr. Schneider-Bienert, Sie kommen morgens ins Büro, die ersten E-Mails kommen herein, das Handy klingelt, ganz tolle neue Büros haben dann noch einen TV-Bildschirm. Wie finden Sie in so einer Welt zu strategischem, eigenem, unabhängigem Denken? Wie schaffen Sie das?
Also Handy, E-Mails etc. gehören zum operativen Geschäft. Vom eigenen Denken im Sinne konzeptioneller Weiterentwicklung halten sie eher ab. Um eine Aufgabe wirklich erfolgreich zu bewältigen, muss man sich nach meinem Verständnis inhaltlich mit dem Thema intensiv auseinandersetzen. Damit meine ich, der Thematik wirklich auf den Grund zu gehen. Ohne selbstständiges und freies Denken kommen Sie weder dabei noch im Berufsleben überhaupt weiter.

Was empfehlen Sie denn jungen Managern, um sich aus diesem Sturm operativer Beanspruchung zu befreien und eigene Strategien entwerfen zu können?
Jeder sollte für sich entscheiden, was für ihn wichtig ist. Muss ich wirklich in jedem sozialen Netzwerk unterwegs sein, mich an jedem E-Mail-Ping-Pong beteiligen, wie komme ich mit der Flut von Informationen überhaupt zurecht? Die geistige Freiheit des Einzelnen zu entscheiden, womit er sich beschäftigt, ist letztendlich immer vorhanden. Ich muss mir ja nicht von jedem Telefonat, von jeder E-Mail meinen Tagesinhalt diktieren lassen. Wir sind heute sicher stärker als früher gefordert, zu selektieren. Für die Auseinandersetzung mit den Anforderungen des Jobs kommt keiner daran vorbei, sich tief mit dem Inhalt seiner Aufgabe zu beschäftigen, und das vor der Zielsetzung: „Was will ich erreichen und was konkret tue ich dafür?".

Ein Artikel im Harvard Business Manager hat einmal herausgehoben, dass der Burn-out, die Überbeanspruchung ganz wesentlich aus dem Informationsflow resultiert und empfiehlt, die Bearbeitung von E-Mails auf bestimmte Kernzeiten

zu reduzieren. So, dass ich vielleicht zweimal am Tag meine E-Mails abrufe und ansonsten an meinen wirklich wichtigen Aufgaben arbeite. Was sagen Sie dazu?
Also ich würde es nicht mit solchen Zeitfenstern lösen wollen. Sie müssen ganz klar differenzieren, was ist wichtig und was nicht. Und die Erkenntnis ist oft, dass vieles nicht so wichtig ist, wie es zunächst den Anschein hatte. Es geht einfach darum, sich auf die wesentlichen Dinge zu konzentrieren und dabei kann ich durchaus ein Auge auf die eingehenden E-Mails haben. Oft genügt ein schneller Blick, um Wichtiges und Weiterführendes zu erfassen und zur intensiven Bearbeitung vorzumerken oder operativ Einfaches oder Unwichtiges als solches zu erkennen, zu lösen oder einfach zu löschen - und das möglichst schnell. Sie kommen ja letzten Endes nicht an den operativen Notwendigkeiten des Tagesgeschäfts vorbei.

Sind die großen Karrieren, die Sie kennen, durch den Mut zum neuen und unabhängigem Denken zustande gekommen?
Die konkrete Fokussierung auf die Themen, die Sie als wesentlich erkannt haben, ist zweifellos sehr wichtig. Es geht darum, diese dann auch wirklich konsequent zu verfolgen, dran zu bleiben, die Idee allein, die bloße Erkenntnis wird nicht ausreichen. Sie brauchen einen innovativen Schub aktiven Nach-vorne-Denkens, geleitet von der Frage: Wohin entwickeln wir uns weiter, was machen wir neu, was machen wir anders, wodurch unterscheiden wir uns von anderen? Diese innovative Unruhe und die gelebte Konsequenz, als wertvoll Erkanntes durchzuziehen und durchzusetzen, beides muss für nachhaltigen Erfolg vorhanden sein. Auch in unserem Unternehmen ist es eine der Schlüsseltugenden, Neues auszuprobieren; neue Weg zu gehen, nicht aufzugeben, auch wenn es nicht gleich beim ersten Mal klappt. Ist man davon überzeugt, etwas wirklich Wertvolles entwickelt zu haben, dann heißt es, nicht nachzulassen, bis es umgesetzt ist.

Haben Sie für eine freie, eigene Initiative, die zu einer großen Karriere geführt hat, ein Beispiel? Vielleicht das Beispiel Ihres Unternehmensgründers?
Tatsächlich ist es der Senior unseres Unternehmens, der den Mut hatte, das ursprüngliche Geschäftsmodell weiterzuentwickeln und eine Marktfunktion auszubauen, die es in dieser Form vorher kaum gab. Dadurch wurde eine völlig neue Tür aufgestoßen. Die Wertschöpfungskette bei Getränken – d. h. der Weg

vom Rohstoff bis in die Flasche – ist heute deutlich komplexer und in der Regel auch länger und mit mehr Beteiligten als früher. Bei Fruchtsaft hat früher in der Regel der gleiche Betrieb die Früchte gepresst, die Konzentrate gemischt und das Getränk auf den – meist lokalen Markt – gebracht, der Grundstoff für Limonaden wurde selbst hergestellt, die Limonade selbst abgefüllt und vermarktet. Die Vielfalt der Geschmacksrichtungen und Getränkearten und Mischungen ist inzwischen gigantisch gewachsen, das Geschäft ist international, die Prozesse sind viel arbeitsteiliger. Die Elemente der Wertschöpfungskette, sozusagen zwischen Baum und Flasche, auszufüllen, das ist unser Geschäft. In dieser Funktion sind wir heute im Markt anerkannte Getränkeexperten und Partner der weltweiten Getränkeindustrie. Solch eine Marktchance zu erkennen und einen solchen neuen Weg einzuschlagen, ist eine enorm innovative Leistung. Den Weg beharrlich und konsequent zu verfolgen ist letzten Endes das, was den Erfolg ausmacht.

Ist der Anpassungsdruck im Berufsleben in den letzten Jahren eigentlich eher größer geworden oder erleben Sie, dass für den Erfolg Ihres Unternehmens zunehmend unabhängig denkende Menschen gefragt sind?

Wir sind ein Unternehmen, in dem das selbstständige Denken und Handeln trotz zunehmender Standardisierung der Arbeitsprozesse unablässige Voraussetzung ist. Der freie Geist, wenn man das einmal so nennen darf, hat hier immer schon eine wichtige Rolle gespielt. Er war von jeher mehr Erfolgsfaktor als Hemmnis, und das hat sich auch so weiterentwickelt. Bei Großunternehmen glaube ich, dass ein sehr hoher Anpassungsdruck besteht, weil einfach sehr viel in standardisierte, im Detail definierte Prozesse gebracht worden ist und man sich in diesen engen vordefinierten Bahnen bewegen muss. Agieren „out of the box" ist da schwierig. Das ist bei einem Unternehmen unserer Größe definitiv nicht der Fall. Das ließe das Geschäft mit seinen vielen Verschiedenartigkeiten auch gar nicht zu. Wir haben noch nicht so viele Prozesse, die so starr sind, dass nicht immer die gute Idee, es anders zu machen, eine echte Chance hätte. Aber mit wachsender Größe steigt das Risiko der Unbeweglichkeit. Bei Döhler ist es Unternehmensphilosophie, dass alles verbessert werden kann und gerade jemand, der unkonventionell an Dinge rangeht, muss natürlich nachweisen, dass er damit eine bessere Wertschöpfung erzielt. Ist das der Fall, spricht alles dafür, dass seine Gedanken auch realisiert werden.

Bringen wir mal diese beiden Faktoren, die Sie gerade genannt haben, Innovation und Wertschöpfung, mit dem Faktor der ungesunden Quartalshörigkeit zusammen, die uns von den angelsächsischen Ländern erreicht hat. Wie beurteilen Sie das? Haben Sie genug Zeit in Ihrem Unternehmen, dass Innovationen reifen können?

Zum Glück haben wir eine andere Situation. Wir sind nicht börsennotiert und genau diesen Quartalsabschlüssen nicht unterworfen, das heißt, das spielt für uns eigentlich keine Rolle. Bei uns geht es darum, dass wir langfristig, nachhaltig, gesund wachsen. Wir stellen jede kurzfristige Investition in den Dienst der langfristigen Ergebnisverbesserung. Das ist ein wesentlicher Punkt, bei dem wir uns sehr deutlich unterscheiden von vielen Unternehmen, die durch Börsennotierungen anderen Zwängen unterworfen sind. Viel terminierter Unsinn kann unterbleiben, weil wir uns eben nicht darum scheren, ob wir das konkrete Quartalsergebnis auf den Punkt bekommen oder erst an einem späteren Zeitpunkt das realisieren, was wir uns vorgenommen haben.

Wir sprachen gerade über Employer Branding. Sie gehen als Personalmann also an den Markt und suchen den schon entwickelten, den freien, den neu denkenden Geist, oder?

Auch das ist der Fall, aber vor allen Dingen suchen wir Persönlichkeiten. So wie wir das verstehen, sind dies positiv denkende, unternehmerisch handelnde Menschen, die einfach etwas draufhaben und etwas bewegen wollen. Diese suchen wir natürlich auch gerade wegen ihrer Fähigkeit, sich eigene Gedanken zu machen. Nur wenn Sie viele gute Leute haben, die eigenständig ihr Thema weiterentwickeln, und das geht ja letzten Endes nur über freies Denken, kommen Sie insgesamt voran.

Was empfehlen Sie denn Menschen, die auf Beharrungskräfte und Widerstände stoßen, wenn sie mit neuen Vorschlägen die gottgegebene Ruhe stören? Wie begegnet man dieser Gefahr der Ablehnung, der Ausgrenzung in so einem Fall?

Das ist für mich eher theoretisch, weil das hier so nicht stattfindet. Grundsätzlich kann ich da nur sagen „love it, change it or leave it". Entweder man kann sich mit Stagnation abfinden, man ändert es oder verlässt das Unternehmen. Wir bei Döhler haben, glaube ich, sehr viele Möglichkeiten für Leute, die eigene Ideen haben. Trotz dieser Grundhaltung stoßen wir leider gelegentlich auf die umgekehrte Problematik, dass Mitarbeiter, die gute Ideen haben, sich dann nicht zutrauen, diese auch tatsächlich umzusetzen.

Sie sind ja auch Personalauswählender, Sie schauen über viele Lebensläufe. Wie stehen Sie denn zu unkonventionellen Lebensläufen? Sind diese ein No-Go auf dem Weg zur großen Karriere?

Es kommt darauf an, sagt der Jurist in mir an dieser Stelle. Es gibt mitunter unkonventionelle Lebensläufe, von denen würde ich die Finger lassen, es gibt aber auch solche, die ich hochinteressant finde. Per se geht es um die Mischung. Was ich erkennen will, ist, ob es einen roten Faden gibt. Wenn ich den Weg nachvollziehen kann, dann kann es ruhig ein bisschen eckig zugegangen sein. Was wir hier brauchen sind Leute, die das Geschäft voranbringen, das kann unkonventionell, aber es darf bitte nicht chaotisch sein.

Haben Sie ein schönes Beispiel, wo es sich für Sie gelohnt hat, gegen Widerstände, einen ganz nonkonformen und eigenen Weg zu gehen? Vielleicht haben Sie mal gesagt, diese Frau oder diesen Mann will ich haben, auch wenn ihr sie oder ihn nicht wollt und sie oder er hat sich dann toll entwickelt?

Bei der Personalauswahl glaubt man manchmal, einen Rohdiamant zu erkennen, der nur noch geschliffen werden muss. Auch bei dem Thema Personalentwicklung denke ich, sind wir manchen unkonventionellen Weg gegangen. Nämlich, dass wir auch Leuten eine Chance gegeben haben, die noch nicht optimal vorbereitet waren, aber wo wir einfach die persönliche Kraft gespürt haben. Das ist bei uns ohnehin ein sehr wichtiger Aspekt, die Fähigkeit von Mitarbeitern, sich auf Neues einzustellen, zu improvisieren und schnell pragmatisch gute Lösungen zu erarbeiten, sie dann aber auch konsequent umzusetzen.

Ihr finaler Tipp an Manager und leistungsorientierte Menschen, was den Mut zum unabhängigen Denken im Berufsleben anbelangt?

Ich glaube, wir sprechen hier von einem der wesentlichen Erfolgsfaktoren, wobei sich unabhängiges Denken immer fokussieren muss, hinein in eine konkrete Aktion. Wer eine gute Idee hat und auch eine klare Vorstellung davon, wie sie realisiert werden kann, der wird bei jedem vernünftigen Unternehmensführer oder Bereichsverantwortlichen offene Ohren finden. Passion zu entwickeln für ein Thema und sich dann richtig zu engagieren ist dann die Vollendung einer guten Idee.

Wir fassen zusammen: Es ist schön, wenn Du unabhängig denkst, aber bitte lerne das auch zu operationalisieren in Schritte, Wege und Strategien. Herzlichen Dank, Herr Dr. Schneider-Bienert, für dieses Gespräch.

— ● —

WOLF KAHLES
Personaldirektor von Clifford Chance Deutschland

WAS MACHT RECHTSANWÄLTE IN GROSSKANZLEIEN ERFOLGREICH?

Herr Kahles, bitte stellen Sie sich zu Beginn einmal kurz vor.
Ich bin von Beruf Diplom-Psychologe, habe vor dem Studium eine kaufmännische Ausbildung absolviert. Berufliche Stationen waren die Hoechst AG, PA Consulting, sieben Jahre lang war ich bei der BFG Bank AG, dann bei KPMG und hier im Bereich Unternehmensberatung beschäftigt. Seit zehn Jahren leite ich die Personalabteilung der internationalen Anwaltskanzlei Clifford Chance in Frankfurt und bin Mitglied der internationalen HR Leadership Group dieses Unternehmens.

Was sind das für Menschen, die in internationalen Anwaltskanzleien große Karrieren machen, was haben diese für besondere Stärken?
Wer in eine internationale Anwaltskanzlei kommt, trifft diese Entscheidung in der Regel schon frühzeitig während des Studiums, das äußert sich durch entsprechend absolvierte nationale und internationale Praktika und Referendariate. Neben fachlicher Expertise muss unternehmerisches Talent, Teamgeist, eine

hohe geistige Beweglichkeit hinzukommen und dazu die Fähigkeit sich in verschiedenen Sprachen schnell auf die Bedürfnisse des Mandanten einstellen zu können.

Was hat sich in den letzten Jahren im Anforderungsprofil an Top-Juristen geändert, welche Entwicklungen sehen Sie hier?

Das Anspruchsniveau der Kanzleien und der Mandanten an die Rechtsanwälte hat sich verändert. Das hängt auch damit zusammen, dass vor zehn Jahren die Transparenz hinsichtlich der Leistungsparameter so noch nicht so vorhanden war wie heute. Nicht zuletzt stehen den jungen Anwaltskollegen heute exzellente Vergleichsmöglichkeiten über die Medien und das Internet hinsichtlich der verschiedenen Kanzleien zur Verfügung. Hier spielt auch die Tatsache eine Rolle, dass viele Kanzleien zu größeren Organisationseinheiten fusioniert haben und damit eine bedeutendere Rolle auf dem europäischen und internationalen Markt spielen. Die Persönlichkeit des Anwalts, seine unternehmerische Ausrichtung, sein außerordentliches Engagement hinsichtlich zeitlicher Beanspruchung, diese Faktoren haben in den letzten Jahren an Bedeutung gewonnen. Durch die neuen Medien ist die Art der Beanspruchung eine ganz andere geworden, ich denke hier nur an die permanente Erreichbarkeit über E-Mail – aber auch über die Möglichkeit, Dinge so von zu Hause oder anderen Orten erledigen zu können. Gleiches gilt für die sogenannten „Soft Skills", die im Miteinander – sei es in der Sozietät, sei es mit Mandaten – zunehmend an Bedeutung gewonnen haben.

Welchen Rat geben Sie jungen Menschen, die bei einem globalen Player Karriere machen wollen, welche ersten Schritte sollten diese im Rahmen ihrer juristischen Ausbildung gehen?

Sie sollten berufliche Auslandserfahrungen ruhig schon vor Abschluss des Studiums sammeln. Wenn ein Anwalt international arbeiten möchte, wird für ihn die Bedeutung einer Promotion zum Dr. jur. in Deutschland einen immer geringeren Stellenwert bekommen. Hier ist die Absolvierung eines internationalen Masterstudiengangs sinnvoller. Es gibt wohl Kanzleien, die großen Wert auf einen Doktortitel legen, bei uns ist dies nicht in diesem bestimmenden Maße der Fall.

Nach welchen Entscheidungsparametern beurteilen Sie Juristen, die Sie neu einstellen?

Wir haben klare Kriterien und Maßstäbe für die erforderlichen Kompetenzen, die wir in allen Büros bei der Einstellung der künftigen Kolleginnen und Kollegen anlegen. So gewährleisten wir einen transparenten und vergleichbaren Prozess für alle Beteiligten. Wie wir unseren Qualitätsstandard in der juristischen Dienstleistung sicherstellen, so soll dies auch in gleicher Weise für unsere Auswahlentscheidungen gelten. Um ein paar Parameter inhaltlich zu nennen: Es geht uns nicht um den angepassten Ja-Sager, sondern um kritische und querdenkende Teamplayer, die neben einer exzellenten juristischen Expertise ein Verständnis mitbringen für die geschäftliche Situation der Mandantschaft. Hier geht es mit fortschreitenden Jahren um eine Professionalisierung und einen tiefgehenden Kompetenzerwerb, was die Problemstrukturen unserer Mandanten anbelangt. Das ist das, was unsere Mandanten erwarten, ein wirklich ausgezeichnetes Hineindenken in ihr Geschäft mit allen begleitenden Faktoren.

Gibt es eigentlich heute schon Wege, eine nicht exzellente juristische Examensnote durch kompensierende Faktoren ausgleichen zu können?

Sicherlich erwartet Clifford Chance wie alle großen Kanzleien ein „voll befriedigend" im ersten wie im zweiten Staatsexamen. Hier gibt es dann begleitende Faktoren wie der persönliche Auftritt im Bewerbungsgespräch oder die Internationalisierung in den Ausbildungsschritten. Dies aber im Sinne eines Begleitens und nicht eines Ersetzens der notwendigen Erfüllung von Grundanforderungen, die wir klar benennen.

Funktioniert heute des Öfteren der Schritt von einer Top-Kanzlei in die Führungsetage eines internationalen Konzerns oder ist das eher die Ausnahme?

Es ist mittlerweile keine Seltenheit mehr von der Sie hier sprechen. Tatsächlich wurde in den letzten Jahren häufiger in die Rechtsabteilungen von Unternehmen bzw. Mandanten gewechselt. Auch wir hatten hier Partner verloren, die als Leiter der Rechtsabteilung in Dax-30-Unternehmen eine neue Herausforderung übernommen hatten. Solch eine Entwicklung war vor zehn bis 15 Jahren noch sehr selten anzutreffen – heute ist das ganz normal. Gleiches gilt auch für den Wechsel zwischen den Sozietäten bzw. Standorten.

In Zeiten der Work-Life-Balance, ist die Arbeit für eine Top-Kanzlei noch eine Empfehlung von Ihnen oder wird die Arbeitsbelastung hier in der Öffentlichkeit übertrieben dargestellt?

Wie in allen „Professional Service Firms" und Investmentbanken ist die Arbeitsbelastung in Großkanzleien nach wie vor eine außerordentliche. Die jungen Kollegen wissen, worauf sie sich einlassen, wenn sie zu uns kommen. Ich glaube allerdings nicht, dass in klein- und mittelständischen Kanzleien wesentlich weniger gearbeitet wird als bei uns. Der Wunsch der Mandanten, ihre Anwälte ständig erreichen zu können, an sieben Tagen in der Woche, ist nicht zu leugnen. Insgesamt gibt es aber sehr wohl die Möglichkeit, selbst initiiert eine Balance der Arbeitsbelastung über alle Tage herzustellen und dafür ist in gewissem Umfang natürlich auch jeder selbst verantwortlich. Wir haben eine ganze Reihe von Kollegen, und da schließe ich mich selbst mit ein, die ganz gern am Wochenende in die Kanzlei kommen, einfach weil da mehr Ruhe herrscht und man so in zwei Stunden mehr bewirken kann als in der doppelten Zeit an normalen Wochentagen. Andere hängen solche Zusatzstunden eher an die normalen Arbeitstage dran, um am Wochenende frei zu haben. In der Regel wollen die Partner hier im Hause natürlich am Wochenende bei ihrer Familie sein und nicht im Büro.

Wie steht es um die Karrierechancen von Frauen in internationalen Top-Kanzleien?

Clifford Chance verfolgt die klare Absicht, die Zahl weiblicher Führungskräfte, in der Partnerschaftsstruktur unserer Sozietät zu erhöhen. In der Sozietät beträgt der Anteil von Partnerinnen 18%. Wir wissen, dass wir mit diesem Wert im Konzert der internationalen Großkanzleien gut aufgestellt sind genauso wie im Gesamtvergleich der juristischen Welt. Seit drei Jahren haben wir hier bei Clifford Chance in Frankfurt eine Kinderkrippe, die bis 20 Uhr geöffnet ist, dies mit dem Ziel, für die Mitarbeiter unseres Hauses, Familie und Beruf besser vereinbaren zu können. Das Angebot ist sehr positiv angenommen worden und die Warteliste ist länger als erwartet wurde. Wir kaufen jedes Jahr neue Plätze zusätzlich ein.

Was ist Ihr Rat an Menschen, die in Ihrem beruflichen Bereich, der internationalen Anwaltskanzlei, Außerordentliches leisten wollen?

Sammeln Sie zu einem frühen Zeitpunkt so viel Erfahrung wie möglich durch verschiedene Praktika. Dies auch ganz klar um abgrenzen zu können, was Sie im Leben anstreben wollen und was Sie nicht weiter verfolgen werden. Wer sich dann Ende des Studiums für eine Großkanzlei entscheidet, soll klar wissen, was er tut und welches Arbeitsumfeld ihn erwartet. Nur so gewinnt der persönliche Weg eine zielführende Langfristigkeit.

Lieber Herr Kahles, meinen herzlichen Dank für dieses Interview.

— ● —

Thomas Sütterle

Bereichsleiter Personal des Klinikums Fulda gAG

Welche Karriereperspektiven bietet die Gesundheitsindustrie?

Wir sind heute bei Thomas Sütterle im Klinikum Fulda. Vielleicht starten wir damit, Herr Sütterle, dass Sie sich und Ihre Organisation kurz vorstellen.

Ich darf Sie herzlich begrüßen, Herr Hartmuth. Zu meiner Person, ich bin 51 Jahre alt, hier Geschäftsbereichsleiter Personal und verantworte circa 3.000 Menschen. Wir haben über 100 Berufszweige im Klinikum, der größte Anteil ist der des Pflegebereichs, examinierter Pfleger und Pflegerinnen. Der zweite große Personalblock ist der der Ärzte und der dritte das sonstige Verwaltungspersonal.

Der Beruf des Arztes ist ja immer noch hoch anerkannt, gleichzeitig klagen aber viele Klinikärzte über recht anstrengende Arbeitsbedingungen. Wie sehen Sie denn die Zukunft des Arztberufes innerhalb der Kliniklandschaft?

Da könnte ich jetzt philosophieren, ich bin überzeugt davon, dass der Arztberuf in Zukunft auch sehr interessant erscheint, aber momentan an Attraktivität verlieren wird, weil der Arzt mit immer größeren Belastungen tangiert wird. Die

Situation in der Gegenwart ist in der Ärzteschaft seit längerem gespalten, das heißt also 50% der Ärzte, mit denen ich gesprochen habe, halten ihren Beruf im Moment noch für attraktiv. Ein großer Teil der Ärzte empfindet aber total anders und hält den eigenen Beruf überhaupt nicht mehr für anziehend. Jetzt gehe ich auf die Einkommenssituation der Ärzte ein. Die Damen und Herren, die von der Attraktivität ihres Berufes überzeugt sind, bewerten ihre derzeitige wirtschaftliche Lage und auch die weitere Entwicklung deutlich günstiger, als Ärzte, die an der Attraktivität ihres Berufes zweifeln. Daneben haben die Ärzte aber auch deutlich weniger das Gefühl, sich ausreichend um ihre Patienten kümmern zu können, dies aufgrund der immer größer werdenden Dokumentationspflicht.

Sie haben schon etwas zu der Entlohnung der Ärzte im klinischen Umfeld gesagt. Wird sich da grundsätzlich etwas tun in nächster Zeit?

In Bezug auf die Entlohnung der Ärzte wäre zu sagen, dass wir ein kommunales Haus sind, wir sind tarifgebunden und unterliegen dem Tarifvertrag der Ärzte, kurz TV Ärzte genannt. Dieser TV wurde in der letzten Zeit schon reformiert. Wir versuchen natürlich auch Fachärzte, Spezialisten, ebenso auch Assistenzärzte zu gewinnen, indem wir, bedingt durch den Tarifvertrag auf weiche Faktoren übergehen, wie z. B. die Vereinbarkeit von Beruf und Familie in den besonderen Fokus zu stellen. Ein ganz wichtiges Projekt, was wir im Laufe des nächsten Monats zum Abschluss bringen, ist der Betriebskindergarten mit ganz außergewöhnlichen Öffnungszeiten. Beginnend um 5:45 Uhr morgens schließen wir den Kindergarten abends um 22 Uhr. Dies müssen wir tun, um unserem Personal in der Pflege und in der Ärzteschaft die Versorgung ihrer Kleinkinder zu ermöglichen. Kinder schon unter dem ersten Lebensjahr unterzubringen ist ein Modellversuch in Fulda und, soweit ich weiß, dies mit bundesweiter Vorreiterfunktion.

Sie wollen auch ganz verstärkt Frauen für den Ärzteberuf gewinnen, oder?

Der Arztberuf ist auf dem Weg verweiblicht zu werden, das hat meines Erachtens folgende Gründe, an den Universitäten gibt es den Numerus Clausus, er wird durchgehend mit einem Bestandteil von zwei Dritteln von jungen Frauen geschafft.

Herr Sütterle, wie viele Chefärztinnen haben Sie denn in Ihrer Klinik?
Wir haben jetzt drei Chefärztinnen, die letzte haben wir zum 01.01.2011 einstellen können.

Und wie viele Chefärzte haben Sie insgesamt?
28.

Die Deutschen werden immer älter und es ist nicht zu erkennen, dass die Menschen weniger krank werden als früher. Was meinen Sie in diesem Zusammenhang dazu, dass junge Menschen in der Berufsentscheidung ihre Entscheidung für die Gesundheitsbranche fällen. Sie wollen diese natürlich alle gerne haben, denn Sie suchen ja händeringend neue Leute, oder?
Ja, auf alle Fälle. Die Frage ist sehr interessant, weil aufgrund der demografischen Entwicklung ich mit einem nicht zu unterschätzenden Beschäftigungszuwachs im Bereich der Gesundheitsleistungen rechne. Deutschland ist eine alternde Gesellschaft, zum einen wegen der geringen Geburtenzahlen und zum andern wegen der zunehmenden Alterserwartung. Meine Frau kommt aus dem pflegerischen Bereich in Ludwigshafen, in diesem Senioren- und Pflegeheim gibt es jetzt schon Menschen, die 100, 105 und 107 Jahre alt sind und sich des Lebens noch erfreuen. In einigen Jahren werden Menschen mit über 60 Jahren die Mehrheit der Bevölkerung hier in Deutschland repräsentieren womit unsere Kernzielgruppe anwachst. Um die Personalengpässe zu vermeiden, werden meines Erachtens neue Berufsbilder und Anforderungen entstehen. Des Weiteren verändert sich zunehmend der gesellschaftliche Gesundheitsbegriff. Immer mehr Menschen sind bereit mehr Geld in das individuelle, körperliche, geistige und soziale Wohlbefinden zu investieren. Zudem wird vielen Menschen bewusst, dass sie sich aufgrund der Kostenexplosion im Gesundheitswesen selbst um ihre Gesundheit kümmern müssen. Daher vertrauen viele auf eine ausgewogene Mischung aus Natur-, Alternativ- und Schulmedizin. Vom Management über forschungsintensive Tätigkeiten und technisch ausgerichtete Berufe bis hin zur anspruchsvollen Medizinpflege und Präventionsberufen wird es viele neue Arbeitsbereiche in unserer Branche geben. Also jeder, der bei uns tätig sein möchte, findet meines Erachtens einen Beruf, der die persönlichen Interessen und Talente wiedergibt. Unter anderem werden immer mehr Akademiker mit betriebswirtschaftlichem Know-how als Vermittler zwischen Ge-

sundheit und Wirtschaft in der Gesundheitswirtschaft gesucht. Sie nehmen in der Zukunft vermehrt eine ganz entscheidungsrelevante Managementfunktion in Krankenhäusern, Pflegeeinrichtungen, Gesundheitsunternehmen, Institutionen und Verbänden wahr.

Sie sind ja schon selbst viele Jahre in der Gesundheitsindustrie, wenn Sie die Verwaltungschefs sehen, die Sie schon erlebt haben, was sind besondere Anforderungen an solche Menschen, die eine Klinik leiten? Wie unterscheiden sich diese von anderen Managementanforderungen in der freien Wirtschaft?

Der Manager eines Gesundheitsunternehmens muss vor allen Dingen einen Spagat zwischen der Wirtschaftlichkeit des Machbaren und dem sozialen Miteinander überzeugend leben können. Unser Mitarbeiter will ernst genommen, er will gefördert werden und auch gefordert werden, jedenfalls in unserem Unternehmen. Daher sind wir, obwohl wir ein kommunales Krankenhaus sind, aus der Managementperspektive zu sehen wie eine betriebswirtschaftliche Einheit. Wir sind zielgerichtet, haben moderne Strukturen in jeder Hierarchieebene und der jeweilige Vorgesetze, herunter gebrochen bis in die unterste Ebene, versucht die Mitarbeiter zu führen, zu leiten und selbst über den Tellerrand zu schauen, um gemeinsam an einem Ziel zu arbeiten. Das alles zusammen muss jeder Manager des Klinikums Fulda im Auge behalten.

Was für eine Ausbildung und was für Karrierewege bringen Verwaltungsmanager von Kliniken normalerweise mit?

Der Verwaltungsmanager in Leitungsfunktion ist bei uns oft ein Akademiker der Betriebswirtschaft oder Verwaltungswissenschaften, kann aber auch, das habe ich aufgrund meiner langjährigen Erfahrung schon vielfach kennengelernt, ein gestandener Personalfachmann, Pfleger oder auch ein Mediziner sein. Der neueste Trend geht zu dem neuen Studiengebiet Gesundheitsökonomie als grundlegende Ausbildung für unser Management.

Da gibt es ja eine große Zahl von neuen Studiengängen in der Gesundheitsindustrie, würden Sie empfehlen, sich diesen neuen Ausbildungsgängen zuzuwenden?

Das sind oft sehr interessante Angebote, Herr Hartmuth. Eine Beschäftigung mit diesen Möglichkeiten kann ich nur empfehlen, weil diese neuen Studienbilder nicht nur Eingang in den öffentlichen, sondern auch in den privaten Gesundheitsmarkt finden.

Wenn die Chancen in Ihrer Branche also aktuell immer mehr werden, welche Art von Karriere halten Sie für junge Leute für besonders vielversprechend?
Zunächst bieten sich meines Erachtens ungemein große Chancen für junge Menschen in Bezug auf den großen Bereich der Pflege. Ich kann jedem empfehlen, der hier eine Affinität für sich selbst sieht, zuerst ein Praktikum zu absolvieren und bei Eignung nebst Interesse dort einzusteigen. Sie oder er kann sich hier in viele Teilbereiche spezialisieren. Nach der dreijährigen Ausbildung mit Absolvieren des Examens bestehen überaus große Möglichkeiten sich weiter zu qualifizieren zum Intensivpfleger oder bis hin zur Stationsleitung. Mit einem dienstbegleitenden Studium als Pflegedienstleiter kann der berufliche Weg weitergehen bis hin zum Pflegedirektor oder zur Pflegedirektorin. Mit dieser sehr anerkannten Ausbildung in den Teilbereichen der Pflege finden Sie natürlich auch im Ausland viele Möglichkeiten Karriere zu machen.

Das ist wirklich hochinteressant. Wenn jemand aus dem Abitur oder aus der Schulausbildung kommt, dann sagen Sie, es ist ein ganz grundlegender und guter Schritt, nicht gleich das hochwissenschaftliche Studium anzufangen, sondern ruhig mal eine Pflegedienstausbildung vorneweg zu machen.
Da haben Sie vollkommen recht, man kann auch hineinschnuppern über ein freiwilliges soziales Jahr.

Wie haben Sie sich, Herr Sütterle, persönlich dafür qualifiziert, Personalchef des Klinikums Fulda zu werden?
Das ist ein langer Weg gewesen, ich habe die originäre Ausbildung als Verwaltungsfachmann absolviert mit einem zusätzlichen, dienstzeitbegleitenden Studium. In meinem Vorleben hatte ich einige leitende Positionen im Gesundheitswesen erfolgreich bekleidet, bis ich dann im Winter letzten Jahres über eine Personalberatungsfirma auf das Klinikum Fulda angesprochen wurde.

Ist es Ihre Empfehlung, dass ich, wenn ich so um die 50 Jahre alt bin, schauen sollte, meinen letzten Schritt im Berufsleben zu machen?

Als Fachmann im Personalbereich können Sie auch noch mit Mitte 50 wechseln, es gibt ein ungemein großes Fachwissen, was die Kollegen und Kolleginnen in dem Alter haben. Aber dann sollte doch, wie Sie sagten, schon der letzte Schritt in der Karriere getan werden.

Wobei die Situation ja langsam besser wird in Bezug auf den allgemeinen Jugendwahn. Das ist auch Ihr Eindruck, oder?

Ja, Sie können zum Beispiel von einem 30-Jährigen den Erfahrungsschatz für so eine Position wie die meinige nicht erwarten. Die soziale Empathie und unter vielem anderen die sehr detailorientierten Tarifkenntnisse, die muss der Mensch sich erst mal aneignen und das lernt man nicht in der Uni, sondern nur im praktischen Leben.

Jetzt haben Sie Ihre Qualifikationen beschrieben und zu Ihrem Weg etwas gesagt. Was würden Sie anderen auf dem Weg zu Ihrer heutigen Position empfehlen?

Ein Geschäftsbereichsleiter im Gesundheitswesen muss zum Beispiel in diversen externen Gremien das Klinikum präsentieren. Er muss also eine Struktur verinnerlicht haben, sich die Position hier im Haus exakt anschauen und analysieren was gut, was verbesserungswürdig ist. Ich bin kein Verwalter, sondern jemand, der gerne neue Maßstäbe setzen will, der strukturiert, analytisch führen möchte. Er muss am Anfang zuerst einmal beobachten, wie sein Umfeld im Klinikum ist.

Sie haben gesagt, ich muss selbst eigene Zeichen der Erneuerung setzen, auch deutlich gemacht, dass Sie sich außerordentlich engagieren. Dann haben Sie mit der Nennung des freiwilligen sozialen Jahres auch über flankierendes ehrenamtliches Engagement gesprochen. Das sind drei Parameter, die wertvoll sind für eine größere Karriere in Ihrer Branche, oder?

Auf alle Fälle würde ich immer empfehlen, diese drei Gesichtspunkte zu befolgen. Ganz wichtig ist meines Erachtens, sich in Netzwerken zu bewegen, hier können Sie Erfahrungen austauschen, das ist ganz wichtig für nicht nur meine Position.

Das hängt also schon zusammen, ein erfolgter größerer Karriereschritt und dass ich mich vorhergehend wirklich außerordentlich engagiert habe.

Ja, meines Erachtens auf alle Fälle. Das eine geht ohne das andere nicht.
Sie haben über die großen Chancen der Gesundheitsindustrie gesprochen. Wo gibt es denn Möglichkeiten für Quereinsteiger in die Gesundheitsbranche hineinzukommen? Bezogen auf Ihren Bereich, ist das möglich, dass jemand von außen leitender Personaler wird in einem Krankenhaus?

Ja, diese Möglichkeiten bestehen meines Erachtens sehr gut. Dieser Mensch muss natürlich eine ganz große Affinität für das Personalwesen aufzeigen. Wenn ein Mensch jetzt eine reine Affinität für Zahlen aufweist aber nicht gerne mit Menschen umgehen möchte, dann ist er in dieser Position natürlich überfordert, relativ hilflos. Dann würde ich ihn eher in den Bereich des Controllings, des Rechnungswesens eingruppieren, oder empfehlen diesen Karriereweg zu gehen. Für Quereinsteiger besteht absolut die Möglichkeit im Personalwesen Fuß zu fassen durch Fort- und Weiterbildungen im Personalwesen und natürlich dann auch verbunden mit seinem sozialen Engagement, mit der Empathie für den Menschen überhaupt. Also ganz wichtig für meine Arbeit ist der Umgang mit Kollegen aller Hierarchieebenen. Alle Menschen sind gleich für mich, ob es jetzt der Mensch im Lagerdienst ist oder ein Chefarzt, jeder hat die gleichen Rechte, jeder hat die gleichen Pflichten, jeder möchte gleich behandelt werden, das hat absolute Priorität bei meiner Arbeit. Ich sehe mich als Dienstleister für die Beschäftigten hier im Hause, das ist ganz wichtig. Das muss im Denken die Nummer eins sein und daraufhin müssen Sie dann natürlich auch ihre Arbeit ausrichten, verbunden mit den Vorgaben des Vorstandes.

Das finde ich ein wunderbares Schlusswort, ein Dienstleister an den Menschen. Herr Sütterle, ich bedanke mich sehr für dieses Interview. Herzlichen Dank.

[Thomas Sütterle hat seit der 1. Auflage aktuell folgende neue Funktion übernommen: Leitung Personal, Klinikum Aschaffenburg.]

— ● —

Claudia Lange

Managing Director der Deutschen Bank AG

Welchen Fragen sollen sich leistungsbereite Frauen und Männer stellen?

Frau Lange, bitte stellen Sie sich und Ihre Position in der Deutschen Bank einmal vor.
In der Rechtsabteilung der Deutsche Bank AG verantworte ich als Senior Counsel
die rechtliche Beratung der Geschäfts- und Infrastruktureinheiten der Deutsche
Bank Gruppe zu allen Fragen im Zusammenhang mit dem Firmenkundenge-
schäft. Mein Team mit knapp 50 Mitarbeitern, davon 38 Juristen, entspricht einer mittelgroßen Anwaltskanzlei, organisiert in acht Büros in Deutschland und
drei weiteren im europäischen Ausland. Innerhalb der ca. 700 Personen starken
globalen Rechtsabteilung bin ich außerdem Mitglied in einem Operating Com-
mittee zur weltweiten Koordination der rechtlichen Betreuung des Firmenkun-
den- und Investmentgeschäfts der Bank.

Unsere Kernaufgabe ist, den Konzern vor rechtlichen Risiken zu schützen und das
Bankgeschäft innerhalb der rechtlichen und regulatorischen Rahmenbedingungen zu unterstützen. Dies betrifft den gesamten Zyklus von der Produktentwicklung über den Vertrieb und die Betreuung der Kundenbeziehungen bis
zu eventuell auftretenden Ausfall- oder Schadensgefahren. Einen großen Teil

der Arbeit meines Teams nimmt auch die Auswertung von Praxiserfahrungen, neuer Rechtsprechung oder von Gesetzgebungsverfahren in Anspruch sowie die Umsetzung der gefundenen Ergebnisse in Form von Aktualisierungen von Verträgen oder Prozessabläufen. Vieles geschieht in enger Zusammenarbeit mit einem ausgewählten Kreis von Anwaltskanzleien.

Den Traum, den viele Frauen träumen, haben Sie verwirklicht, Sie verbinden das Aufziehen eines Kindes mit der Fortsetzung Ihrer Karriere, wie haben Sie das organisiert?

Ich hatte keine echte Unterbrechung in meinem Berufsleben, sondern habe nach der Geburt meines Sohnes mit meinem Arbeitgeber und meiner Familie abgestimmt, wie die beruflichen und privaten Anforderungen koordiniert werden können. Als Manager habe ich gewisse Freiheiten, Arbeitszeit und Privatleben zu organisieren. Andererseits muss ich aber auch bereit und verfügbar sein, wenn das Unternehmen und die Aufgabe es verlangen. Mein Sohn ist, seit er drei Monate alt ist, in einer Kindertagesstätte meines Arbeitgebers. Im Vorfeld hatte ich viele Diskussionen, ob das kindgerecht ist. Seine Entwicklung zu einem fröhlichen und aufgeweckten lebhaften kleinen Jungen scheint uns aber Recht zu geben. Eine große Unterstützung sind mein Mann und meine Eltern, denn wenn das Kind krank ist, die Krippe geschlossen hat oder Geschäftsreisen und Termine außerhalb der Öffnungszeiten anstehen, sind die Familie oder – als zweitbeste Lösung – eine zuverlässige und kindgerechte andere Unterstützung durch Kinderfrau oder Freunde unverzichtbar.

Glauben Sie, dass die deutsche Wirtschaft nicht flexibel genug ist in Bezug auf die besonderen familiären Anforderungen weiblicher Führungskräfte?

Ja und nein. Die Arbeitgeber haben in den letzten Jahren eine ganze Menge geleistet. Viele Arbeitgeber könnten aber flexibler sein als sie es derzeit sind. Mit den heutigen Medien können viele Tätigkeiten genauso gut und effizient außerhalb der Kern-Bürozeiten und außerhalb der Büroräume erledigt werden. Oft fehlt aber die Bereitschaft, sich flexibleren Möglichkeiten zu öffnen. Es gibt Tätigkeiten, bei denen die Mitarbeiter ihre Arbeit sehr früh oder am späten Vormittag beginnen können, oder die sie am Abend nach dem zu Bett bringen der Kinder fertigstellen können. Dafür erhalten sie die Möglichkeit, tagsüber einige Stunden mit den Kindern verbringen, ohne dass dies den Betrieb beeinträchtigt. Ganz aktuell hatten wir im Führungskreis kürzlich eine Diskussion über Möglichkeiten und Grenzen eines flexibleren Arbeitsumfeldes. Es lohnt sich meines Erachtens, dies im Rahmen von Strategiebesprechungen regelmäßig auf der Agenda zu haben und zu überprüfen.

Flexibilität hat eben auch ihre Grenzen. In großen Organisationen ist sie in der Regel leichter darstellbar als in kleinen Verkaufs-, Dienstleistungs- oder Produktionsbetrieben, wo der Arbeitgeber oft auf Arbeitnehmer mit zuverlässiger Anwesenheit zu den Kernzeiten angewiesen ist. Außerdem ist Flexibilität keine Einbahnstraße. Gerade wenn ambitionierte Karriereziele bestehen, gehört auch die Bereitschaft des Arbeitnehmers zu Flexibilität dazu. Trotz Teilzeit-Arrangements können Termine, Reisen oder zusätzliche Arbeiten notwendig sein, die in die eigentlich als frei vereinbarte Zeit fallen. Genauso wie der Arbeitnehmer sich für Notfälle die Flexibilität des Arbeitgebers wünscht, sollte er bereit sein, den Arbeitgeber in solchen Situationen außerhalb des üblichen Arrangements zu unterstützen und dafür durch eine Tagesmutter oder Familienmitglieder die Voraussetzungen zu schaffen. Sonst muss er damit leben, dass der Arbeitgeber Mitarbeiter, auf die er in solchen Situationen zählen kann, vorzieht.

Wie ist Ihr großer Lebenserfolg möglich geworden, worauf führen Sie das zurück, harte Arbeit als Argument anzuführen wäre doch nicht hinreichend, oder?

Eine hohe Leistungsbereitschaft ist eine der Grundlagen zum Erfolg gewesen. Die Lernkurve in den Anfangsjahren des Berufslebens ist einfach steiler, wenn man immer wieder verfügbar und bereit ist, um viele neue Anforderungen zu erfüllen und Erfahrungen zu machen. Oft bekam ich spät abends Anfragen außerhalb meiner üblichen Themen, weil die eigentlich zuständigen Kollegen oder Vorgesetzte nicht mehr da waren. Sich dort hineinzuarbeiten und Lösungen und Antworten zu finden hat mir schnell einen großen Überblick über die juristischen Themen der Bank und auch über deren interne Organisation gegeben. Ein weiterer Erfolgsfaktor war Offenheit und Hilfsbereitschaft in Fällen, die vermeintlich außerhalb des Aufgabenbereichs oder von geringer Relevanz waren. Viel später und in ganz anderem Zusammenhang stellte ich immer wieder fest, dass ich bei Leuten, die wichtig waren oder inzwischen wichtig geworden waren, in guter Erinnerung war und dass diese gerne mit mir zusammen arbeiteten oder mir auch einen Gefallen taten, wenn es notwendig war. Ein gutes Netzwerk über die Hierarchiestufen und Betriebsbereiche hinweg ist sehr wichtig.

Eine Balance zwischen Geduld auf der einen Seite und dem Gespür dafür, wann es Zeit für einen Absprung ist, auf der anderen Seite sehe ich als weiteren wichtigen Parameter. Ich habe viele Kollegen gesehen, die den Eindruck hatten, sie kommen nicht weiter, und aus lauter Ungeduld heraus kündigten, um endlich die verdiente bessere Position anderswo zu erhalten. Bei einigen war dies der richtige Schritt, bei vielen ein Rückschritt oder der Beginn zu einem steinigen Weg. Einige Male habe ich erlebt, dass ein angestrebter Weg zunächst blockiert erscheint, sich aber plötzlich eine Lücke öffnet. Die „Wartezeit" habe ich versucht, mit zusätzlichen Erfahrungen und neuen Kenntnissen anzureichern und mich trotz eines vermeintlichen Stillstandes weiterzuentwickeln. Auf der anderen Seite muss man rechtzeitig erkennen, wenn wirklich kein Entwicklungspotenzial auf einer bestimmten Position ist, und dann auch konsequent handeln.

Was sind Ihre besonderen Ratschläge für Frauen, die sich in männerdominierten Umgebungen durchsetzen wollen?

Frau bleiben und nicht versuchen, wie ein Mann aufzutreten. Es gibt aber ein paar Punkte, die anzunehmen nach meiner Wahrnehmung hilfreich ist. Frauen denken und argumentieren sehr sachorientiert, fokussiert auf das vernünftigste oder beste Ergebnis und völlig losgelöst von Respekt vor Hierarchien. In Diskussionen in einem Kreis mit Männern ist es teilweise wichtig, erst die Hierarchien klarzustellen. Erst dann kommen Sachbeiträge durch. Das Richtige zur richtigen Zeit beitragen, die richtige Person oder Gruppe zu unterstützen bzw. auf seine Seite zu bekommen kann wichtiger sein, als eine Fülle richtiger Sachargumente in die Runde zu tragen. Teilweise ist es auch hilfreich, einen kleinen Wettbewerb anzunehmen, auch wenn dieser einer Frau als Zeitverschwendung erscheint. Er ist Teil des Hierarchiespiels. Persönliche Integrität, Selbstvertrauen und Selbstreflexion helfen Frauen und Männern gleichermaßen, sich in ihrer Umgebung durchzusetzen.

Wollen Sie Ihr ganzes Arbeitsleben so wie bisher verbringen? Wie können Sie sich für sich persönlich alternative Modelle für die Zukunft vorstellen?

In meinem bisherigen Arbeitsleben habe ich ganz selten etwas zweimal gemacht, da sich das Umfeld, die Inhalte und die Verantwortlichkeiten permanent verändert und erweitert haben – in diesem Sinn ist die Aussicht, „wie bisher" weiter-zumachen, sehr aufregend und interessant. Die Bank ist modern und innovativ, und das regulatorische Umfeld stellt uns immer wieder vor neue und komplexe Herausforderungen. Anstatt angestellt bis zum Alter von 67 Jahren zu arbeiten ist allerdings die Aussicht, auf eigene Rechnung die Erfahrungen und Kenntnis-se noch bis ins hohe Alter weiterzugeben und zunehmend mehr Zeit für gesell-schaftliches Engagement zu verwenden eines meiner längerfristig angestrebten Ziele.

Was schätzen Sie besonders an Menschen, die für Sie arbeiten? Welche Teamei-genschaften sind für Sie hier erfolgsentscheidend?

Eine hohe Eigenmotivation, Kreativität und Flexibilität. Wir sind überwiegend hochqualifizierte Spezialisten in bestimmten juristischen Fachbereichen. Ich muss niemandem im Team sagen, wie er seine Arbeit zu machen hat. Wir ha-ben täglich mit Fällen zu tun, für die es noch keine Musterlösung gibt. Sich im Team vernetzen zu können, ad hoc gemeinsam mit weiteren Spezialisten aus anderen Teams, aus den Geschäftsbereichen oder von externen Anwaltskanz-leien eine Gruppe zu bilden, die gemeinsam mit ihren Erfahrungen und Kennt-nissen eine Lösung außerhalb der bekannten Wege erarbeitet, ist eine sehr motivierende Erfahrung. Jeder freut sich, gefordert zu sein und nach einer ge-meinsamen harten Tüftelei etwas Neues geschaffen zu haben, wie Ingenieure ei-nen neuen Motor bauen oder Designer eine neue Kollektion schaffen. Das Ge-genteil sind Menschen, die zu einer neuen Aufgabe sagen: „Das kenne ich nicht, das kann ich nicht." In diesen Situationen habe ich wenig Geduld.

Wie fördern Sie Ihre Mitarbeiter auf ihrem Karriereweg? Mit welchen Methoden erzielen Sie hier eine positive Motivation?

Ich beobachte meine Mitarbeiter bei unterschiedlichen Aufgaben und sehe ihre Stärken und ihr Verbesserungspotenzial. Die Mitarbeiter versuche ich, ihren Stärken entsprechend einzusetzen und ein Team zusammenzustellen, das un-terschiedliche Stärken hat. Die Hierarchie in einer Konzernrechtsabteilung ist sehr flach, für die Meisten gibt es zwei Karrierestufen, für wenige eine dritte. Die hierfür notwendige fachliche und persönliche Entwicklung und Leader-ship-Programme sind kontinuierlich Teil des Arbeitsumfeldes. In einem Ar-beitsumfeld, das immer effizienteres Arbeiten fordert, gehört zur Förderung auch, die Mitarbeiter anzuhalten, sich außerhalb der Tagesarbeit Freiräume für die persönliche Weiterentwicklung und auch für Ruhephasen zu schaffen, um mittel- und langfristig gesund, geistig flexibel und leistungsfähig zu bleiben. Die Förderung kann außerdem bedeuten, Mitarbeiter aus der Rechtsabteilung heraus zu fördern. So sind ehemalige Teammitglieder inzwischen auch in Geschäftsbereichen der Bank oder als Assistenten von Geschäftsleitungsmitgliedern eingesetzt.

Wenn starke Frauen mehr bewegen als Männer, die ihnen zuarbeiten, wie gehen Sie um mit dieser Situation, in der das sogenannte schwache Geschlecht zurückstehen muss?

Persönlich habe ich nie empfunden, zurückstehen zu müssen, und ich glaube, vielen Frauen in meiner Position und vielen Unternehmerinnen geht es genauso. Ich habe aber beobachtet, wie unglaublich leistungsbereite und fachlich gute Frauen – besser als all ihre Teamkollegen und möglicherweise auch besser als ihr direkter Vorgesetzter – über Jahre keine Karriereentwicklung erfahren haben. Mein Eindruck ist, dass viele dieser Frauen sich fachlich auf ihrer Position unentbehrlich machen und ihre Karriereambitionen („up or out") nicht deutlich genug äußern bzw. dann nicht die Konsequenzen ziehen.

Ich bin gegen eine Frauenquote in Führungspositionen, weil den Quotenfrauen sofort der Ruf anhängt, es nicht durch mit anderen Bewerbern vergleichbare Leistung sondern über die Quote auf eine Position geschafft zu haben. Fakt ist außerdem, dass es heute noch häufig an einer ausreichenden Menge qualifizierter und bereiter Frauen für bestimmte Top-Positionen fehlt. Vergleichbar mit vielen Sportarten im Leistungssport müssen wir uns bemühen, eine breitere Basis heranzuziehen, um aus einem größeren weiblichen Pool im mittleren Management die Top-Kandidatinnen für die höheren Managementpositionen rekrutieren zu können. Eine Zielvereinbarung statt einer Quote halte ich für das bessere Mittel. Gut gefällt mir auch der Vorschlag, bei jeder Beförderungsrunde mindestens eine Frau aus dem Kreis potenzieller Kandidaten bewusst zu besprechen: Eignet sie sich für die engere Wahl bzw. soll sie befördert werden? Falls nicht, was fehlt ihr noch und kann sie dies bis zur nächsten Beförderungsrunde erreichen? Was können die Vorgesetzten dafür tun? Dadurch werden Frauen im meist noch ausschließlich männlichen Vorgesetztenkreis visibler und bewusster wahrgenommen und gefördert.

Ihr letzter Rat an Menschen, die ihrer Karriere einen positiven Schub nach vorne geben wollen in einer Situation beruflicher Stagnation?

Diese Personen sollten sich in erster Linie die Zeit nehmen, ihre Situation ernsthaft und sorgfältig und vor allem sehr ehrlich zu sich selbst zu analysieren. Viele tendieren dazu, sich vor einer solchen Analyse zu drücken. Zu einer solchen Analyse gehört:

• Wo stehe ich jetzt, was kann ich, was sind meine Stärken und Schwächen?

• Was ist mir besonders wichtig: berufliche Sicherheit, Geld und finanzielle Freiheiten, Anerkennung, ein gutes Kollegenteam, berufliche oder fachliche Herausforderungen und Abwechslung, Karrierechancen, Zeit für die Familie und private Belange etc.?

Am besten setzt man all diese Parameter nebeneinander und gewichtet sie zueinander. Dann überlegt man sich, wo man hin will – unter Umständen können das mehrere, näher oder ferner liegende, Optionen sein. Die Ist-Position und die Optionen werden untereinander dargestellt. So hat man eine Matrix und kann für die derzeitige Position und für alle Optionen feststellen, welche der für einen wichtigen Faktoren diese jeweils erfüllen, welche davon sehr und welche weniger wichtig sind. Für die Position mit der höchsten Deckung wichtiger Faktoren prüft man, ob die eigenen Fähigkeiten ausreichen, diese Position anzustreben, was gegebenenfalls noch fehlt und wie dies zu erreichen ist:

• Wie realistisch ist es, eine eventuelle Lücke zu schließen?

• Liegt eine andere Option näher?

• Gibt es eventuell einen sinnvollen Zwischenschritt zu einer sehr ambitionierten Wunschposition?

Das Modell klingt möglicherweise etwas technisch, führt aber zu einer größeren Klarheit über die eigenen Wünsche und Vorstellungen. Unerreichbar scheinende Ziele werden über die Analyse des Weges dorthin plötzlich machbar. Vielleicht ist das Ergebnis aber auch, dass die derzeitige Position unter den derzeitigen beruflichen und privaten Gegebenheiten diejenige ist, die am meisten Übereinstimmung mit den eigenen Wünschen und Zielen zeigt. Auch dann kann die Analyse zu größerer Zufriedenheit und einer höheren Motivation beitragen – und vielleicht eröffnen sich daraufhin später ganz neue Perspektiven.

Liebe Frau Lange, meinen herzlichen Dank für dieses Gespräch.

— ● —

Markus John
Personaldirektor der JOST Werke GmbH

Ist eine starke Zielorientierung hilfreich auf dem Weg nach oben?

Ist ein Zuviel an Ergebnisorientierung für einen Topmanager eher hinderlich im Sinne einer Überambitionierung?

Das ist schwierig zu sagen insofern, als Ergebnisorientierung sicherlich ein zentrales Element von Unternehmensführern ist. Es kommt darauf an, in welchem Bereich er konkret tätig ist, ob er etwa als CFO die Zahlen kontrolliert, mit aller Verpflichtung als übergeordnete Instanz alles im Blick zu haben oder als CEO, der ganz elementar auf Ergebnisorientierung ausgerichtet sein sollte, wobei dies nicht in einem ausschließlichen Sinne gemeint ist. Die Ausrichtung auf Resultate ist eine tatsächlich steuernde Größe der Marktwirtschaft wie von Unternehmen generell. Hier nehme ich lediglich den Non-Profit-Bereich aus. In diesem Sinne geht es hier um wichtige Fähigkeiten bei Topmanagern, die ihn von anderen Führungskräften unterscheiden wird. Es ist zu fragen: Was sind das für mittel- und langfristige Ziele, die der Topmanager zu vertreten hat und was ist die konkrete Ausrichtung des Unternehmens, die er führend verfolgen und umsetzen soll?

Welche Instrumente gibt es für einen Manager, resultatorientiert zu handeln ohne seine Mitarbeiter dabei vor den Kopf zu stoßen?

Im Wesentlichen ist die kommunikativ transparente Darstellung der Strategie und der Kriterien für den Erfolg oder Misserfolg des Unternehmens wichtig. Es muss einfach klar sein, welche Ergebnisse verfolgt werden und was als Fehlleistung angesehen wird. In einer vertriebsorientierten Struktur wird das ganz anders aussehen als in industriellen Umfeldern. Es ist ein großer Unterschied für eine Firma, ob die Kunden bereits vorhanden sind oder immer neu generiert werden müssen. Natürlich muss eine strategische Ausrichtung primär in die Richtung der finanziellen Erwerbsquellen einer Organisation gehen. Dementsprechend ist hier eine Ergebnisorientierung besonders wichtig. Wenn ein Unternehmen beispielsweise eine starke Vertriebsausrichtung hat, müssen die erwünschten Resultate transparent auf den einzelnen Sales Manager heruntergebrochen werden, sodass Erfolg und Misserfolg klar definiert werden können.

Wie unterscheiden sich Topmanager von Führungskräften in der zweiten Reihe hinsichtlich positiven und negativen Merkmalen von Ergebnisorientierung?

Die Topmanager sollten einen guten Gesamtüberblick haben und entsprechend klug die richtigen Delegierungen an ihre Nachgeordneten vornehmen, so, dass alle mittleren Manager das Gefühl haben, ein wichtiger Teil des Unternehmens zu sein. Diese Fähigkeit unterscheidet in der Regel die Spitzenleute von darunter agierenden Mitarbeitern, von solchen Führungskräften also, die auf einer zweiten oder dritten Hierarchiestufe verbleiben werden und nicht ins Topmanagement aufsteigen: Ihnen fehlt oft die Fähigkeit, ein Ganzes zu überblicken. Jeder freut sich über eine Fokussierung auf Personal oder Qualitätsmanagement, aber mit einem detailreich guten Zertifizierungsprozess ist noch kein neuer Kunde für das Unternehmen gewonnen worden. Das gehört im Sinne eines Gesamtüberblicks eben auch dazu und dies ist das Unterscheidungskriterium: Dass Topmanager in der Lage sein müssen, diesen Balanceakt des Ausgleichs verschiedener Prioritäten zu steuern und zu kommunizieren. Sie haben einen Blick auf die wichtigen Fokussierungen, ohne dabei den Blick dafür zu verlieren, worum es insgesamt für die Organisation geht. Das ist eine Eigenschaft, die nur wenige Führungskräfte mitbringen und kann meist erst im Laufe einer langen Karriere gelernt werden.

Wenn eine Eigenschaft von Topmanagern ist, Ziele konsequent zu verwirklichen, wie übertragen diese Spitzenleute die Motivation zur Zielerreichung auf ihre Mitstreiter anders als das Manager in mittleren Hierarchieebenen tun?

Sicherlich ist das auch eine Aufgabe von Führungskräften der zweiten und dritten Führungsebene: ihren Mitarbeitern zu vermitteln, wofür sie arbeiten und was ihre richtig zu erfüllenden Aufgaben sind. Topmanager verhalten sich hier in dem Sinne anders, als sie die Fähigkeit besitzen, in Einzelgesprächen mit Mitarbeitern das Gefühl von Wichtigkeit und Anerkennung zu vermitteln. Aber auch wenn sie mehrere Mitarbeiter ansprechen, machen Sie den Menschen klar, dass sie den Beitrag anerkennen, den jeder Einzelne leistet. Sie kommunizieren klare und objektiv erreichbare Zielvorgaben, die sauber definiert werden und zwar aktiv integrierend die Vorschläge der nachgeordneten Mitarbeiter, immer abgeglichen mit der Gesamt-Unternehmensstrategie. Diese beiden Kriterien tragen zu dem Gesamtergebnis bei, dass Manager mittlerer Hierarchieebenen und alle anderen verstehen und wissen, was ihre Ziele sind und hieraus eine klare Vorstellung entwickeln, dass sie Wesentliches zum Unternehmenserfolg beitragen.

Hat sich die Leitidee des Managens an Zielen eigentlich bewährt oder ist in den heutigen oft schwierigen Zeiten eher der geschickte „fire fighter", der Krisenbewältiger also, gefragt?

Topmanager unterscheiden sich von Managern mittlerer Hierarchieebenen nicht zuletzt dadurch, dass sie auch in Zeiten der Krise Ruhe und Gelassenheit bewahren. Entsprechend können sie auch in solchen Situationen Ad-hoc-Maßnahmen beschließen, die ein Jahr vorher noch in keiner Unternehmensstrategie definiert worden sind. Sie überlegen mit kühlem Kopf, wie Ziele neu angepasst werden können, auch in Abhängigkeit von der Unternehmenskultur und -größe. Herrscht in der Organisation die Einstellung vor, jeder müsse fünfmal am Tag die ganze Firma retten, dann ist das gut für Flexibilität und Pragmatismus aber weniger gut für das Verwirklichen von langfristigen Zielen und strukturellen Vorgaben. Hier auf eine gute Mischung in der Firma hinzuwirken, speziell in Zeiten der Krise, ist nicht zuletzt eine zentrale Aufgabe des Topmanagements. Dabei geht es vor allem darum, solch eine vernünftige Balance auch selbst vorzuleben, die Ziele permanent anzupassen und zu kommunizieren. Die Einbindung persönlicher Ziele in eine Gesamt-Unternehmensstrategie ist sicherlich aufwendig. Zieldefinitionen dürfen aber nicht zu abstrakt sein, sonst werden sie von nachgeordneten Manager schnell als zu theoretisch gewertet. Die Kombination aus konkreteren Zielen und strategischer Orientierung ist eine wichtige Führungsaufgabe von Managern.

Noch einmal zum Spannungsfeld von Ergebnisorientierung versus einer Ausrichtung an menschlich wichtigen Werten. In typisch angelsächsisch geprägten Unternehmen wird das Erreichen von Zielen ja oft sehr wichtig genommen. Gleichzeitig wird zyklisch Personal hochflexibel je nach Wirtschafts- und Unternehmenslage eingestellt und relativ rasch wieder entlassen. Wie stehen Sie zu dieser „modernen" Art der Personalpolitik?

In angelsächsischen Umfeldern sind viele gesetzliche Regulierungen und Arbeitsschutzbestimmungen ja sehr viel lockerer formuliert. In Deutschland mit seinem mehr regulierten Arbeitsmarkt ist die oben beschriebene Personalpolitik eher weniger praktikabel, ähnlich wie in anderen europäischen Ländern. Entsprechend müssen neue Formen flexibler Personalpolitik gesucht und gefunden werden. Als Beispiel kann man Kapazitätsschwankungen im industriellen Bereich durch befristete Arbeitsverträge abdecken. Man wird aber nie zu der Flexibilität amerikanischer Verhältnisse kommen. In Deutschland existieren einfach andere Grundwerte, hier wird in der Regel immer noch „fürs Leben" eingestellt und nicht für einen bestimmten Zeitraum. Mag sein, dass in einer Vor-Phase des Kennenlernens mit befristeten Verträgen gearbeitet wird um einem entsprechendem gesetzlichen Rahmen zu genügen. In der Regel gilt bei uns noch der Satz: „Drum prüfe, wer sich ewig bindet." Das ist ein großer Unterschied zur Praxis in den Vereinigten Staaten, wo großer Wert auf eine gute Behandlung des Topmanagements gelegt wird und die in der Hierarchie darunter befindlichen Mitarbeiter eher eine untergeordnete Rolle spielen.

Was können wir von angelsächsisch geprägten Topmanagern lernen und wo liegen dort Schwächen im Verhalten gegenüber dem konservativeren europäischen Führungsmodell?

Lernen können wir sicherlich eine sorgfältige Orientierung an Kennziffern des eigenen Erfolgs. Es ist elementar, die Zahlen des Unternehmens nicht aus dem Ruder laufen zu lassen. Auch noch einmal als Bezug zum ersten Teil unseres Gespräches: Die Ergebnisorientierung geht in deutschen Unternehmen manchmal verloren. Man stellt sich leicht auf den Standpunkt, die Personalkosten könnten nicht reduziert werden aufgrund der hiesigen rigiden Gesetzgebung. Das können wir sicherlich von amerikanisch geprägten Unternehmen lernen, hier nicht zu schwächlich zu agieren und klar kennziffernorientiert die Unternehmensstrategie zu justieren wo dies notwendig ist.

Typisches angelsächsisches Führungskriterien ist ein „leadership by objectives", was wir in Europa adaptiert haben aber noch nicht wirklich leben. Hier werden Ziele eher nur punktuell berücksichtigt und verfolgt. Das machen die Amerikaner anders, die sehr viel stärker auf Zielerreichung ausgerichtet sind, unter anderem weil ihre variablen Gehaltsbestandteile wesentlich höher sind als bei uns.

Und das bringt mich zu dem negativen Aspekt, dass die angelsächsische Kultur zu sehr in Richtung auf Zielerfüllung tickt und andere Elemente von Führung zu sehr außer Acht lässt. Das geht mit dem weiteren negativen Aspekt einher, dass die emotionale Bindung zu Mitarbeitern weniger intensiv aufgebaut wird. Dies ist darauf begründet, dass ein Kollege am folgenden Tag vielleicht einfach nicht mehr Teil des Unternehmens ist weil die entsprechenden Arbeitsschutzgesetze nicht vorhanden sind.

Im europäischen Kontext werden tiefere Bindungen mit Menschen aufgebaut, weil die Beziehungen im Arbeitsleben meist langfristiger sind und es besteht eine höhere Verpflichtung, sich mit den Mitarbeitern zu arrangieren, die zur Firma gehören. Bei uns werden personelle Maßnahmen oft erst dann vorgenommen, wenn es keine andere Möglichkeit mehr gibt und dann viel Geld kostet. Das sind so die wesentlichen Unterschiede im Hinblick auf Führung, auf die Ziel- und Ergebnisorientierung.

Letzte Frage: Wenn ich mich als Manager mittlerer Hierarchieebenen in die obersten Führungsebenen entwickeln möchte, was sind hier prägende Faktoren, an denen ich mich ausrichten sollte?

Da ist zunächst einmal die aktiv aufgebaute Fähigkeit zum Multitasking, nämlich zehn bis 15 verschiedene Themen in kurzer Reihenfolge kompetent bewältigen zu können. Dazu gehört die Kraft, sich in kurzer Zeit in völlig neue Sachverhalte einzuarbeiten und dafür zielführende Fragen zu stellen, die genau den Kern treffen. Es gehört auch dazu, zu wissen, was passiert mit dem Rädchen ganz unten rechts wenn ich das Rad oben links drehe. Elementar ist die Fähigkeit des weitblickenden Denkens, das zuverlässige und gute Abschätzen, welche Konsequenzen die eigenen Entscheidungen haben werden. Das sind Parameter der Unterscheidung zwischen Topmanager und nachgeordneten Kräften.

Herr John, ich bedanke mich für dieses sehr interessante Gespräch.

— ● —

SIEGBERT WEISSBRODT

Leiter Bereich Personal der DekaBank

WIE ENTSTEHEN GROSSE KARRIEREN IM BANKWESEN?

Herr Weissbrodt, was sind das für Menschen, die sich im Topmanagementbereich von Großbanken in Deutschland durchsetzen? Welche Arten von Charakteren sind hier verlangt?

Sie sollten eine gute fachliche Expertise und Erfahrung auf breiter Ebene mitbringen. Was die Persönlichkeit anbelangt, brauchen exzellente Manager ein gewisses Charisma. Hier denke ich an große Banker, die mit einer hohen Selbstdisziplin Vorbild sind in ihren Verhaltensweisen, gerade auch mit Bezug auf die krisenhaften Entwicklungen der letzten Jahre. Wer mit einer erstklassigen ethischen Grundeinstellung an die Herausforderungen heranging, gehörte oft zu denen, die am besten durch die Krise gekommen sind. Also für mich sind die Faktoren Persönlichkeit, Charisma, Selbstdisziplin und Vorbildfunktion die wichtigsten Kriterien für ein erfolgreiches Topmanagement im Bankenumfeld.

Gilt das in der Hauptsache für die DekaBank oder würden Sie das auf die anderen überregionalen Großbanken auch so beziehen?

Ich glaube, das ist nicht nur bei der DekaBank so, sondern vermutlich bei allen Banken. Die Innovations- und Veränderungsbereitschaft aufrecht zu erhalten, ist für mich eine der wichtigsten Aufgaben des Managements. Jedes Institut hat die primäre Aufgabe, in der Lage zu sein, sich ständig zu verändern, um auf die jeweils neuen Marktanforderungen schnell reagieren zu können. Das halte ich für eine wichtige Fähigkeit, die für die Zukunft eines jeden Unternehmens entscheidend ist, egal um welche Branche es sich handelt.

Dazu zählt auch, dass wir uns von hierarchischen Strukturen lösen müssen. Wir müssen die Mitarbeiter viel stärker mit ihrem persönlichen Know-how einbinden. Das ist für mich auch eine Frage der Einstellung als Führungskraft, egal ob Vorstand oder Leiter einer kleineren Einheit. Die Aufgabenstellung ist: Wie schaffe ich es, dass meine Mitarbeiter ihr wertvolles Wissen und ihre Ideen zum Erfolg des Unternehmens einbringen können? Die Führungskräfte sollten sich dabei an den Kriterien Produktivität und Effektivität orientieren. Ich denke, es ist wichtig, dass wir darauf achten, dass sich die Mitarbeiter eine positive unternehmerische Mentalität aneignen und wir Rahmenbedingungen schaffen, die neue Lust auf Leistung macht. Wenn ich das als Führungskraft hinbekomme, dann geschieht viel mehr, als in den Arbeitsverträgen der Mitarbeiter definiert ist.

Herr Weissbrodt, Sie gehören selbst zum engeren Führungskreis der DekaBank. Wenn Sie einmal ein konkretes Beispiel Ihrem Institut anschauen, wie sieht denn eine ideal aufgebaute Vorstandskarriere aus?

Ich glaube, einen Musterfahrplan gibt es nicht. Wenn ich die Karrieren in meinem persönlichen Umfeld anschaue, dann haben sich diese ganz unterschiedlich entwickelt. Letztendlich geht es um eine systematisch angelegte, mit hohem Engagement verbundene Entwicklung. Engagement ist absolut essenziell, denn es gilt, über das normale Maß hinaus Verantwortung zu übernehmen und vielleicht auch das Risiko einzugehen, einmal eine falsche Entscheidung zu treffen. Wichtig ist zudem eine hohe Selbstdisziplin. Das alles sind Parameter, um als Führungskraft und als Vorbild akzeptiert zu werden.

Es gibt ja nur circa vier bis fünf Manager, die in so einem Vorstand sitzen und viele andere, die gerne in solch einer Position sein würden. Woran scheitern denn Ihnen bekannte Aspiranten, die es auf die letzte Treppenstufe dann doch nicht geschafft haben?

Wenn ich zu verkrampft oder zu ehrgeizig an die Sache rangehe, kann dieses Engagement übertrieben sein und damit sogar kontraproduktiv wirken. Eventuell können daraus Fehlentscheidungen entstehen.

Wie sehen Sie die Chancen in der Bankenwelt für Quereinsteiger, auch was Perspektiven für eine größere Karriere angeht?

Die sehe ich immer optimistischer, denn: in der oberen Führungsebene kommt es immer weniger darauf an, Fachexperte zu sein. Gefragt sind vielmehr Generalisten mit der Fähigkeit, Mitarbeiter für zentrale Themen zu gewinnen und ihr Know-how zu aktivieren. Es ist viel wichtiger, die richtigen Strategien zu haben und den Weg nach vorne zu sehen, als sich in jeder Verästelung auszukennen. Ich glaube, dass es für Quereinsteiger künftig noch einfacher bei uns wird

Was sind das für Stellschrauben, Eigenschaften, an denen ich als junger Manager arbeiten kann auf dem Weg zu einer größeren Karriere?

Ein wichtiger Punkt ist die Fähigkeit zum aktiv gesteuerten Dialog. Über Netzwerke steuere ich ganz wesentlich meinen Wissenszuwachs und profitiere von Erfahrungen anderer.

Ist das immer so? Sind Top-Banker immer auch große Netzwerker?

Der Tendenz nach ist das so. In den letzten Jahren haben viele Manager gelernt, dass sie sich mehr öffnen müssen.

Als Jugendlicher hat mir mein Großvater einen wunderbaren Bildband geschenkt von dem ehemaligen Vorstandsvorsitzenden der Deutschen Bank, Hermann Josef Abs, der Ihnen sicherlich auch bekannt ist. Wäre so eine Karriere heute noch möglich?

Ich kann es mir, offen gestanden, nicht vorstellen, dass sein Weg in unserer heutigen Welt in all ihrer Komplexität und Schnelligkeit wiederholbar wäre. Und diese hierarchischen Führungsformen, die zu der Zeit von Herrn Abs noch alltäglich waren werden in der Zukunft, davon bin ich überzeugt, weiter abnehmen.

Das ist ein Punkt, den Dieter Babiel, der Personalgeschäftsführer von Saint-Gobain Deutschland, genauso gesehen hat wie Sie. Nämlich, dass die demokratisieren-

den, moderierenden, balancierenden Faktoren im Management immer wichtiger werden.

Da stimme ich vollkommen mit ihm überein.

Der Vorstandsvorsitzende von Fresenius, Dr. Ulf Schneider, ist ein in Sankt Gallen promovierter Wirtschaftswissenschaftler mit einem MBA der Harvard University. Sind diese Abschlusskriterien eigentlich entscheidend für einen Weg ins Topmanagement?

Zunächst zu der Rolle formaler Abschlüsse: diese haben nach wie vor und gerade in Deutschland eine wichtige Bedeutung, aber ich denke, ihr Stellenwert wird in den kommenden Jahren weniger wichtig werden. Im Bereich der obersten Führungsebenen spielt eine vielschichtig gewonnene Managementerfahrung die entscheidende Rolle. Man muss mental in der Lage sein, neue Perspektiven im Denken zu entwickeln und seinen Horizont ständig zu erweitern.

Sie meinen also, dass diese eher elitären Bildungsstätten wie die WHU in Koblenz, die EBS in Oestrich-Winkel und die Universität Sankt Gallen müssen nicht unbedingt besucht werden von jemandem, der es sehr weit bringen möchte?

Ich glaube schon, dass solche Abschlüsse als Beschleuniger wirken können, sie sind aber kein K.-o.-Kriterium, wenn man dort nicht war.

Wie vereinbaren erfolgreiche Top-Banker ihr Privatleben mit den hohen beruflichen Anforderungen? Gibt es da Strategien?

Die DekaBank hat eine ganze Reihe von Angeboten, um Beruf und Familie in der Balance zu halten. Aber ich sehe durchaus, dass in den Führungsebenen stärker gegen die Regeln einer gesunden Work-Life-Balance verstoßen wird als anderswo. Dies nicht zuletzt, weil hier eine hohe Identifikation mit dem Unternehmen vorhanden ist und Topmanager die Trennung zwischen Beruf und Freizeit oft kaum noch wahrnehmen. Viele sind auch am Wochenende für die Bank tätig und unterwegs, Sitzungen werden vorbereitet und nachbereitet, teilweise sind auch die Partner in Repräsentationsaufgaben mit eingebunden.

Ist das ein konkreter Rat, den Sie geben? Die Ehepartner aktiv mit einzubinden?

Ich würde es empfehlen, weil auf der Seite der Partner, ob Frau oder Mann, auch viele Opfer gebracht werden müssen.

Was ist Ihr Rat an jüngere Menschen, die in eine Bank eintreten und sagen, ich möchte es gerne mal in zehn bis 15 Jahren ganz nach oben schaffen. Was raten Sie denen?

Große Chancen räume ich denjenigen ein, die mit einem frischem Geist an ihre Aufgaben herangehen. Das beziehe ich nicht nur auf junge Menschen, sondern auf alle, die Karriere machen wollen. Dazu gehört ferner, in der eigenen Perspektive nach vorne orientiert zu sein. Auch schätze ich sehr die Eigenschaft des unabhängigen und kritischen Denkens und hier besonders den Mut, auch einmal unbequem zu sein, aktiv den Dingen auf den Grund zu gehen und nicht alles einfach so hinzunehmen, wie es scheinbar von oben gegeben ist. Das absolut Wichtigste für mich ist aber ein großes persönliches Engagement

Sie sprechen von einem unabhängigen Geist, von einen kritischen Geist, man darf aber auch nicht zu sehr anecken, oder?

Ja, eine gewisse Diplomatie gehört natürlich auch dazu, aber für mich zählt die Leidenschaft. Wenn ich das nicht erkenne, wenn ich den Job nur mache, um mein Gehalt zu verdienen, dann werde ich es kaum weit bringen. Ich muss ein Stück weit für meine Aufgabe brennen.

Wenn Sie Ihre eigene Karriere betrachten, die ja auch sehr weit geführt hat, was war der entscheidende Faktor hierfür?

Was auch bei mir geholfen hat, war sicherlich der Faktor des persönlichen Einsatzes, des Engagements, sich für manche Aufgaben nicht zu fein zu sein. Natürlich gehört etwas Glück dazu, ohne dieses würde ich vielleicht nicht hier sitzen. Aber ich glaube schon, dass über das konstruktive, engagierte Mitmachen die Aufgaben immer anspruchsvoller werden können. Wenn ich nicht auch einmal Dinge auf mich genommen hätte, die nicht zu meinen Aufgaben gehörten, dann wäre ich wahrscheinlich auch nicht gefragt worden, bestimmte Funktionen zu übernehmen.

Herzlichen Dank, Herr Weissbrodt, für das Interview.

[Siegbert Weissbrodt hat seit der 1. Auflage aktuell folgende neue Funktion übernommen: Leiter Zentralbereich Personal der Deka Bank.]

— ● —

4. Stellungnahmen zum Thema, wie grosse Karrieren in der Politik möglich werden

DIETER POSCH

Wirtschaftsminister des Bundeslandes Hessen

WIE WIRD MAN
WIRTSCHAFTSMINISTER?

Herr Posch, Joschka Fischer sagte einmal sinngemäß, ein Landesminister habe viel weniger Macht, als man sich das in der Öffentlichkeit vorstellt, was sagen Sie dazu? Hätten Sie gern mehr Macht, Entwicklungen aktiv nach vorne treiben zu können?

Politik besteht nicht im Ausüben von Macht, sondern im Überzeugen von Menschen und Aushandeln von Lösungen. Die Notwendigkeit von Straßen, Stromleitungen und anderen Infrastrukturmaßnahmen können Sie nicht ex cathedra verkünden. Sondern Sie müssen mit Geduld und Überzeugungskraft um Mehrheiten werben. Wer das nicht kann, wird bald auch keine Macht mehr haben. Und was man allein mit Macht durchsetzt, wird nicht lange halten.

Kann man eine Karriere darauf anlegen, einmal ein Spitzenamt in der Politik innezuhaben oder kommt das eher zufällig?

Eine politische Karriere ist immer Ergebnis eines Prozesses. Natürlich bekommt man ohne Ambitionen keine Spitzenämter. Aber ob das Streben zum Erfolg führt, hängt von vielen Dingen ab, die man selbst gar nicht beeinflussen kann. Deshalb tut man gut daran, seine Lebensplanung nicht ausschließlich auf politische Ämter auszurichten.

Sie hätten auch Rechtsanwalt bleiben können und ein relativ ruhiges Leben führen, ist das Bekleiden dieser heutigen Funktion für Sie ein Lebenstraum gewesen?
Nein, ein Lebenstraum war es nicht. Ich bin mit Leib und Seele Rechtsanwalt und habe auch in diesem Beruf kein ruhiges Leben geführt.

Mit welchen Strategien kann es gelingen, in der Politik schrittweise im Sinne einer gelungenen Karriere voranzukommen?
Ich würde lieber von Eigenschaften sprechen als von Strategien. Kommunikationsfähigkeit ist ganz wichtig, Offenheit für unterschiedliche Themen und Politikfelder ist es auch. Es kommt auch darauf an, Kontakte zu knüpfen und am Leben zu erhalten und seinen Partnern gegenüber verlässlich zu sein.

Welche Fehler sollte man auf dem Weg eigener Entwicklung hinein in immer interessantere politische Ämter vermeiden, um nicht zu scheitern?
Der größte Fehler ist die Angst vor Fehlern. Denn Fehler sind immer eine Chance zu lernen. Was man aber wirklich vermeiden sollte: Vereinbarungen nicht einhalten. Wie wollen Sie überzeugen oder auch nur als Gesprächspartner akzeptiert werden, wenn Sie im Ruf stehen, dass Ihr Wort nichts gilt?

Was sagen Sie regionalen politischen Mandatsträgern, die unter einer manchmal unzulänglichen Politik in den Spitzengremien einer Partei leiden müssen und eventuell auch ihre Kommunalfunktionen verlieren? Wie soll man sich in solch einer Situation verhalten?
Es gehört zum Schicksal von Politikern, dass man hin und wieder für Dinge bestraft wird, die man eigentlich nicht zu vertreten hat. Das ist natürlich nicht gerecht, und es mag auch verlockend sein, die eigene Parteiführung in einer solchen Situation offen zu kritisieren. Aber: Der Beifall dafür kommt immer von Leuten, die einen sowieso nie wählen. Auf die Dauer kann eine Partei nur funktionieren, wenn sie in guten wie in schlechten Zeiten zusammenhält.

Wenn Menschen planen, sich politisch zu engagieren, worauf sollen sie besonders in den ersten Jahren ihrer Mitarbeit in einer Partei achten?

Da gibt es ein einfaches Mittel: Sachbeiträge entwickeln, durch das Erarbeiten von Alternativen in die öffentliche Wahrnehmung kommen. Das erfordert Fleiß und Mühe, sich in komplizierte Zusammenhänge einzulesen – schon auf der kommunalen Ebene.

Hat sich, Herr Minister Posch, rückblickend Ihr Weg für Sie persönlich gelohnt? Wären Sie vielleicht lieber ein wohlhabender Unternehmer geworden? Manchmal denkt man, diese Menschen haben mehr Macht und weniger öffentliche Kontrolle zu fürchten als Politiker.

Macht an sich bedeutet mir persönlich wenig, und öffentliche Kontrolle scheue ich nicht – schließlich bin ich seit fast 25 Jahren Parlamentarier. Wichtig sind mir Freiheit und Unabhängigkeit, und die sichert mir mein Beruf als Rechtsanwalt. Ich sehe mich ja auch in meinem gegenwärtigen Amt als Anwalt – als Anwalt der hessischen Wirtschaft und des Standortes Hessen.

Was für eine Art von Führungspersönlichkeit sind Sie? Beim modern gewordenen delegierenden Führungsstil geht doch auch manchmal ein Stück an Kontrolle und Nachhaltigkeit in den Entwicklungen verloren oder was denken Sie? Haben Sie auf alles selbst ein Auge?

Nicht auf alles, aber auf vieles. Kein Mensch könnte ein Ressort, das von der Börsenaufsicht bis zum Straßenbau reicht, ohne Delegieren führen. Und wer seinen Mitarbeitern bei jeder Handbewegung auf die Finger sieht, erstickt Kreativität und Initiative. Das kann niemand wollen.

Ihr finaler Rat an politisch interessierte Bürger, die sich auf den Weg in eine Partei machen wollen?

Wer sich nicht engagiert, darf sich hinterher nicht beschweren, wenn anders entschieden wird, als er sich das gewünscht hatte. Zwar kann man sich nicht nur in Parteien engagieren – aber Bürgerinitiativen haben immer nur ein Thema, und meistens ist es noch ein Dagegen-Thema. In der Politik geht es aber um umfassendere Ansätze. Die moderne Welt konfrontiert uns mit vielen unterschiedlichen Fragen gleichzeitig, und wir müssen sie so beantworten, dass die Antworten zueinander passen und sich nicht widersprechen. Dabei sind viele

Interessen auszugleichen oder notfalls auch per Mehrheitsbeschluss zu entscheiden. Für diesen unglaublich schwierigen Prozess hat noch niemand ein besseres Instrument erfunden als Parteien.

[Dieter Posch ist inzwischen Staatsminister a.D. und Rechtsanwalt.]

— ● —

FLORIAN RENTSCH
Fraktionsvorsitzender der FDP im Hessischen Landtag

WAS MUSS MAN TUN, UM VOR DEM 40. GEBURTSTAG FRAKTIONSVORSITZENDER ZU WERDEN?

Bitte stellen Sie sich und Ihre Aufgaben, Herr Rentsch, zunächst einmal kurz vor.
Ich wurde1975 im nordhessischen Kassel geboren, lebe seit 1997 in Wiesbaden, bin verheiratet und Vater einer 2009 geborenen Tochter. Nach dem Abitur in Kassel habe ich 1995 das Studium der Rechtswissenschaften an der Johann Wolfgang Goethe-Universität begonnen. Nach zwei Semestern wechselte ich an die Johannes Gutenberg-Universität nach Mainz, wo ich im Jahr 2000 mein erstes juristisches Staatsexamen abgelegt habe. 2003 folgte das zweite juristische Staatsexamen. Seit diesem Jahr bin ich als selbstständiger Rechtsanwalt zugelassen und freiberuflich tätig. Im Jahr meines zweiten Staatsexamens wurde ich als damaliger Spitzenkandidat der Jungen Liberalen auf Platz neun der Landesliste der FDP in den Landtag gewählt, was nicht unbedingt abzusehen war. Zunächst hatte ich in der damals noch kleineren Fraktion die Aufgabe als sozialpolitischer Sprecher inne, wobei schon früh einer meiner Hauptschwerpunkte die Gesundheitspolitik war, was sie auch noch heute ist. Daneben übernahm ich den Bereich des Petitionsausschusses, einem sehr lehrreichen Ausschuss auf-

grund des direkten Bürgerkontaktes. 2008 wählte mich die FDP-Fraktion zum Parlamentarischen Geschäftsführer, der den parlamentarischen Ablauf der Fraktion im Landtag koordiniert. Dieses Jahr 2008 war mit Sicherheit ein Ausnahmejahr in der hessischen Landespolitik, da es fast zur sogenannten „Ypsilanti-Mehrheit" aus SPD, Grünen und Linkspartei gekommen wäre, obwohl die SPD zuvor die politische Zusammenarbeit mit der Linkspartei kategorisch ausgeschlossen hatte. Auch war die Standhaftigkeit der hessischen Liberalen gegenüber dem Angebot zu einer Koalition sehr prägend. Bei der darauf folgenden Landtagswahl 2009 gewannen wir Liberalen mit der Union die deutliche Mehrheit der Sitze im hessischen Parlament. Die Fraktion wählte mich einstimmig zum Fraktionsvorsitzenden der FDP-Fraktion. In dieser Funktion leite und koordiniere ich die Inhalte und Geschäfte der Fraktion und vertrete deren Position nach außen. Eine wirklich spannende und immer wieder erneut herausfordernde Aufgabe, die Arbeit der zur Zeit größten Landtagsfraktion im Rahmen der Koalition mit der CDU zu koordinieren, die viel Kommunikationsaufwand bedeutet, aber insgesamt unglaublich viel Freude bereitet.

Es wird immer wieder geschrieben, den politischen Parteien fehle der Nachwuchs, viele regionale Einheiten seien in ihrer Struktur überaltert. Was sind Ihre Erfahrungen hierzu?

Auch in der FDP ist das Problem des Nachwuchsmangels natürlich nicht unbekannt, aber erfreulicherweise nicht ausgeprägt. Grundsätzlich gibt es für junge Menschen so viele Angebote, die eigene Freizeit zu organisieren, dass politische Arbeit nicht immer die erste Wahl ist. Das ist ja auch kein Wunder, wenn man stundenlange Gremiensitzungen sieht, die häufig nach langen Diskussionen in Kompromissen enden. Gerade auf kommunalpolitischer Ebene, die ich für sehr wichtig halte, gibt es viele Themen, deren Reiz sich nicht auf den ersten Blick erschließt. Als ehemaliger Landesvorsitzender der Jungen Liberalen, deren Vorsitzender ich von 2000 bis 2004 war, kann ich aber bestätigen, dass gerade der Weg über den Jugendverband einer Partei in die politische Arbeit viel Sinn macht. Denn hier wird zwar viel politisch gearbeitet und diskutiert, und man erlernt das politische Rüstzeug von freier Rede über die Erarbeitung von Anträgen und Programmen, aber das Miteinander kommt nicht zu kurz. Aus meiner Sicht ist man als junger Mensch gut beraten, erst einmal in den Jugendverband der politischen Partei hineinzuschnuppern, da gerade unter Altersgenossen ähnliche Problemlagen und Sichtweisen bestehen. In der FDP war es überdies immer ein Anliegen der Mutterpartei, auch die Nachwuchsarbeit zu forcieren. Gerade in meiner Amtszeit hatte ich mit der Landesvorsitzenden Ruth Wagner ein exzellentes Verhältnis, das auch die ein oder andere mutigere oder provokantere Aktion des Jugendverbandes ausgehalten hat. Es ist gerade die Aufgabe der Jugendverbände, die Mutterpartei gelegentlich inhaltlich zu treiben und manchmal auch zu provozieren. Dies hat Ruth Wagner immer mit beeindruckender Souveränität ausgehalten, die ich noch heute bewundere.

Ist der Weg in die Politik mit großen Risiken belastet, einfach irgendwann einmal eine interne Wahlauseinandersetzung zu verlieren und dann beiseite geschoben zu werden? Hat ein Engagement in der Politik Aussicht auf Kontinuität?

Jede Tätigkeit, die in einer größeren Öffentlichkeit und auf Basis von Wahlen stattfindet, birgt die Gefahr, dass auch eine Abwahl erfolgt oder öffentliche Kritik gegenüber der eigenen Arbeit geäußert wird. Sicherlich ist dies alles nichts für schwache Nerven und Menschen, die dies noch nicht selbst erlebt haben, können meines Erachtens dies auch nur schwer nachvollziehen. Diese Mechanismen greifen natürlich auch bei Vereinen oder im Aktienrecht, in der Politik sind sie allerdings schon speziell. Ich habe erlebt, dass manche Person, die per se für die politische Arbeit gut geeignet war, diesem Druck nicht standgehalten hat. Beispielsweise sind Listenparteitage, auf denen die Partei ihr Team für eine Wahl aufstellt, zum Teil auch harte persönliche Auseinandersetzungen, denen man sich nicht entziehen kann. Genauso ist das Vertreten einer Position, die öffentliche Kritik auf sich zieht, häufig Anlass, dass diese Kritik einen bis ins Privatleben verfolgt. Das kann in Form von Briefen, E-Mails und Anrufen oder Hausbesuchen aufgebrachter Bürger sein. Wichtig ist, dass man seine Entscheidungen mit gutem Gewissen vertreten kann, dann lässt sich auch die Kritik aushalten. Dabei war es für mich als Rechtsanwalt immer entscheidend, ein zweites finanzielles Standbein zu haben, um nicht von der Politik abhängig zu sein. Wir haben es ja in Hessen bei einer anderen Partei gesehen, wohin es führen kann, wenn die einzige Einnahmequelle das politische Mandat ist. Da stimmt man letztendlich doch gegen das eigene Gewissen, um die berufliche Grundlage nicht zu gefährden. Dennoch wird ein politisches Engagement, basierend auf Fleiß, Wahrhaftigkeit und Zuverlässigkeit mit entsprechender Kontinuität aus meiner Erfahrung belohnt, aber einen Leitfaden, wie man dies anstellt, gibt es natürlich nicht. Es existieren ja auch etliche Beispiele von Menschen, die trotz guter Anlagen gescheitert sind. Wer also von Anfang an einzig Kontinuität für das berufliche Fortkommen sucht, sollte sicherlich nicht zu allererst die Politik auswählen.

Kann man in der Politik heute noch Ideale und Visionen verwirklichen oder wird alles vom Druck der realen Verhältnisse geprägt, wenn man einmal in einer hohen Funktion tätig ist?

Ja, das kann man. Wir leben zwar in einer hochkomplexen Gesellschaft, die kaum noch einfache Antworten zulässt. Viele Lösungen eines Problems sind vielschichtig, es gibt nur selten einen ganz einfachen Weg, und die, die ihn versprechen, werden ihn im Zweifel nicht halten können. Doch aus meiner Sicht ist es möglich, die Grundsätze, die man für sich und seine politische Ideale gewonnen hat, bei jeder Problemlösung zu berücksichtigen. Gerade für einen Liberalen ist es möglich, sein Ideal der Freiheit, gepaart mit der notwendigen Verantwortung, immer wieder aufs Neue umzusetzen. Wir erleben diesen Kampf in unserer Arbeit jeden Tag, dass die Konkurrenz eben nicht auf die Stärke und die Eigenverantwortlichkeit des Bürgers vertraut, sondern im Sinne staatlicher Bevormundung die staatliche Lösung eines vermeintlichen Problems gleich mit anbietet und für den Bürger mitdenkt. Insgesamt bin ich sogar davon überzeugt, dass man ohne Visionen und Ideale auf Dauer in verantwortlicher Position nicht bestehen kann. Nur wenn ich abstrakte Ideale habe, kann ich auch das Tagesgeschäft meistern. Und so schlimm sind die „realen Verhältnisse" nun auch nicht. Klar wird man gelegentlich auch von den vorhandenen Strukturen eingeholt und muss feststellen, dass diese nicht auf politischem Wege zu ändern sind. In Koalitionen muss man immer Zugeständnisse machen, aber eine Grenze der Selbstleugnung darf nie überschritten werden. Damit wir uns nicht falsch verstehen: Pragmatismus muss es geben, er darf aber nicht die eigene Überzeugung ersetzen. Mit diesem Grundsatz bin ich für mich persönlich gut gefahren.

Sie haben in jungen Jahren wirklich eine Top-Position in der Politik erreicht, wie haben Sie das geschafft?

Zunächst hatte ich nicht vor, diesen Weg so einzuschlagen, also quasi Berufspolitiker zu werden. Ich habe mein Jurastudium und auch das juristische Referendariat sehr ernst genommen und Politik daneben gemacht, einfach weil es mir Spaß gemacht hat, liberale Inhalte zu erarbeiten und etwas in dieser Gesellschaft zu verändern. Zum Beispiel kam die Grundidee von „acht Jahre bis zum Abitur" von den Jungen Liberalen; diesen Inhalt haben wir dann in das Landtagswahlprogramm der FDP eingebracht, in der Koalition mit der CDU von 1999 bis 2003 wurde dies dann umgesetzt. Mein persönlicher Werdegang hatte viel mit Zufällen zu tun und vielleicht war es auch hilfreich, nicht verbissen auf das Ziel des Berufspolitikers hinzuarbeiten. Ich hatte daneben das Glück, Menschen von meinen Absichten und Fähigkeiten überzeugen zu können. Als ehemaliger Landesvorsitzender eines Jugendverbandes hat man natürlich einen gewissen Vorteil, weil vorausgesetzt wird, dass man Führungserfahrung hat; das hilft. Aber vieles andere ist auch ein wenig Glück: beispielsweise ob man zur rechten Zeit auch das richtige Wort findet. Oder ob man sich bei einer Kandidatur auf einem Listenparteitag gegen zwei andere Mitbewerber knapp durchsetzt. Da spricht zwar nachher niemand mehr darüber, aber ich selbst vergesse solche Sachen nie.

Was raten Sie Menschen, die sich nicht heute oder morgen, aber in fünf oder sieben Jahren erfolgreich in der Politik in einer gehobenen Position etablieren wollen?

Es gibt grundsätzlich kein Handbuch, wie man politische Laufbahnen realisieren kann. Aus meiner Sicht ist es hilfreich, wenn der- oder diejenige in sich geht und sich darüber klar wird, ob die Bereitschaft vorhanden ist, sehr viel Freizeit in die politische Arbeit zu investieren, vor allem auch an Wochenenden. Es gibt eben nur in den seltensten Fällen Quereinsteiger, die den Gang durch die Instanzen abkürzen können. Man benötigt mit Sicherheit ein Gespür für gesellschaftliche Probleme, Durchsetzungsvermögen, Überzeugungskraft und wirklich eine Menge Ausdauer sowie Spaß an einer teamorientierten Arbeit. Einzelgänger haben es auch in der Politik schwer. Und: Man darf sich nicht von langen und schwierigen Diskussionen und Meinungsfindungsprozessen frustrieren lassen. Eine Garantie für eine politische Laufbahn besteht nie, aber ist immer möglich.

Was sind klassische Stolpersteine, vor denen Sie warnen wollen? Und wie geht man mit diesen um, wenn es um die ersten Jahre in der Politik geht?

Klassische Stolpersteine sind Überehrgeiz und das Gefühl, man könne alles alleine machen. Wer zu ehrgeizig eine politische Karriere plant, wird häufig scheitern. Die Menschen in einer Partei, ob im Ortsverband oder auf Bundesebene spüren eben, ob das Engagement einen ehrlichen Hintergrund hat oder nicht. Deshalb sollte aus meiner Sicht die politische Arbeit nicht unambitioniert, aber dennoch mit einer gewissen Gelassenheit verfolgt werden. Der zweite große Stolperstein ist, wenn ich meine, ich könne politische Arbeit alleine realisieren. In der Politik geht es immer zuerst darum, Mehrheiten für seine Arbeit hinter sich zu wissen; ansonsten kann man nichts umsetzen. Das ist ja auch bei der Entscheidungsfindung in der Familie nicht anders. Und dies geht in einem guten Team deutlich einfacher. Klar ist es notwendig, die eigene Position vehement vertreten zu können. Nicht zielführend sind aber häufige Alleingänge in dem Glauben, man wüsste es immer besser. Durch ein teamorientiertes Vorgehen kann man die Konfliktentstehung abmildern, weil man seine eigene Position besser reflektieren kann. Und ein gutes Team ist auch ehrlich, was bedeutet, dass man klar aufgezeigt bekommt, wenn man mal falsch liegt. Wenn dann Konflikte entstehen, was natürlich immer wieder passiert, müssen diese offen ausgeräumt werden, zur Not auch im Rahmen von Mehrheitsbeschlüssen.

Ist die Auseinandersetzung mit dem politischen Gegner und das Sich-Erwehren-Müssen parteiinternen Konkurrenten gegenüber nicht manchmal sehr stressig? Wie verhalten Sie sich hier?

Die intellektuelle Auseinandersetzung mit Andersdenkenden ist das Kerngeschäft der Politik, die mir mit am meisten Freude bereitet. An dieser sollte man sicherlich auch Spaß haben, ansonsten kann dies als Stress aufgefasst werden. Aber trotz heftiger Debatten und Diskussionen mit dem Gegner darf man das nicht das Ziel aus den Augen verlieren, die anstehenden Probleme einer vernünftigen Lösung zuzuführen. Das bedeutet in der Realität, auch schlussendlich kompromissfähig zu sein. Schwierig wird es tatsächlich, wenn der Druck von außen und innen sehr hoch ist. Dies geschieht dann, wenn unpopuläre Entscheidungen getroffen werden müssen. Wichtig ist auch hier, dass Klartext mehr hilft als drum herum reden und dass man selbst zu seiner Position stehen kann. Das hört sich natürlich banal an, ist aber für mich persönlich der wichtigste Grundsatz.

Finden Sie den Satz richtig, dass man an der Spitze einer Organisation oft einsam ist und von den Menschen wohl respektiert und gefürchtet, aber nicht mehr integriert wird?

Ich gebe mich der Hoffnung hin, dass mein Umgang mit meinen Mitmenschen Respekt und nicht Furcht hervorruft. Auch das bedeutet nicht, dass es nicht mal Konflikte gibt oder das Führen immer nur einvernehmlich geht. Verletzungen sind sicherlich auch gelegentlich Nebenfolgen. Die mögliche Einsamkeit in Führungspositionen rührt aber aus meiner Erfahrung nicht von einer mangelnden Integration in einer Gruppe. Sie ist eher dem Umstand geschuldet, dass gerade bei weitreichenden Entscheidungen der Kreis der Ratgeber und der Personen, die man um Rat fragen kann, kleiner wird. Deshalb ist für mich mein engstes Team, dem ich zu 100% vertraue, sehr wichtig, genauso wie meine Familie, bei der man so sein kann, wie man ist und wo auch kein Blatt vor den Mund genommen wird. Bei vielen, die diese familiäre Anbindung nicht haben, merkt man dies auch in ihren Entscheidungsstrukturen.

Woher holen Sie die Kraft für Ihre großen politischen Kämpfe? Wie laden Sie wieder auf?

Die notwendige Kraft schöpfe ich aus meiner Überzeugung, dass ich diese Gesellschaft, in der ich lebe, nicht den anderen überlassen möchte; denen, die genau meinen zu wissen, wie der Einzelne zu leben hat. Pathetisch ausgedrückt möchte ich für meine Mitbürgerinnen und Mitbürger einen gesellschaftlichen Rahmen erstreiten, der von Selbstbestimmung, Freiheit und Verantwortungsbewusstsein geprägt ist. Aufladen kann ich diese Kraft in meinem politischen Team unter Gleichgesinnten, in welchem ich erlebe, dass meine Überzeugungen kein abgehobenes Ideal, sondern ein reales Lebensgefühl ist. Die Normalität des Lebens in meiner Familie hilft ebenso, Freude und Kraft zu sammeln. Bei der Politik geht es aber auch um „recht haben". Am schönsten ist es deshalb, wenn man erfährt, dass eine politische theoretische Idee, die man erarbeitet hat, im praktischen Leben Zustimmung erfährt und man richtig gelegen hat.

Würden Sie diesen Weg noch einmal gehen wenn Sie die Wahl hätten oder würden Sie beim zweiten Anlauf lieber ein ruhiges Leben als Rechtsanwalt führen wollen?

Ich bestreite zunächst einmal, dass ein Rechtsanwalt ein ruhiges Leben führt, schon gar nicht, wenn er seinen Beruf ernst nimmt und diesen mit Engagement betreibt. Die politische Arbeit hat im Vergleich zum Anwaltsberuf den Nachteil, dass der Zeitrahmen zwischen Idee, Diskussion, Entscheidung und praktischer Umsetzung viel langwieriger ist, als in der Regel die Lösung eines juristischen Problems in einem Mandatsverhältnis. Aber dafür ist für mich persönlich das Glücksgefühl, wenn man nach langer Zeit einen politischen Erfolg feiern kann, der beispielsweise ein wichtiges gesellschaftliches Problem löst, deutlich größer. Und deshalb: Ja, ich würde diesen Weg wieder beschreiten, aber wieder mit der „Zwei-Wege-Strategie", die bedeutet, dass man ein zweites Standbein hat und sich nicht abhängig machen muss.

Lieber Herr Rentsch, bitte geben Sie noch ein, zwei Tipps für Menschen, die sich in der Politik engagieren wollen.
Einer kam hoffentlich im Rahmen unseres Gesprächs heraus: zielstrebig ja, aber nicht überehrgeizig die politische Arbeit verfolgen. Und man muss die Größe haben, auch Fehler einzugestehen. Ich hatte nie das Gefühl, dass Menschen in einer Partei oder außerhalb einen Politikertypus wollen, der suggeriert noch nie einen Fehler gemacht zu haben. Diese Einsichtsfähigkeit und der Mut, auch zu Fehlern zu stehen, sind leider sehr selten.

Zum Schluss die wichtigste Frage: Warum lohnt sich eine Karriere in der Politik?
Eine politische Laufbahn wird ja gelegentlich auch belächelt, beispielsweise von Menschen, die in der Wirtschaft erfolgreich sind. Trotzdem erlebt man es häufig, dass die gleichen dann die Ersten sind, die einem Spitzenpolitiker gerne die Hand schütteln. Also gibt es wohl doch eine gewisse Faszination. Für mich lohnt sich die politische Arbeit aber vor allem deshalb, weil man entgegen der landläufigen Meinung, Politik könne ja eh nichts bewegen, sehr wohl etwas für diese Gesellschaft und die Menschen erreichen und zum Positiven verändern kann. Viele unterschätzen, welchen Einfluss politische Entscheidungen haben, auch in einer komplexen Welt wie der unsrigen.

Herr Rentsch, meinen ganz herzlichen Dank für dieses Gespräch.

[Florian Rentsch ist aktuell Vorsitzender der FDP-Landtagsfraktion. Von 2012 bis 2014 war Rentsch Staatsminister im Hessischen Ministerium für Wirtschaft, Verkehr und Landesentwicklung.]

— ● —

Nicola Beer

Staatssekretärin für Europa-Angelegenheiten
der Hessischen Landesregierung

Kommt jetzt die Zeit der weiblichen Karrieren in der Politik?

Bitte, Frau Beer, stellen Sie zunächst sich und Ihren Werdegang in der Politik einmal vor.

Mein Name ist Nicola Beer, geboren bin ich 1970 in Wiesbaden, 1989 legte ich ein französisch-bilinguales Abitur in Frankfurt ab, absolvierte danach eine Ausbildung zur Bankkauffrau und studierte anschließend Jura, dies gefördert durch die Studienstiftung des Deutschen Volkes. Nach den beiden Staatsexamina ließ ich mich als selbstständige Rechtsanwältin in Frankfurt in einer mittelständischen Kanzlei nieder, in der ich bis 2009 tätig war. Seit 2009 bin ich Staatssekretärin für Europa-Angelegenheiten im Hessischen Ministerium der Justiz, für Integration und Europa.

Politisch interessiert war ich eigentlich schon immer und hatte sehr schnell den Wunsch, selbst etwas zu verändern, wenn ich meinte, dass man etwas besser machen könnte. Zunächst in der Schülervertretung, später während der Lehre in der Jugendvertretung aktiv, trat ich 1988 den Jungen Liberalen (JuLis) bei, drei Jahre später der FDP. 1992 wurde ich dann zum ersten Mal in ein ehrenamtliches politisches Gremium gewählt: in den Kreisvorstand der FDP Frankfurt, dem ich übrigens immer noch angehöre. Von 1994 bis 1998 war ich Kreisvorsitzende der JuLis in Frankfurt. Seit 1995 bin ich Mitglied des Landesvorstandes der FDP Hessen, seit 2009 als Beisitzerin im Präsidium, und gehöre seit 2007 dem Bundesvorstand der FDP an, seit 2011 als kooptiertes Mitglied des Präsidiums. Mein erstes politisches Mandat nahm ich von 1997 bis 1999 als Stadtverordnete in Frankfurt wahr, 1999 als stellvertretende Stadtverordnetenvorsteherin.

Der hauptamtliche Teil meines politischen Engagements begann 1999 mit meiner Wahl in den Hessischen Landtag, infolgedessen gab ich mein Stadtverordnetenmandat auf. Meine Arbeitsschwerpunkte waren die Bereiche Wissenschaft, Hochschulen, Kultur, Justiz und Justizvollzug. 2003 bis 2008 war ich parlamentarische Geschäftsführerin der FDP-Landtagsfraktion, danach für ein Jahr stellvertretende Fraktionsvorsitzende. 2004, 2009 und 2010 war ich Mitglied der Bundesversammlung und hatte die Ehre, unsere Bundespräsidenten mit zu wählen. Eine Vielzahl von Funktionen also, die nicht meine Bedeutung unterstreichen sollen, sondern die vielmehr der Schnelllebigkeit und Vielfalt in der Politik entspricht. Viel wichtiger als auch noch so bedeutende Ämter ist mir übrigens, dass ich seit 1999 stolze Mutter von Zwillingen bin.

Wenn Sie Ihre juristischen Kolleginnen aus dem Studium betrachten, haben Sie von allen die interessanteste Karriere gemacht?

Das Kriterium „interessant" fällt sicherlich für jeden anders und individuell aus. Ich kenne viele ehemaligen Kommilitoninnen und Kommilitonen, die heute z. B. Richter, Staatsanwalt oder Rechtsanwalt sind. Das sind alles sehr interessante und attraktive Berufe. Im Endeffekt kommt es darauf an, wo jeder für sich seinen Platz im Leben sieht. Bei dieser Bewertung wird jeder seine ganz persönliche Messlatte mit unterschiedlichen Indikatoren anlegen. Mir hat zum Beispiel der Anwaltsberuf, den ich noch bis vor zweieinhalb Jahren ausgeübt habe, immer viel Freude bereitet. Aber in meinem derzeitigen beruflichen Umfeld kann ich ganz anders arbeiten und viel mehr bewegen. Klar habe ich mich immer gefreut, wenn ich für einen Mandanten erfolgreich tätig war. In der Politik hat man aber mehr Gestaltungsmöglichkeiten, trägt noch mehr Verantwortung und kann für viele Bürgerinnen und Bürger etwas erreichen. Das spornt mich an und macht mir sehr viel Spaß. Insofern habe ich meine ganz persönliche Herausforderung und viel Freude an der Aufgabe gefunden, etwas das für mich mit achtzehn Jahren so nicht absehbar war. Durch mein sich immer weiter vertiefendes – zunächst ehrenamtliches – politisches Engagement und Interesse hat sich dann so eine Chance ergeben, und ich habe diese Herausforderung gerne angenommen, auch wenn ich dafür meine Zulassung als Rechtsanwältin aufgeben musste. Es ist aber gut zu wissen, dass man nicht von der Politik als Beruf abhängig ist, sondern einen klassischen, „angestammten" Beruf erlernt und erfolgreich ausgeübt hat, in den man auch jederzeit wieder zurückkehren kann.

Muss man wirklich in der Politik fünf Jahre Plakate kleben, bis die ersten, wirklich packenden Aufgaben möglich werden? Was ist hier Ihre Erfahrung?

Zunächst einmal: Einen Wahlkampf an der viel beschworenen Basis mitzumachen, mitzugestalten und mit vielen helfenden Händen durchzuführen, macht Spaß und ist eine elementare Aufgabe – sozusagen das „Grundlagenwissen". Dieses Handwerkszeug zu kennen und schätzen zu wissen, ist eine sehr wichtige Basis für eine weitere politische Karriere. Persönlich hilft es auch dabei, nicht die Bodenhaftung und den Kontakt zu den eigenen Parteifreunden zu verlieren. Man sollte sich immer über die eigene Start- und Landebahn bewusst sein, egal wie hoch man fliegt. Insofern kann ich nur jedem dringend raten, sich vor Ort in den Orts- und Kreisverbänden zu engagieren und sich einzubringen. Hier bildet man auch einen sehr wichtigen Erfahrungsschatz aus und fängt an, sein Netzwerk aufzubauen und gemeinsam mit den vielen ehrenamtlich Engagierten Ideen zu entwickeln. Da sind viele interessante Projekte und Themen dabei – letztlich kann man sie ja auch selbst vorschlagen und für die Partei organisieren. Das alles mag ich persönlich nicht missen, es hat mir immer viel geholfen und daran wird sich auch in Zukunft nichts ändern.

Die Frage nach der eigenen politischen Karriere muss aber jeder für sich selbst beantworten. Dazu gehört auch eine gewisse Zielstrebigkeit und Entschlossenheit. Es gibt Personen, bei denen ergibt sich erst zu einem späteren Zeitpunkt im Leben eine Möglichkeit, berufspolitisch aktiv zu werden – ohne dass das jemals direkt angestrebt wurde. Bei anderen Personen wiederum ist es von Anfang an erklärtes Ziel, größere politische Verantwortung übernehmen zu wollen, und dieses Ziel wird dann auch sehr aktiv und ehrgeizig verfolgt. Aber auch diese Menschen werden ihre ersten politischen Schritte in der klassischen Parteiarbeit vor Ort machen. Eine wie auch immer festgelegte Vorgabe, wie lange zuerst die berühmten Plakate geklebt werden müssen, gibt es nicht. Das eigene politische Fortkommen hängt vielmehr von einem Gesamttableau ab: eigenes Auftreten, Überzeugungsfähigkeit, programmatische Kompetenz, rhetorisches Geschick, gute Ideen, „günstige" Gelegenheiten wie zum Beispiel anstehende öffentliche oder parteiinterne Wahlen, Kontakt mit Parteifreunden, Qualität des eigenen Netzwerks etc.

Ist die Politik ein Ort, an dem die drückende Männerdominanz von Frauen leichter durchbrochen werden kann?

Wie auch in anderen Arbeitsbereichen sind in der Politik die Strukturen nicht auf Frauen zugeschnitten. Ich selbst war jahrelang alleinerziehend. Wenn meine Eltern mich hierbei nicht liebevoll und zeitaufwendig unterstützt hätten, wäre mein politisches Engagement so nicht möglich gewesen. Es gibt keine geheimen Männerbunde, die sich gegen den Aufstieg von Frauen verschworen haben. Wenn Frauen bereit sind, sich den besonderen Herausforderungen und Umständen des Berufsbildes Politikerin zu stellen, können sie genauso erfolgreich oder meines Erachtens sogar noch erfolgreicher sein als Männer – allerdings ist es für Frauen aufgrund ihrer zusätzlichen familiären Aufgaben eben oft schwerer, dies zu tun bzw. für sie nicht so prioritär wie für Männer.

Was unterscheidet Sie, Frau Beer, von all den weiblichen Politikern, die es nicht bis in politische Ämter auf Landes- und Bundebene geschafft haben?

Meines Erachtens liegt dies an einem Strauß von Konstellationen, die bei Weitem nicht alle in meiner Persönlichkeit liegen. Gute Freunde sagen, dass ich jemand bin, der eine Aufgabe ganz oder gar nicht macht. Dazu gehört auch wieder aufzustehen, wenn man in der politischen Auseinandersetzung einmal zu Boden gegangen ist. Hinzu kommt die Freude am Umgang mit anderen Menschen, die man mir wohl anmerkt, auch die Bereitschaft, neue Themenfelder zu übernehmen und mich einzuarbeiten, denn Politik ist nicht das Pflegen von persönlichen Interessen. Auch habe ich bei der Pflege meiner Netzwerke nie nach Männern und Frauen unterschieden, sondern bei Weggefährten nach den Eigenschaften gesucht, die mir persönlich wichtig sind: Verlässlichkeit, Beständigkeit, Offenheit und Orientierung an der Sache. Gleichzeitig war mein Werdegang von einer Reihe glücklicher äußerer Umstände begünstigt, insbesondere die Unterstützung durch meine Eltern, die z. B. unzählige Abende meine Kinder gehütet haben. Auch Förderer im beruflichen wie politischen Umfeld haben meinen Weg möglich gemacht. Und wie immer und überall: ein Quäntchen Glück gehört einfach auch dazu.

Ist die Politik mit all den Abend- und Wochenendbelastungen ein klassischer Burnout-Job oder finden Sie genug persönliche Freiräume?

Meines Erachtens unterscheiden sich die Anforderungen in der Politik bei vergleichbaren Verantwortungsebenen nicht grundlegend von denen in der freien Wirtschaft. Leistungsbereitschaft, Disziplin und Zeitmanagement sind hierbei der Schlüssel für die notwendigen Freiräume für Familie, Freunde und auch für mich selbst.

Muss man als karriereinteressierte Frau zu den Grünen gehen? Dort haben Frauen ja die besten Chancen auf verantwortungsvolle Aufgaben, oder nicht?

Dies sehe ich völlig anders und wenn man einmal ganz genau hinsieht, fällt auf, dass auch bei den Grünen die tatsächlichen Spitzenpositionen überraschend häufig mit Männern besetzt sind. In eine gute Position nur aufgrund von mengenmäßigen Vorgaben der Satzung zu gelangen, heißt noch lange nicht, dass Mann oder Frau dieser Verantwortung auch gewachsen ist. Und ich kann mir nicht verkneifen, anzumerken, dass so mancher grüne Spitzenpolitiker hierfür ein gutes Beispiel ist. Außerdem befördert Konkurrenz wie immer das Geschäft. Ich sehe dabei das Ringen um inhaltliche Positionen und auch Posten als motivierenden und fairen Wettbewerb, dem sich jeder stellen sollte. Wenn mir diese wichtige Erfahrung – egal ob als Frau oder Mann – vorenthalten wird, fehlt ein wichtiger Bestandteil für die spätere Arbeit in verantwortungsvollen Positionen. Auch sollte der politische Karrierewunsch nicht das Entscheidungskriterium für die Parteiauswahl sein, sondern die Programmatik und die eigene Überzeugung. Beides sind immer noch die wichtigsten Fundamente – auch für die eigene Karriere.

Zum politischen Geschäft gehört das Gewinnen wie auch das Verlieren von Abstimmungen und Wahlen, wie gehen Sie persönlich mit Niederlagen um? Was empfehlen Sie hier den Betroffenen?

In der Politik braucht man einen langen Atem, man kann nicht einfach die Flinte ins Korn werfen. Wenn ich bei einer Abstimmung oder Wahl ein schlechtes Ergebnis bekomme, dann sehe ich das als eine Herausforderung an, die es zu meistern gilt – insbesondere sollte jeder in einer solchen Situation den Ehrgeiz haben, diejenigen, die einem nicht ihre Stimme gegeben haben, zu überzeugen. Das ist meine Empfehlung. Wichtig ist in jedem Fall, den Kopf nicht hängen zu lassen und den Ansporn nicht zu verlieren. Eine Wahlniederlage sollte auch nicht (nur) als persönliche Niederlage betrachtet werden. Dazu ist das politische Geschäft viel zu komplex als es auf Erfolg/Misserfolg einer einzelnen Person zu verengen. Die Wählerinnen und Wähler – bei offiziellen Wahlen genauso wie bei parteiinternen Abstimmungen – haben alle ihre eigenen bewussten und teilweise unbewussten Beweggründe.

Welche Eigenschaften haben Menschen, die in der Politik erfolgreich werden?
Das wichtigste sind kreative Ideen, die Fähigkeit, neue Wege zu denken und auch zu gehen, Kommunikationsfähigkeit und Überzeugungskraft. Es müssen viele Menschen überzeugt und motiviert werden: Mitarbeiter, Wählerinnen und Wähler, Parteimitglieder, Multiplikatoren und Interessenvertreter etc. Das heißt: informieren, kommunizieren, überzeugen. Auch Zielstrebigkeit, Durchsetzungsfähigkeit, Geradlinigkeit und vor allen Dingen Glaubwürdigkeit und Authentizität sind enorm wichtig. Das eigene Handeln und die eigenen Aussagen müssen zur Person passen und umgekehrt – wenn hierbei Differenzen auftauchen, leidet die Glaubwürdigkeit und das schlägt sich schnell in sinkenden Sympathiewerten und fehlender Unterstützung nieder. Eine weitere wichtige Eigenschaft ist Ausdauer: In der Politik sind die Wege von einer Idee, einem anfänglichen Gedanken über die Formulierung einer politischen Forderung hin zur Mehrheitsfähigkeit und der anschließenden Umsetzung teilweise lang und voller Umwege. Wer meint, von heute auf morgen die Welt verändern zu können, ist in der Politik sicherlich an der falschen Stelle. Kreativität, gepaart mit gesundem Realismus, ist wichtig.

Mit welchen Verhaltensweisen läuft man Gefahr, in der politischen Arbeit vermehrt vor die Wand zu laufen?
Erfolgreiche Politik ist auch immer ein Geschäft von Kompromissen, die idealerweise immer möglichst nah an den eigenen Zielen und Inhalten liegen. Wer im-

mer nur 100% will und sich nie mit einem Kompromiss zufriedengeben kann, der läuft mit Sicherheit ziemlich schnell vor die Wand. Auch das kontinuierliche Auftreten als Elefant im Porzellanladen bringt einen sicherlich recht schnell vor die besagte Wand. Erfolgreiche Politik ist ein ständiges Austarieren unterschiedlichster Interessen im Hinblick auf die gegenwärtigen Möglichkeiten und Rahmenbedingungen. Um in einem solchen politischen Raum erfolgreich agieren zu können, bedarf es neben einer guten Menschenkenntnis auch eines Gespürs für Situationen, eines guten Verhandlungsgeschickes und einer großen Sensibilität im Umgang mit den Sorgen, Ängsten und Nöten anderer Menschen – wer all das nicht beherzigt, wird seine Probleme bekommen.

Muss man als Jugendlicher mit der politischen Betätigung anfangen oder ist ein späterer Quereinstieg mit größeren Erfolgsoptionen möglich?

Zunächst einmal muss festgehalten werden, dass es kein Patentrezept für eine erfolgreiche, politische Karriere gibt. Wer welchen Weg geht, hängt in erster Linie davon ab, wie die persönlichen Lebensumstände und die Entwicklung des politischen Interesses verlaufen. Nicht jeder ist mit 20 Jahren so politisch aufgeladen, dass er direkt mit aktiver Parteiarbeit loslegt. Und das muss auch gar nicht sein. Ich kenne viele Personen, bei denen ein bestimmtes Ereignis im Verlauf des Lebens den Ausschlag gegeben hat, zu sagen, „So, jetzt reicht es mir, jetzt will ich etwas ändern". Auch bringen Quereinsteiger, die zum Beispiel viele Jahre zunächst erfolgreich in einem bestimmten Beruf gearbeitet haben, viele gute Kenntnisse und Erfahrungen sowie spezielle Kompetenzen mit, die für den Politikbetrieb von Vorteil sein können. Es gilt: die Mischung macht's. Personen, die von klein auf die Parteipolitik kennen, können Quereinsteiger gut einführen und erklären, wie der Hase läuft. Und Quereinsteiger wiederum bringen neue Ideen und Ansätze ein, die sie mit den Alt-, bzw. besser gesagt, mit den Langgedienten erörtern und ihnen gemeinsam zum Erfolg verhelfen können. So zumindest meine Erfahrung. Oftmals sind es gerade erfahrene Personen, die ihre ersten Schritte in der Politik machen, welche eingeschlafene Debatten neu beleben, Althergebrachtes kritisch hinterfragen und auch mal quer zu tradierten Strukturen denken. Das hat einen wichtigen, belebenden Effekt. Der Austausch mit der Gesellschaft, von der die Parteien ja ein wichtiger Bestandteil sind, und die Weiterentwicklung der Programmatik verlaufen auch über die dynamische Mitgliederbewegung der Parteien.

Wenn persönliches Netzwerken im Berufsleben wichtig ist, so ist sie auf politischer Ebene die spielentscheidende Königsdisziplin, oder?

In der Tat. Netzwerken ist sozusagen das Lebenselixier der Politik. Gute und vielfältige Kontakte helfen bei der Interessendurchsetzung aber auch -erkennung. Nur wenn ich ein breit gefächertes Netzwerk an Personen habe, mit denen ich mich kontinuierlich oder punktuell zu bestimmten Themen austausche, erkenne ich, was die Menschen interessiert, was diskutiert wird/werden muss und wo der Schuh drückt. Man könnte es auch als eine Art Frühwarnsystem bezeichnen. Netzwerke sind dabei im übertragenen Sinne sowohl zugleich die Augen und Ohren – zum Erkennen und Verstehen – als auch die Arme und Beine – zum Handeln und zum Vorwärtskommen – eines Politikers.

Was war Ihr größter politischer Sieg und wie haben Sie ihn gefeiert?

Für mich sind es die vielen kleinen Entscheidungen, die sich am Ende aller Bemühungen zu einem großen Bild fügen. Ich empfinde dann in der Regel keinen Triumph, aber die Befriedigung, etwas Sinnvolles für unsere Gesellschaft, für eine Vielzahl von Bürgern, erreicht zu haben. Wenn man dann auch noch nach Jahren sieht, wie die Neuerungen sich als erfolgreich erweisen, eventuell von anderen sogar nachgeahmt werden, dann ist man schon ein klein wenig stolz.

Ihr finaler Rat an Menschen, die in der Politik erfolgreich werden wollen?

Akzeptieren, dass es kein Patentrezept für eine erfolgreiche Karriere in der Politik gibt, sondern nur gewisse Indikatoren und Orientierungspunkte. Karrieren in der Politik sind nicht planbar, Politik ist mehr Berufung als Beruf. Jeder sollte für sich ausprobieren was ihm liegt, wie er mit Menschen umgehen kann, wie die klassische Parteiarbeit auf einen selbst wirkt, welcher Themenbereich von Interesse ist und so weiter. Und vor allen Dingen sollte man nie Dinge machen und sagen, hinter denen man nicht persönlich steht. Persönliche Glaubwürdigkeit ist ein hohes Gut. Keiner sollte sich verstellen oder verbiegen, um bei seiner Karriereplanung voran zukommen.

Liebe Frau Beer, meinen ganz herzlichen Dank für unser Gespräch.

[Nicola Beer ist aktuell Mitglied des hessischen Landtags und Generalsekretärin der FDP Deutschland.]

— ● —

5. Was renommierte Management-Coaches zum Thema Karriereaufbau sagen

KONRAD GORCKS

Executive Coach

WAS BEWIRKT DEN ERFOLG BEIM BEWERBEN UM TOP-POSITIONEN?

Herr Gorcks, bitte stellen Sie sich zunächst einmal kurz vor.

Von der Ausbildung her bin ich Diplom-Psychologe, verfüge über langjährige Managementerfahrung und Kompetenzen als Personalberater und HR Business Coach. Weiterhin bin ich ausgestattet mit der Erfahrung als konzernweiter Leiter einer Personalentwicklung wie auch als geschäftsführender Gesellschafter eines Unternehmens. Seit 2006 arbeite ich mit den Beratungsschwerpunkten Diagnostik, Recruiting und Coaching von Führungskräften.

Sie bringen seit vielen Jahren erfolgreich Menschen in neue Führungspositionen, welcher Typ von Bewerbern setzt sich Ihrer Erfahrung nach in den Verfahren durch?

In den Bewerbungsprozessen setzen sich in der Regel die Kandidaten durch, die authentisch sind und sich bewusst auf die Position einlassen. Es ist sehr wichtig ein Gespür dafür zu haben, welche Kompetenzen und Motive neben den positionsbezogenen fachlichen Qualifikationen für die passende Besetzung der Position vorausgesetzt werden. Das kann sich zum Beispiel auch auf die Unternehmenskultur eines Unternehmens beziehen. Wird eine kulturelle Passung oder eine gezielte Veränderung der aktuellen Unternehmenskultur durch die Führungskraft erwartet, so kann der Abgleich eine relevante Rolle für die Entscheidung spielen.

Welche Rolle spielen auf diesen oberen Führungspositionen Personalberatungen, die in klassischer Weise mit Direktansprache arbeiten?

Für die Besetzung von Führungspositionen der oberen Ebene nehmen Personalberatungen eine sehr wichtige Rolle ein. Sie unterstützen dabei gezielt die Unternehmen schon im Vorfeld, die spezifische Vakanz zu prüfen und somit systematisch das Anforderungsprofil auf die zu besetzende Stelle auszurichten. Das Ziel dabei ist es, eine bewusste Entscheidungsgrundlage für die Auswahl geeigneter Top-Kandidaten zu haben. In diesem Rahmen werden danach die potenziellen Manager für die Position gezielt angesprochen und mit Hilfe von Interviews und weiteren eignungsdiagnostischen Verfahren auf eine Passung hinsichtlich der Vakanz geprüft. Bei der Stellenbesetzung auf Topmanagementebene, werden diese Positionen fast ausschließlich über Personalberater vermittelt.

Wie kann man mit den Ansprechpartnern dieser renommierten Personalberater in Kontakt kommen, wie sich mit ihnen längerfristig vernetzen?

In der Regel wenn man von Ihnen für eine aktuelle Vakanz angesprochen wird. Besonders bei Personalberatungen die fast ausschließlich im Executive-Search- und Direct-Search-Bereich arbeiten, ist die positive Aufmerksamkeit, die man durch sehr gute Leistungen in seinem Arbeitsbereich bekommt, das beste Mittel um „gefunden" zu werden. Dieser Kontakt, auch wenn es nicht immer zu einer sofortigen Vermittlung kommt, kann Ihnen auch zukünftig weiterhin helfen. Um sich langfristig mit renommierten Beratern zu vernetzen ist es hilfreich, sich hin und wieder mit ihnen unverbindlich über die aktuellen Karriereschritte und Ambitionen auszutauschen. Somit weiß Ihr Berater über Ihren aktuellen Status und ihre Ausrichtung Bescheid und kann Sie gezielter für Besetzungen einplanen. Bei Personalberatungen, die auch über anzeigenbasierte Suche agieren, bietet sich natürlich auch die Möglichkeit an, sich auf passende ausgeschriebene Stellen zu bewerben. Selbst wenn es in diesem Fall nicht zu einer Vermittlung führt, so haben Sie sich doch wahrscheinlich bei Ihrem Ansprechpartner optimal präsentiert und für weitere Positionen empfohlen. Mit Ihrem Einverständnis werden dann Ihre Daten bei der Personalberatung gespeichert und Ihr Profil für die Besetzung von zukünftigen passenden Vakanzen berücksichtigt. Eine weitere Möglichkeit, sich gut zu platzieren sind die sogenannten Neuen Medien und soziale Geschäftsnetzwerke wie zum Beispiel Xing oder LinkedIn. Dort ist es sehr wichtig mit einem authentischen und gut lesbaren Profil zu arbeiten, damit man die Aufmerksamkeit der Headhunter auf sich zieht.

Wenn ich ganz konkret auf der Stellensuche nach einer gehobenen Führungsposition bin, welche Schritte empfehlen Sie?

Bauen Sie gezielt ein Netzwerk auf, welches Ihnen den direkten Kontakt zu den Unternehmen bringt oder professionelle Partner in dem Bereich Personalberatungen verschafft. Kontaktieren Sie vertraulich Ihr Netzwerk und informieren Sie es, dass Sie eine neue Herausforderung suchen. Das heißt, dass Sie hier auch die Möglichkeit nutzen sollten, sich gezielt über Ihre nächsten beruflichen Schritte mit Ihrem Berater auszutauschen.

Ist die Konkurrenz bei herausgehobenen Vakanzen eigentlich größer als im mittleren Management? Was sind hier Ihre Erfahrungen?

Auf der gehobenen Führungsebene gibt es weniger Positionen zu besetzen. Somit drängen viele potenzielle Führungskräfte auf die Vakanzen. Die Konkurrenz dabei ist mitunter in der Relation nicht unbedingt größer als im Middle Management, aber die Anforderungen an die potenziellen Kandidaten sind höher und die Mitbewerber meistens erfahrener und besser mit den Entscheidern vernetzt. Somit können schon kleine Nuancen bei der Vergabe von Stellen auf Top-Ebene entscheiden.

Welche Rolle spielt die innere Einstellung beim Bewerben um eine Top-Position, was empfehlen Sie hier?

Sie ist bei der Bewerbung um eine Top-Position neben den Kontakten das A und O für eine nachhaltige Besetzung. Vergleichen Sie den Prozess mit der Konzentration eines Spitzensportlers auf seine Aufgabe. Die eigene bewusste Vorstellung seines Leistungsvermögens, den bewussten Umgang und das Vertrauen in seine Fähigkeiten und seine Person, sind bei der Entscheidung über Sieg oder Niederlage ausschlaggebend. Ohne diese innere Einstellung wären ein Golfer wie Martin Kaymer oder ein Tennisspieler wie Roger Federer nie die Nummer eins in ihrem Sport geworden. Bei den Führungskräften der Topmanagementebene verhält es sich sehr ähnlich. Ohne den entsprechenden bewussten Glauben an sich und seine Fähigkeiten sowie das Vertrauen, dass es mit der Vision des Unternehmens weitergeht, ist es sehr schwer, nachhaltigen Erfolg zu generieren. Für den Bewerbungsprozess bedeutet dies, dass die Bewerber die sehr bewusst, selbstreflektiert und innerlich „gut aufgestellt" in die Gespräche gehen, in der Regel mehr Erfolg haben. Eine sehr gute Möglichkeit, sich auf den Prozess vorzubereiten, ist ein gezieltes Coaching des Kandidaten. Dies nutzen Spitzensportler als selbstverständliche und permanente Vorbereitung für die gezielte und erfolgreiche Entwicklung ihrer Kompetenzen und ihrer Persönlichkeit.

Wie kann man mit seinen Bewerbungsunterlagen in einem solchen Verfahren besonders positiv auf sich aufmerksam machen?

Die Bewerbungsunterlagen können bei dem Prozess eine erste Visitenkarte für Sie sein, wenn Sie mit Personalberatern oder den Entscheidern in den Unternehmen Kontakt aufnehmen. Wie für andere Positionen gilt auch bei den Unterlagen für Top-Positionen, dass die Vollständigkeit, die Nachvollziehbarkeit und die Ausrichtung im Sinne eines roten Fadens erkennbar sein muss. Auch hier sollte der Leser schnell einen guten Eindruck von dem Bewerber bekommen können. Besonders positiv kann man mit fundierten und „hochkarätigen" Fürsprechern auf sich aufmerksam machen. Nutzen Sie passende Referenzen aus Ihrem Netzwerk, ehemalige Vorgesetzte und Geschäftspartner. Wählen Sie Menschen aus, die ein gutes und zielgerichtetes Bild über Ihre Zusammenarbeit und Ihre Arbeitsweise aussagen können. Klären Sie im Vorfeld, ob es möglich ist, Ihre Kontakte als Referenz anzugeben.

Raten Sie zu einem telefonischen Erstkontakt, wenn es um das Kennenlernen der relevanten Gesprächspartner geht oder wie soll man hier vorgehen?

Für den Erstkontakt bieten sich unterschiedliche Wege an. Der Beste ist, wenn man sein Netzwerk ansprechen kann und man darüber den richtigen Kontakt erhält. Falls das nicht möglich ist, bieten sich zum einen die virtuellen

Geschäftsnetzwerke wie Xing oder LinkedIn an, um unverbindlich mit Entscheidern und Personalberatern einen ersten Austausch zu haben. Nutzen Sie zielgerichtet Kongresse und Veranstaltungen, um neue Kontakte aufzubauen und den Erstkontakt persönlich gestalten zu können. Finden Sie über ein gemeinsames Thema einen ersten Ansatzpunkt für Ihr Gespräch.

Engagieren Sie sich gezielt für relevante Themen aus Ihrem Bereich und reden und schreiben Sie darüber. Ein Vortrag oder ein Fachartikel sind gute Anhaltspunkte, um mit Menschen in das Gespräch zu kommen und sich gezielt auf dem Markt zu platzieren. Der telefonische Erstkontakt ohne eine Empfehlung, ohne ein gemeinsames Thema oder einen anderen relevanten Aufhänger ist für die Ansprache von Unternehmen sicherlich machbar, aber nur bedingt von Erfolg gekrönt. Wenn Sie über diesen Weg die Vorzimmer überwunden haben und mit den Entscheidern sprechen können, haben Sie aber auf der andern Seite sehr schnell und direkt ein erstes spontanes Interview am Telefon. Aus der Erfahrung heraus ist dies zwar ein sehr steiniger, aber auch herausfordernder Weg. Sie beweisen damit Ihre Eigeninitiative und Ihre Tatkraft.

Welcher Bestandteil an Top-Positionen wird über persönliche Beziehungen vergeben, spielt ein großes und gut gepflegtes Netzwerk eigentlich wirklich die wichtige Rolle, wie das oft geschrieben wird?

Top-Positionen werden in der Regel fast ausschließlich über den verdeckten Stellenmarkt vergeben. Das bedeutet, dass diese Jobs entweder über die persönlichen Kontakte der Unternehmen oder über die spezifischen Personalberater besetzt werden. Um genau an diese Stellen zu kommen stellen Sie sich bitte folgende Fragen:

• Sind Ihnen die wichtigen und richtigen Beratungshäuser bekannt?

• Haben Sie Kontakt zu diesen Beratern oder kennt man Sie dort bereits?

• Haben Sie Ihren aktuellen Lebenslauf und Ihre Bewerbungsunterlagen dort platziert?

• Pflegen Sie Ihre bereits vorhandenen Kontakte regelmäßig?

• Werden Sie regelmäßig und qualitativ von relevanten Personalberatern kontaktiert?

Diese Checkliste hilft Ihnen bei der Überprüfung und als Struktur für die weitere Vorgehensweise Ihrer gezielten Karriereentwicklung.

Was ist Ihr abschließender Rat an Bewerber um herausgehobene Führungspositionen?

Bauen Sie gezielt Ihr Netzwerk aus und pflegen Sie es. Zeigen Sie Eigeninitiative und engagieren Sie sich. Bleiben Sie authentisch und werden Sie sich Ihrer Motive und Kompetenzen noch bewusster. Arbeiten Sie zielgerichtet an Ihrer Karriere und nutzen Sie dabei professionelle Unterstützung um reflektiert, zielgerichtet und erfolgreich an Ihr Ziel zu kommen.

Und wovor wollen Sie zum Schluss noch warnen?

Sich zu sehr auf dem Karriereweg unbewusst gegen seine eigenen Motive, Werte und Einstellungen zu stellen.

— ● —

COSIMA LINDEMANN-STÜBBE

Executive Coach

WORAN SCHEITERN GROSSE KARRIEREN?

Frau Lindemann-Stübbe, bitte stellen Sie sich zunächst einmal kurz vor.

Ich bin von Haus aus Diplom-Kauffrau und habe über 13 Jahre als Fach und Füh rungskraft in der Beratung und in der Industrie gearbeitet. Eigene Erfahrungen, die mir zeigten, wie wichtig eine klare Positionierung und Abgrenzung in der beruflichen Rolle ist, haben mich motiviert, ein dreijähriges Coaching-Studium zu absolvieren, um mich als Coach selbstständig zu machen. Seit 2002 bin ich als Coach im Nebenberuf tätig gewesen und seit 2006 arbeite ich selbstständig im Bereich Fach- und Führungskräfte-Coaching sowie im Outplacement. Meine Erfahrung hat mir gezeigt, dass, wenn die Rolle und Funktion nicht klar definiert ist, sich häufig der Fokus verschiebt weg von der Sach- zur Beziehungsdiskussion. Neben den nachhaltigen Störungen in den Beziehungen verschlechtern sich dann auch die Resultate.

Was sind typische innere Konflikte, die Führungskräfte in Aufstiegssituationen erleben?

Aus meiner Sicht ist die Definition der neuen Rolle das Wichtigste und Schwierigste zugleich. Was bedeutet es: „Vorgesetzte" oder „Vorgesetzter" zu sein. Hier ist oft ein Abschied von der Rolle als Kollege/Kollegin nötig. Der veränderte Fokus von den operationalen hin zu Führungsaufgaben ist häufig ein Zielkonflikt. Das, was bisher so erfolgreich getan wurde, soll jetzt der Mitarbeiter tun und solches loszulassen ist ein Teil der neuen Rolle. In einer neuen Rolle muss ich mich ein Stück weit „neu erfinden" und eine neue Balance suchen.

Welche Art der Intervention empfehlen Sie in solchen Fällen?

Ich empfehle zunächst, sich mit den an die Führungskraft gestellten Erwartungen und Zielen vertraut zu machen und hier auch Feedback einzuholen. Die Ausrichtung auf die neue Rolle ist grundlegend. Was soll getan werden, bis wann und wie. Dann kann die Prozess- und Rollendefinition erfolgen nach folgenden Parametern:

- Wie setzte ich mich zu den neuen Aufgaben in Beziehung?
- Bin ich gut aufgestellt oder brauche ich noch Unterstützung – und von wem?
- Welcher Art ist die Unterstützung, die ich brauche?
- Ist diese eher sach- und funktionsorientiert oder eher bezogen auf die Beziehungen am Arbeitsplatz?
- Habe ich für mich meinen Führungsstil in einer sorgfältigen Verhaltensanalyse geklärt?
- Was ist daran gut und wo gibt es Entwicklungspotenzial?
- Was ist hier die Philosophie des Unternehmens und kann ich dem als Führungskraft uneingeschränkt folgen?

Das Gefühl der eigenen Zugehörigkeit zum Unternehmen und der Wunsch sich hier konstruktiv einzubringen müssen da sein. Dazu muss ich im Großen und Ganzen einverstanden sein, wie das Unternehmen tickt. Sonst bin ich als Führungskraft in einem ständigen Konflikt anders zu leben als das unternehmensseitig gewünscht wird.

Wie kann eine schrittweise wachsende Karriereentscheidung und -entwicklung stimmig mit den Menschen im persönlichen Umfeld grundgelegt werden, was sind hier Ihre konkreten Vorschläge?

Mir scheint immer wichtig zu überprüfen: Wie wichtig ist mir Karriere und was ist Karriere für mich – die nächste Position und mehr Geld. Ist es das? Oder hat mein Leben noch andere Säulen, die ich mit Inhalten füllen will? Ich persönlich erlebe das Korsett in Unternehmen häufig als zu eng und zu einseitig. Hier scheinen mir neue Arbeitszeitmodelle erforderlich, um nicht nur den Wünschen der Frauen und Mütter nach Vereinbarkeit von Familie und Beruf gerecht zu werden sondern auch den Bedürfnissen der Männer und Väter. Aus meiner Sicht ist Karriere auch eine Entscheidung, die ich in Beziehung mit meinem Umfeld treffe. Wo sind die Grenzen der Stimmigkeit für einen selbst und für die anderen? Hier gibt es keine pauschalen Antworten, sondern nur verhandelte individuelle Korridore. Das mag für jede Familie oder Ehepartner anders sein.

Sind Führungskräfte besonders gefährdet, vor den Herausforderungen einer Vereinbarkeit von Privat- und Berufsleben kapitulieren zu müssen? Wie wirken Sie dem in Ihrer Beratung entgegen?

Die Dynamik, in die man als Führungskraft geraten kann, ist aus meiner Sicht nicht zu unterschätzen. Hier braucht es klare persönliche und berufliche Prioritäten. Wir kehren hier wieder zu dem Ansatz zurück, sehr gründlich die eigene Rolle und die persönlichen Grenzen zu definieren. Hier geht es mir weniger um die einzelne Situation als um meine grundsätzliche Haltung. Die Situation kann erfordern, dass ich immer präsent bin und alles gebe. Es scheint mir hier sinnvoll, eigene Konzepte für eine innere Balance zu entwickeln. Tatsächlich sind Führungskräfte auch von den Kontextbedingungen stark abhängig. In vielen Unternehmen gibt es bereits alternative Konzepte zur Gestaltung der persönlichen Arbeitszeit und die Möglichkeit individuelle Bedürfnisse in den Unternehmenskontext einzubauen. Allzu oft erlebe ich es nach wie vor, dass es sogenannte „Präsenzzeiten" zu geben scheint. Also ab oder bis zu einer gewissen Uhrzeit am Arbeitsplatz zu sein. Wenn solche Vorgaben bestehen, ist es schwierig, sich abzugrenzen. Das sage ich ganz klar. Wenn ich in einem Kontext arbeite, wo sich die Ziele und Wünsche sehr stark von dem unterscheiden, was ich mir für mich wünsche, muss ich sehen, wie ich entweder Bedingungen für mich verhandeln kann oder ich muss mir einen Kontext suchen, indem es stimmiger für mich ist. Es ist aus meiner Sicht auch sinnvoll zu überprüfen, ob es die Erwartungen an meine Präsenz in der Realität wirklich so gibt, wie ich sie fühle. Es sind häufig auch die eigenen Erwartungen an mich selbst, die ich auf den Kontext projiziere. Das muss genau unterschieden werden. Führungskräfte sind Leistungsträger und meistens ehrgeizige Menschen mit eigenen hohen Zielen und Anforderungen an sich selbst. Im Rahmen des Coachings kann und sollte geklärt werden, ob die gesetzten Ziele erreichbar und realistisch sind. Stehe ich als Führungskraft unter Dauerstrom durch meinen eigenen inneren Druck, hat das erst mal nichts mit dem Kontext zu tun, sondern mit mir und wie ich mich zu den an mich adressierten Aufgaben in Beziehung setzte. Für mich ist es immer wichtig zu schauen, ob der Umgang mit mir selbst ressourcen- und kompetenzorientiert ist.

Wenn der vielzitierte Flow entsteht, dass immer tiefere Eintauchen in interessante berufliche Fragestellungen, muss ich mich dann als Führungskraft mit Gewalt stoppen im Sinne einer bleibenden Plausibilität im privaten Leben? Wo liegt die Grenze zu Vereinsamung und Burn-out? Besteht hier die Gefahr, den Absprung zu verpassen?

Ich bin selbst verheiratet und habe drei Kinder. Ich arbeite leidenschaftlich gerne in meinen Beruf und bin in der privilegierten Situation zu sagen: „Meine Arbeit ist mein Hobby". Ich kenne daher die Zwickmühle gut. Meine Erfahrung mit mir ist, dass ich nur glücklich bin, wenn meine Beziehungspartner ebenfalls glücklich sind. Ich überzeichne das etwas, um deutlich zu machen, dass Beziehung immer in der Interaktion mit dem „Du" entsteht. Daher können glückende Karrieren nicht losgelöst von dem Beziehungsumfeld interpretiert werden. Das gilt aus meiner Sicht für die privaten, wie für die beruflichen Beziehungen. Flow für mich ist eine Kontextvariable. In diesem Sinne verstehe ich Flow als einen Zustand der Selbstverwirklichung und gleichzeitig glückender Beziehungen. Für den Führungsalltag kommen hier Modelle wie das situative Führungsmodell zum Tragen, indem sowohl meine als auch die Zustände meiner Mitarbeiter berücksichtigt werden. Dieses Modell scheint mir zielführend. Es hat einen hohen Anspruch an die Führungskraft, die unterscheiden muss, mit wem sie es zu tun hat und wie sie hier führen muss, um die gewünschten Resultate zu erzielen. Der Korridor kann von reinem Anweisen bis hin zu nur gelegentlichen Absprachen reichen. Vor allem muss die Führungskraft wissen, wer sie selbst ist, um Burn-out und Überlastung für sich und andere zu vermeiden.

An welchen innerlich unbeantworteten Fragen scheitern große Karrieren oft, was raten Sie hier?

Aus meiner Sicht gehört eine große Portion Mut dazu Karriere zu machen. Präsent zu sein, sich zu zeigen und Fehler machen zu dürfen. Letztlich geht es darum, die gefühlte Komfortzone zu verlassen und etwas Neues auszuprobieren. Das ist immer eine Entscheidung mit Konsequenzen, denen ich gewachsen sein sollte. Die Konfrontation mit Unerwartetem ist für die meisten Menschen eine Herausforderung. Hier gilt es Strategien zu entwickeln, wie ich mich dem noch Unbekannten stellen kann. An dieser Stelle kann Coaching helfen, um Ängste zu bewältigen und Unsicherheiten zu überwinden. Meine persönliche Meinung ist, dass der Umgang mit eigenen Ängsten in der Business-Welt nach wie vor zu den Tabuthemen gehört. Das fängt an mit der Angst zu präsentieren bis hin zu massiven Versagensängsten. Dadurch kann verhindert werden, dass ich mein Potenzial in die Welt bringe. Für mich ist es erstrebenswert im Coaching Konzepte und Wege zu erarbeiten, wie ich mir selbst mehr Stabilität in Situationen geben kann, die stressig für mich sind. Wie sorge ich gut für mich und bleibe so in einer Win-win-Beziehung mit den neuen Zielen und meinen Möglichkeiten. Falls ich feststelle, der Schuh ist noch zu groß, was brauche ich, um hineinzuwachsen? Wo bekomme ich die notwendige Unterstützung? Hier kann ich nur wiederholen, was ich bereits gesagt habe: Machen Sie sich ein genaues Bild von den professionellen Anforderungen und prüfen Sie, wie Sie dazu aufgestellt sind.

Sehen Sie ein neueres, menschlicheres und ganzheitlicheres Führungsmodell schon an Kraft gewinnen in modernen Unternehmen oder setzen sich am Ende immer noch die Ellenbogentypen durch?

Die Frage scheint mir nicht leicht mit ja oder nein zu beantworten zu sein. Hier spielt auch die Frage der Unternehmenskultur eine Rolle. Welche Werte hat die Organisation? Sind es rein monetäre Erfolgsziffern oder spielen humanitäre Werte, die auch von der Führungsspitze gelebt werden, ebenfalls in die Unternehmensdefinition mit hinein? Eine Kultur, die ein kooperativeres Verständnis hat und Unterschiedlichkeiten zulassen kann, profitiert vielleicht von dem einen oder anderen zieldienlich agierenden Ellenbogentyp und ebenso von der Führungskraft, die mit Charme und Geschick vorgeht. Die Frage, die sich mir stellt, ist immer die nach der Zieldienlichkeit des Verhaltens und ob hier ein

Konsens besteht bezüglich des Vorgehens. Führungskräfte haben in der Regel Teams mit unterschiedlichen Charakteren. Warum sollte man das nicht für seine Ziele nutzen? Ausschlaggebend scheint mir, dass alle Beteiligten die Spielregeln kennen und keiner sich manipuliert fühlt.

Und wenn mir nun die großen Ellenbogen fehlen, sehen Sie eine Chance, trotzdem eine prägende Führungskraft für eine Organisation werden zu können?

Eine Führungskraft, die offen kommuniziert, transparent ist in ihrem Verhalten, die Mitarbeiter würdigen kann und dennoch klare Grenzen setzt, scheint mir eine echte Alternative zu sein. Es sind aus meiner Sicht nicht die Ellenbogen, die eine gute und wirksame Führungskraft ausmachen. Es ist in erster Linie die Fähigkeit, klar zu kommunizieren, erreichbare und realistische Ziele zu setzen, die Mitarbeiter gut aufzustellen und Grenzen zu ziehen. Mit anderen gut zusammenzuarbeiten heißt für mich in erste Linie Transparenz über die gegenseitigen Bedürfnisse zu schaffen.

Was für ein inneres geistiges Konzept kann helfen, die großen Spannungen, unter denen eine Führungskraft steht, tragen und verarbeiten zu können? Was ist hier Ihr abschließender Rat?

„Life is short, enjoy yourself". Das Leben ist relativ und so sind auch große Probleme relativ. Diese Distanz immer wieder zu sich und den Dingen aufzubauen scheint mir hilfreich. Letztlich sind wir alle sterblich und machen auch Fehler. Diese Erlaubnis lernen zu dürfen und das geht in erster Linie auch über das Fehlermachen, sollte ich mir geben. Auch die großen Religionen, gerade der Buddhismus, gehen davon aus, dass es eine übergeordnete Richtigkeit der Dinge gibt, die wir nicht ermessen können. Es ist wie bei einen Puzzle von dem ich das Bild nicht kenne. Das ist unsere Begrenztheit als Mensch. Wie sollte ich alles richtig machen können? Das ist unmöglich. Ich möchte hier nicht missverstanden werden. Das ist kein Freibrief, die eigene Selbstverantwortung abzugeben; im Gegenteil. In den mir möglichen Grenzen als Mensch sollte ich alles tun, um es mir und meinen Mitmenschen gut gehen zu lassen, damit ein konstruktives Miteinander möglich ist. Das erfordert Respekt und Würdigung des Anderen und anderer Standpunkte. Diese Hinwendung zur Akzeptanz von mir Fremdem ist eine hilfreiche Haltung.

Liebe Frau Lindemann-Stübbe, ich bedanke mich ganz herzlich für dieses Gespräch mit Ihnen.

— ● —

Roland Jäger

Inhaber der Unternehmensberatung rj management

Welche Führungsstrategien empfehlen Sie?

Lieber Herr Jäger, bitte stellen Sie sich und Ihr Unternehmen zu Beginn einmal vor.
Seit 2002 bin ich Inhaber der rj management – konsequent führen in Wiesbaden. Ich bin als Unternehmensberater, Trainer, Coach, Autor und Vortragsredner tätig. Meinen Berufsstart hatte ich in einer Sparkasse in Frankfurt. Dort habe ich neben einer Bankausbildung erste Erfahrungen in allen Bereichen des Bankgeschäftes gesammelt. Dann wechselte ich für zehn Jahre zur Bethmann Bank. Hier habe ich neben der Vertiefung meiner fachlichen Kenntnisse vielfältige Projekt- und Führungserfahrung gesammelt. Ebenso habe ich parallel mein BWL-Studium absolviert. Aus der Bank bin ich gegangen, weil mir die Arbeit zunehmend weniger Spaß machte, mich die Machtspiele mit den immer gleichen Personen irgendwann langweilten und ich inhaltliche Leere verspürte. Daneben suchte ich nach neuen Herausforderungen und der Möglichkeit, mich später einmal selbstständig zu machen. So bin ich 1997 zu einer mittelständischen Unternehmensberatung, ibo Beratung und Training GmbH, gewechselt. Das Leben als Berater und Trainer entsprach meinen Neigungen und

die sechs Jahre dort waren für mich gute Lern- und Erfahrungsjahre. 2002 habe ich mir meinen Traum von der beruflichen Selbstständigkeit erfüllt. Ich genieße es, Dinge zu tun die mir wichtig sind und dabei Menschen und Organisationen in ihrem Bestreben nach Verbesserung zu begleiten.
Seit über 14 Jahren trainiere und coache ich also Manager und Führungskräfte im Bereich Führungs-, Kommunikations- und Arbeitstechniken. Daneben berate ich Unternehmen in Fragen des Organisations- und Change-Managements. In den letzten zehn Jahren habe ich vier Bücher publiziert, über 150 Artikel geschrieben und zahlreiche Interviews zu den Themen Führung, Change- und Selbstmanagement gegeben. In meinen Vorträgen behandle ich primär das Thema Führung in seinen vielfältigen Facetten. Mein persönliches Fazit: Immer wenn mir der vorhandene Rahmen zu eng wurde, habe ich mir einen Größeren und Weiteren gesucht, indem ich wieder meine beruflichen Bedürfnisse entfalten und befriedigen konnte.

Sie haben in Ihren Seminaren viele Manager in mittleren Positionen erlebt, aus was für Menschen werden in der Regel Top-Führungskräfte? Woran erkennen Sie solche Potenzialträger?
Ihre Frage unterstellt, dass Potenzial per se die Voraussetzung ist, um in den Olymp aufzusteigen. Das stimmt so nicht. Zwar sind analytische und konzeptionelle Fähigkeiten, Problemlösungskompetenz, Selbstdisziplin und Beharrlichkeit, Kommunikationsfähigkeit und persönliche Wirkung, Entscheidungsvermögen, Ergebnis- und Zielorientierung sowie Engagement und Leistungsbereitschaft enorm wichtig, jedoch am Ende nicht der allein entscheidende Faktor. Denn Karriere ist davon abhängig, in welcher Organisation diese Menschen dann tätig sind.
Deshalb sollte sich jeder fragen, über welches Potenzial er verfügt, was seine Stärken sind und was er bereit ist, für seine Karriere zu tun. Anschließend sollte man sich das geeignete Umfeld aussuchen und den Praxistest machen. Abhängig vom Umfeld lassen sich zwei Arbeitswelten unterscheiden: Für große Konzerne mit einem angestellten Management gilt: Starten Sie als Trainee, so lernen Sie das Unternehmen schnell kennen. Bleiben Sie dann in einem interessanten Fachbereich, sorgen Sie für die Aufmerksamkeit des Managements, angeln Sie sich einen hochrangigen Mentor und wechseln Sie alle zwei bis drei Jahre die Funktion. Auf diesem Weg werden neben Leistungsbereitschaft, Fachwissen

und Erfahrung insbesondere zwei Notwendigkeiten geschaffen: ein tragfähiges Netzwerk und Managementunterstützung. Denn ohne diese ist in einem solchen Umfeld keine Karriere zu machen. In einem inhabergeführten Unternehmen macht man anders Karriere: Hier sind die Wege einerseits kürzer, dafür die Verweildauer in der jeweiligen Position länger. Der Weg kann ähnlich dem im Großkonzern beschritten werden, jedoch sind andere Fähigkeiten und Verhaltensweisen nützlich: Unprätentiöses Auftreten, Fachkenntnisse und langjährige Erfahrungen, Leistungswille und -fähigkeit, unbedingte Loyalität zum Eigentümer und dem Unternehmen sowie soziales Engagement im räumlichen Umfeld des Unternehmens.

Dass es dazwischen viele Mischformen gibt ist mir bewusst. Jeder sollte jedoch die zentralen Unterschiede kennen um sich für das für ihn geeignete Umfeld zu entscheiden. Ich habe schon zu viele Menschen mit Potenzial jedoch in der für sie falschen Organisation kennengelernt. Diesen Kardinalfehler gilt es zu vermieden.

Zurück zum Ausgangspunkt Ihrer Frage: Ich erkenne diese Menschen einerseits an den bereits genannten Fähigkeiten, noch mehr aber an ihrer Bereitschaft, sich für das Unternehmen und das eigene Weiterkommen gleichermaßen zu engagieren. Daneben gehören Verbindlichkeit, Verlässlichkeit und Vertrauenswürdigkeit zu den wichtigen Eigenschaften solcher Menschen.

Was für Topmanager halten sich langfristig in ihren hohen Positionen und wie unterscheiden sich diese von den kurzzeitigen Gewinnern?

Diese Frage ist heutzutage schwer zu beantworten, hat sich doch die durchschnittliche Verweildauer in den letzten Jahren kontinuierlich verkürzt, was ich für fatal halte. Hier geht die Kluft zwischen inhabergeführten, langfristig orientierten Unternehmen und quartalsberichtsgetriebenen Konzernen immer mehr auseinander. Wie soll da Vertrauen in das Management aufgebaut werden? Jüngst beschrieb das Handelsblatt den typischen Konzernlenker: 48 Jahre alt, männlich, im Durchschnitt drei Jahre im Amt. Nach meiner Erfahrung halten sich am ehesten die Manager, welche über eine Mehrzahl folgender Eigenschaften verfügen: glaubwürdig, respektvoll, nachhaltig, beharrlich, belastbar, bescheiden, sich selbst nicht so wichtig nehmend, sich ihrer Macht bewusst und diese im Sinne des Unternehmens nutzend, nah an den Mitarbeitern, sich für diese und deren Sorgen interessierend, ohne gleich jeden Wunsch erfüllen zu wollen bzw. zu können. Daneben sind sie mit Demut ob der Situation und Verantwortung in diesem Job unterwegs.

Da Manager dieser Couleur seltener werden, reduzieren sich auch die Verweildauern, denn die neue Managergeneration ist sich doch zu ähnlich in ihrer Ausbildung sowie Denk- und Verhaltensweise – und damit austauschbar. Erstklassig ausgebildet, gestählt durch die Fallstudien renommierter Managementschulen und schnell mit großen Herausforderungen konfrontiert. Dabei bleibt gelegentlich etwas auf der Strecke: Die Sozialkompetenz und das Gefühl für das, was Organisationen und Menschen brauchen, um notwendige Veränderungen zu stemmen. Und schafft das der Manager nicht schnell genug, muss er gehen und der Nächste kommt. Langfristigkeit und Nachhaltigkeit sieht anders aus!

Wenn Sie drei Ratschläge geben sollen an Menschen, die mehr aus sich machen wollen im Zustand beruflicher Stagnation, was würden Sie denen sagen wollen?
Sie haben immer selbst die Wahl, aus einer solchen Situation herauszukommen. Die entscheidende Frage lautet: Sind Sie bereit, dafür alles Notwendige zu tun, auch wenn das mit Rückschlägen, Verzicht und schlimmstenfalls Schmerzen verbunden ist? Wenn nein, vergessen Sie es! Wenn ja, dann habe ich folgende Ratschläge:

- Machen Sie eine Bestandsaufnahme: Was sind Ihre Stärken? Über welche Erfahrungen verfügen Sie? Welche konkreten Tätigkeiten haben Sie bisher gemacht? Welche Rollen haben Sie bekleidet? Über welche Schlüsselqualifikationen verfügen Sie?
- Analysieren Sie die Ergebnisse aus Schritt 1 und erstellen Sie Ihren Lebenslauf komplett neu: Dieser sollte dem Leser schnell und auf einen Blick Antwort auf zwei Fragen geben: Wer bin ich? Was kann ich?
- Sondieren Sie den Arbeitsmarkt (Stellenanzeigen, Jobbörsen, Branchenentwicklungen etc.) und entwickeln Sie eine Strategie, die folgende Sichtweisen berücksichtigt: Was will der Markt? Was will ich? Was kann ich?
- Und dann begeben Sie sich auf die Reise. Sollte es einmal länger dauern, nicht verzagen, denn Sie wissen was Sie wollen und werden es auch bekommen. Früher oder später!

Sollten Sie in diesem Prozess zu der Erkenntnis kommen das Ihr bisheriger Arbeitgeber die beste Wahl ist, bleiben Sie dort. Sie haben sich gerade wieder neu für ihn entschieden. Wenn nein, ziehen Sie die Konsequenzen und gehen Sie. An diesem Ort haben Sie nichts Positives mehr zu erwarten!

Herr Jäger, sicher haben Sie auch ein großes Netzwerk von Weggefährten, was sind das für Menschen, die Sie persönlich schätzen und fördern, was haben diese für Eigenschaften?
Es handelt sich sowohl privat als auch beruflich um die immer gleichen Eigenschaften. Diese Menschen treffen verbindliche Absprachen, sind verlässlich in deren Einhaltung und genießen deshalb mein Vertrauen. Sie verfügen über eine hohe Sozialkompetenz, können gut zuhören, sind empathisch und trotzdem offen, direkt und klar in ihrer Ansprache. Sie fordern mich heraus, kritisieren mich wertschätzend und sorgen immer für einen guten Ausgleich im Geben und Nehmen. Daneben ruhen sie in sich selbst, sind sich ihrer Fähigkeiten und Grenzen bewusst und beruflich erfolgreich.

Welche Führungsmethoden halten Sie für essenziell im modernen Management, welche sollte man sich schleunigst abgewöhnen?
Zunächst einmal möchte ich kurz skizzieren, was für mich eine erfolgreiche Organisation ausmacht: eine attraktive Vision und klare Ziele, auf die die gesamte Firma und die darin tätigen Mitarbeiter ausgerichtet sind. Leistungsorientierung, eine Kultur der Konsequenz in der gute Leistung belohnt und schlechte Leistung sanktioniert wird mit dem Ziel, dass jeder Mitarbeiter für das Geld was er nimmt auch einen angemessenen Gegenwert leistet. Vertrauen als zentrales „Schmiermittel" eines erfolgreichen Miteinanders im Alltag sowie ein offener und wertschätzender Umgang.

In diesem Kontext sind alle Führungsmethoden willkommen, die zuerst dem Erfolg und in der Folge einer wertschätzenden Kultur zuträglich sind. Nach meiner Erfahrung sind das weniger Methoden als Haltungen: Hart in der Sache, verbindlich in der Arbeitsbeziehung. Missstände werden sofort und deutlich artikuliert. Jeder kennt seinen Beitrag zum Gesamterfolg und leistet ihn professionell. Jeder weiß, dass er freiwillig an diesem Ort seiner Arbeit nachgeht und wenn dies nicht mehr gewährleistet ist, sucht er sich einen besser geeigneten Ort. Für den Erfolg kann es notwendig sein, viel und hart zu arbeiten, wenn notwendig geschieht dies und dies immer mit Blick auf das zu erreichende Ziel. Mitarbeiter werden entsprechend ihrer Haltung und Einstellung zur Arbeit mit kurzer oder langer Leine geführt. Mitarbeiter wollen nicht loyal sein, sondern für die professionelle Erledigung ihres Jobs angemessen bezahlt und persönlich gefördert werden.

Als Führungsmittel empfehle ich primär Zielvereinbarungen und -vorgaben, regelmäßige Beurteilungs-, Feedback- und Entwicklungsgespräche, klare Kommunikation mit eindeutigen Erwartungen und Absprachen, Sanktionen als logische Folge des Mitarbeiterverhaltens verstehen und diese konsequent ziehen. Und zu den notwendigen Führungsfähigkeiten gehört: gut zuhören, klare und stimmige Botschaften, wissen was man will und den Mitarbeitern dadurch Orientierung und Sicherheit vermitteln, Kontrolle und rechtzeitige Steuerung in die erwünschte Richtung, Beharrlichkeit in der Zielverfolgung. Auf alles andere kann getrost verzichtet werden, insbesondere auf falsche Rücksichtnahme gegenüber Mitarbeitern, zu viel Verständnis für deren Ausreden, warum etwas nicht funktioniert sowie den Wunsch, von allen geliebt und damit der beliebteste Chef zu sein.

Auf Ihrem Weg in die Selbstständigkeit als Trainer und Top-Coach, was hat Sie in den ersten Jahren erfolgreich werden lassen?

Im Nachhinein betrachtet habe ich lange, bevor ich mich selbstständig gemacht habe die notwendigen Voraussetzungen geschaffen: eine fundierte Aus- und Weiterbildung, langjährige Erfahrung in Fach- und Führungsaufgaben, vielfältige Projekte durchführen und unterschiedliche Organisationen kennen um zu verstehen, wie sich Menschen in sozialen Strukturen verhalten. Für den Sprung in die Selbstständigkeit haben mir dann insbesondere die guten Beziehungen und langjährigen persönlichen Kontakte zu den Menschen bei meinen Kunden geholfen. Meinen Erfolg erkläre ich mir insbesondere durch folgende Maßnahmen: eine klare Fokussierung auf mein Thema „konsequent führen" sowie konsequente Marketing- und PR-Maßnahmen, d. h. Bücher veröffentlichen, Artikel schreiben, Interviews geben, um dadurch meinen Bekanntheitsgrad signifikant zu steigern.

Wie gestaltet sich für Sie eine Lebenskarriere, von der Sie sagen, sie kann in das Topmanagement führen, geht das immer nur über große akademische Qualifikationen oder funktionieren hier auch Quereinstiege?

Eine gute Qualifikation ist heutzutage Standard und wird ebenso vorausgesetzt wie ein großer Leistungswille. Quereinstiege sind möglich, erfolgen jedoch zumeist über den Umweg einer renommierten Unternehmensberatung. So ist es möglich als Theologe, Chemiker oder Soziologe ins gehobene Management aufzusteigen. Ansonsten erlebe ich immer noch starke branchenspezifische Einschränkungen. Daneben gibt es gewisse Begrenzungen: bei Finanzdienstleistern auf Betriebswirte, Volkswirte oder Juristen, in anderen Branchen beispielsweise auf Ingenieure, Chemiker oder Physiker.

Meine ernüchternde Erfahrung ist jedoch, dass all das nichts hilft, wenn nicht noch zwei wichtige Voraussetzungen gegeben sind, die in Karriereratgebern eher tabuisiert werden. Erstens: Am besten geht es noch immer über Vitamin B. Die Zeit der Deutschland AG ist offiziell seit Jahren vorbei, sie funktioniert dafür im Verborgenen umso besser. Herkunft und Netzwerke machen die Türen in die Topetagen auf, oder eben auch nicht. Wenn beides nicht gegeben ist, sollte man zumindest an der richtigen Universität studiert haben, eben da, wo die Menschen mit der richtigen Herkunft auch studieren. Zweitens: Es bedarf einer großen Härte, auch gegen sich selbst, unangenehme Entscheidungen zu treffen und diese durchzuboxen. Dabei geht es mitunter einfach brutal zu und das muss man wollen und aushalten. Zu sozial engagierte Mitarbeiterversteher schaffen das nicht. Ich bin weit entfernt, das alles gut zu heißen, will andererseits den Blick auf vorhandene Spielregeln und Gesetzmäßigkeiten des Aufstiegs aber auch nicht negieren.

Ihr finaler Rat an Menschen, die eine große Karriere in ihrem Leben machen und sich aus der täglichen Mittelmäßigkeit befreien wollen?

Prüfen Sie zunächst, ob Sie das wirklich wollen, denn es hat auch viele Schattenseiten, zu denen da oben zu gehören: lange Arbeitszeiten, vielfältige Auseinandersetzungen, Entscheidungen unter großer Unsicherheit, die Härten und Folgen solcher Entscheidungen, Einsamkeit, wenig Zeit für sich selbst und die Familie, große Aufmerksamkeit der Medien, Anfeindungen ebendieser oder des Betriebsrates. Neider, Intriganten und Spekulanten, kurz: viel Stress. Doch hier mein finaler Rat: Habe große Ziele, verfolge Sie beharrlich, gib dafür alles und vergesse nie den Spaß dabei. Behalte währenddessen immer den Blick für Möglichkeiten die am Wegesrand liegen und nutze sie. Übe dich in Demut und vergesse nie: Glück und der richtige Zeitpunkt lassen sich nicht erzwingen.

Meinen herzlichen Dank für Ihre klaren Worte, Herr Jäger.

KRISTIAN FURCH

Geschäftsführer von LeadershipPartners

WAS UNTERSCHEIDET GROSSE FÜHRER VON GANZ NORMALEN MENSCHEN?

Bitte, Herr Furch, erzählen Sie uns zunächst etwas zu Ihnen und Ihrem Unternehmen.
Ich bin seit 20 Jahren Managementberater: zunächst angestellt, danach Inhaber und Geschäftsführer eines auf den öffentlichen Sektor spezialisierten Beratungsunternehmens mit circa 20 angestellten Beratern und seit 2007 Partner bei LeadershipPartners, einer Partnerschaft erfahrener Führungsberater mit Kunden in verschiedenen Branchen. LeadershipPartners beschäftigt sich mit allen Facetten „guter Führung", von der Unternehmensstrategie über die Gestaltung der Organisation und der Optimierung von Führungsinstrumenten (Planung/ Controlling, Berichtswesen, Personalinstrumente etc.) bis hin zum Executive Coaching und dem Management auf Zeit. Wir sind ähnlich organisiert wie eine Anwaltskanzlei.

Viele Menschen träumen davon, Politikern einmal richtig die Meinung sagen zu können, Sie beraten seit vielen Jahren Politiker und Top-Führungskräfte, wie wächst man in eine solche einflussreiche Position hinein?

Durch eine Mischung aus Erfahrung und günstigen Umständen: Ich habe mich, beginnend mit der Leitung von kirchlichen Jugendgruppen und einer Offiziersausbildung in jungen Jahren, mein ganzes Leben lang mit Menschen und mit dem Thema Führung beschäftigt. Es wäre ungewöhnlich, wenn man da nicht die eine oder andere Erfahrung gemacht hätte, die auch anderen Führungskräften helfen kann. Man muss also zunächst etwas zu sagen haben, das Hand und Fuß hat. Ich bekam dann durch günstige Umstände, das Gewinnen einer großen öffentlichen Ausschreibung für meinen damaligen Arbeitgeber, als junger Berater sehr früh die Gelegenheit, die Steuerungsinstrumente eines deutschen Bundeslandes neu konzipieren zu dürfen, was, durch die Art des Auftrages, auch einen intensiven Austausch über Führungsthemen mit den dort politisch Verantwortlichen mit sich brachte. Damals spürte ich, dass ich für diese Menschen in hohen Verantwortungspositionen und für die Bewältigung ihrer komplexen Aufgaben eine tiefe Zuneigung und Leidenschaft empfand. Ich stellte zudem überrascht fest, dass man mir zuhörte – ich vermute, weil die betroffenen Führungskräfte diese Leidenschaft spürten und ich außerdem mit jugendlicher Tatkraft, aber gleichzeitig mit einem hohen Qualitätsanspruch, zu Werke ging. Immer wieder traf ich dann auch später mit dieser „Wunschzielgruppe" zusammen und konnte praktisch helfen. Das ist eigentlich alles.

Oft wird gesagt, die meisten Coaches müssten ihr Geld zusätzlich in anderen Arbeitsbereichen verdienen, bei Ihnen ist das nicht so, woran liegt das, was machen Sie anders als die Konkurrenz?
Wir bieten Strategie- und Organisationsberatung sowie persönliches Coaching aus einer Hand und versetzen uns dadurch 100-prozentig in die Situation und die handelnden Personen unserer Kunden hinein. Diese Kombination beherrschen nur sehr wenige Konkurrenten, die meist entweder etwas von Systemen oder von Menschen verstehen. Aus Sicht des Kunden gehört aber beides stets eng zusammen.

Sie kennen eine große Zahl von Vorständen und Geschäftsführern, war das bei den meisten von diesen wirklich Zufall oder Glück, dass sie es auf diese Hierarchiestufe geschafft haben oder welche Führungseigenschaften qualifizieren wirklich für eine Top-Position?

Da gibt es eine ganz breite Palette. Zunächst einmal war ich von Anfang an überrascht, wie viele Topmanager oder Top-Politiker in diese Position gekommen sind, weil sie gute Fachleute, gute Redner oder gute Selbstdarsteller sind, vielleicht kombiniert mit einer Portion Willensstärke und einem spürbaren Karriereanspruch – aber nicht etwa, weil sie besonders gute Manager oder „Leader" gewesen wären. Hier sind nach meiner Erfahrung viele Top-Führungskräfte bestenfalls durchschnittlich begabt.

Zufall und Glück spielen meines Erachtens nach eine untergeordnete Rolle. Man wird was man will, wenn man seine Stärken geschickt einsetzt, mit einem gewissen Nachdruck dranbleibt und Rückschläge wegstecken kann. Oft merkt man erst wenn man „angekommen" ist, was einem fehlt. Viele Betroffene konzentrieren sich dann darauf, zu verbergen, was sie nicht gut können. Was in aller Regel sowieso nicht funktioniert. Andere lassen sich ergänzen und lernen dazu. Das ist besser und hier kommen wir ins Spiel: Wir finden es völlig normal, dass auch Top-Führungskräfte Führungsprobleme haben. Damit nehmen wir gleich am Anfang viel Druck und Schauspielerei aus der Beziehung heraus. Wir arbeiten dann respektvoll, aber auch offen und ehrlich, an den organisationalen und persönlichen Schwächen, die sich jeweils zeigen. In dieser Atmosphäre können Führungskräfte ohne Gesichtsverlust herausfinden, wo sie gut sind und wo nicht – und an Letzterem ganz praktisch etwas ändern.

In Bezug auf das Verfahren gegen Herrn Strauss-Kahn, den ehemaligen Chef des Internationalen Währungsfonds, – sind moderne Führer genauso Menschen wie alle anderen auch oder finden Sie, dass hier meist eine besondere charakterliche Integrität anzutreffen ist?

Man kann sich das wünschen, aber ich hoffe es ist klar geworden: Top-Führungskräfte sind nach meiner Erfahrung ganz normale Menschen, die Karriere gemacht haben. Das bedeutet weder, dass sie besser führen als andere noch dass sie per se integrer sind. Ich arbeite so leidenschaftlich daran, diese Eigenschaften zu verbessern, weil Top-Führungskräfte meist Hebel in der Hand halten und Einflüsse haben, die andere Menschen nicht haben. Daher sollten sie wohl besser führen und integrer sein als andere. In beiden Feldern kann man substanzielle Verbesserungen erzielen, wenn der Betroffene das wirklich will. Eine „natürliche positive Selektion" beim Voranschreiten auf der Karriereleiter findet aber nach meiner Erfahrung nicht statt. Man muss hart daran arbeiten, ein guter Mensch zu sein – wie jeder andere auch.

Wir befinden uns vielleicht gerade in der Endphase des angelsächsisch geprägten Quartalsdenkens in den Unternehmen – wie führen die besten Köpfe, die Sie kennen ihre Mitarbeiter, nur einfach Ziele zu definieren kann schnell in eine Sackgasse führen, oder?

Dem würde ich zustimmen: Gute Führungskräfte, könnte man sagen, mobilisieren das Beste und Edelste in ihren Mitarbeiterinnen und Mitarbeitern. Sie sind also vor allem nicht selbstzentriert, dafür gute Vorbilder und Motivatoren. Natürlich gehört dazu, den Mitarbeitern herausfordernde Ziele zu setzen, aber das ist nur ein Aspekt. Und auch dies muss gestaltet werden: Ziele dürfen nicht unrealistisch sein, sie müssen auch mal verändert werden dürfen und die Mitarbeiter müssen die Zielzusammenhänge plausibel finden. Die typischerweise ziemlich unkreativen, unrealistischen, von oben aufgedrückten Quartalsvorgaben, die schlicht nach dem Prinzip funktionieren: „Druck machen ist immer gut" erfüllen oft schon diese einfachen Kriterien nicht. So etwas hat nichts mit Führung zu tun. Da kann man einen Hund drauf dressieren.

Würden Sie mit den großen Führern, die Sie kennen, auch ein Bier trinken gehen oder sind das meist eher einsame und scheue Menschen?

Mit den meisten meiner Kunden war ich bereits ein Bier trinken, ob sie introvertiert oder extrovertiert sind. Eine ehrliche und gleichzeitig respektvolle Beziehung schätzt jeder. Diese Leute werden nur aus einem Grund einsam oder wählerisch: Wenn sie erleben, dass jeder, der sie anspricht, im Grunde etwas von ihnen will. Umso mehr schätzen sie aber Beziehungen, wo man sich für den „ganz normalen Menschen" hinter der Rolle interessiert. Das tue ich. Ich mag diese Menschen ganz besonders.

Herr Furch, wenn Sie als Executive Coach einen Rat geben sollen an Manager in mittleren Positionen, die es noch nicht nach ganz oben geschafft haben, was halten Sie für eine kraftvolle Strategie, um im Unternehmen auf sich aufmerksam zu machen. Die Zeit der Blender ist auch ein bisschen vorbei, oder?

Gute, verlässliche Arbeit, das gelassene und gleichzeitig selbstbewusste Vertreten der eigenen Meinung und das Vermeiden von allem, was Richtung „pretending", „hidden agenda" oder „politics" geht. Am Ende machen doch am ehesten die Karriere, auf die man sich verlassen kann und die einigermaßen berechenbar sind. Und das sind in aller Regel nicht die, die sich verbiegen und manipulieren lassen. Ausnahmen bestätigen die Regel.

In Deutschland werden Ehen mit immer späterem Lebensalter geschlossen, finden Sie das empfehlenswert für junge Manager, die sich gut entwickeln wollen oder glauben Sie, dass eine Familie eine gute Erfolgsgrundlage ist, auch wenn sie oft sehr viel mehr Aufwand und Arbeit mit sich bringt?

Ich wiederhole: Am Ende machen doch am ehesten die Karriere, auf die man sich verlassen kann und die einigermaßen berechenbar sind. Ich persönlich habe sehr davon profitiert, jung geheiratet zu haben und mit 25 Jahren bereits zum ersten Mal Vater geworden zu sein. Ich habe dabei viel gelernt, z. B. Verantwortungsbewusstsein, Geduld, Prioritäten zu setzen, Kompromisse herbeizuführen, wenn nötig eigene Interessen zurückstellen zu können, Einfühlungsvermögen, eine gewisse Leidensfähigkeit, den Umgang mit verschiedenen Charakteren. Ich würde das sofort wieder tun. Man bekommt einfach mehr Tiefgang.

Bindungs- und Beziehungsfähigkeit werden heute oft nicht mehr ausreichend gelernt, obwohl das wirklich Top-Führungsqualitäten sind. Die Gefahr des sehr späten Eingehens dauerhafter Bindungen ist eine gewisse Oberflächlichkeit zu entwickeln, die man selber vielleicht gar nicht merkt, weil das viele so machen. Die eigene Familie ist außerdem ein unglaublich wertvoller emotionaler Anker. Das gilt sowohl für den Partner, als auch für dieses unbeschreibliche Gefühl, für einen anderen Menschen Vater oder Mutter sein zu dürfen. Ich kenne kein intensiveres Gefühl als das.

Herr Furch, im Lichte Ihrer jahrzehntelangen Management- und Coaching-Erfahrung: Was ist Ihr finaler Rat an Menschen, die mit diesem Buch in der Hand noch einmal einen Versuch machen wollen, ihrer Karriere einen positiven Schub zu geben?

Ich denke es ist zunächst sinnvoll sich ehrlich zu fragen: Warum möchte ich Karriere machen? Weil ich dann wichtig bin, irgendeinen Mangel kompensieren oder anderen meinen Willen aufdrücken kann? Dann lassen Sie es bitte. Es gibt viele andere sinnvolle Aufgaben. Oder weil ich vielleicht bestimmte Missstände beheben oder positive Einflüsse auf Menschen und Organisationen ausüben möchte? Dann fangen Sie morgen früh an, genau diesen Missstand zu beheben oder diesen Einfluss zu nehmen.

Ich würde sagen: Wenn Sie das Zeug zu einer guten Führungskraft haben werden Sie dabei sichtbare Erfolge erzielen und Menschen werden beginnen, sich Ihnen zuzuordnen – egal auf welcher Position Sie gerade sind. Zeigt sich dann eine konkrete Karrierechance, können Sie in diesem Fall guten Gewissens und beherzt zugreifen – und man wird ihnen das dann auch zugestehen.

Danke schön für dieses Gespräch, Herr Furch.

— ● —

6. Wie grosse Karrieren im ehrenamtlichen und gesellschaftlichen Engagement entstehen können

GABRIELE MÜLLER

Stellvertretende Bundesvorsitzende des Liberalen Mittelstandes e.V.

AUF WELCHE WEISE KANN EIN EHRENAMT KARRIEREN FÖRDERN OHNE DAS EIGENE LEBEN ZU ÜBERLASTEN?

Frau Müller, als stellvertretende Bundesvorsitzende des Liberalen Mittelstandes und langjährige Landesvorsitzende dieser Organisation in Hessen können Sie bestimmt kompetent Auskunft über eine Karriere im Ehrenamt geben. Auch in einer politischen Partei hatten Sie herausragende Ämter. Bitte stellen Sie sich zunächst einmal kurz vor:

Mein ehrenamtlicher Werdegang fing 1992 an. Damals wurde ich Mitglied der FDP und der Jungen Liberalen. Erste Highlights waren dann die Gründung und der Vorsitz eines Ortsverbandes der Jungen Liberalen, meine Landtagskandidatur 1995, die Gründung eines FDP-Ortverbandes, den ich zehn Jahre führte und das Amt als Stellvertretende Bezirksvorsitzende sowie die Mandate als Landes- und Bundesparteitagsdelegierte. 1999 trat ich in den Liberalen Mittelstand in Hessen ein und war somit Gründungsmitglied dieses Wirtschaftsverbandes. Ich gehörte auch dem ersten Landesvorstand an. Als die damalige Landesvorsitzende starb, übernahm ich den Landesvorsitz, den ich bis Herbst

2010 innehatte. Parallel wurde ich dann zuerst Beisitzerin und dann Stellvertretende Vorsitzende des Bundesverbandes.

Ansonsten habe ich Betriebswirtschaft studiert und war anschließend bei einer großen internationalen Personalberatungsgruppe tätig. Dort lernte ich die Personaldirektsuche von der Pike auf. 1987 ging ich im Research in die Selbstständigkeit und arbeitete zunächst für Personalberatungsgesellschaften mit unterschiedlichen Schwerpunkten. Schnell beschäftigte ich Mitarbeiter und konnte so überdurchschnittlich viele Direktsuche-Projekte erfolgreich abwickeln. Seit Mitte der 90er-Jahre bin ich nun direkt für große, auch mittelständische Unternehmen in der Personalsuche und -auswahl tätig und dabei Partnerin bei MRI-Network, dem größten weltweiten Personalberatungsnetzwerk. Somit kann ich auch internationale Projekte schnell und positiv bearbeiten. Mit der Zeit habe ich dann noch einige zusätzliche Geschäftsbereiche unter meinem in Frankfurt am Main ansässigen Unternehmen perSelect entwickelt – zum Beispiel im Bereich Coaching, wobei ich als Basis ein sehr effizientes dreidimensionales Profilingtool nutze. Interessant ist auch meine Tätigkeit als Senior Executive Advisor im Interim Management, wo ich erfahrene Interim Manager für leitende Funktionen in der Unternehmensführung und im Projektmanagement auf temporäres Basis platziere.

Kann ein Ehrenamt ein Karrieremotor sein oder was ist Ihre Erfahrung in diesem Bereich?

Ja und nein. Das kommt sehr darauf an, ob man die richtigen Gewichtungen setzt. Ja, wenn man die Erfahrungen, die man im Ehrenamt sammelt, im Berufs- beziehungsweise Geschäftsleben nutzt. Da fällt mir ein Beispiel ein: Vor meiner ehrenamtlichen Tätigkeit hatte ich nie Gelegenheit vor mehreren hundert Personen zu sprechen und hatte davor auch Hemmungen. Für das Ehrenamt bin ich dann ins kalte Wasser gesprungen und konnte diese Erfahrungen dann geschäftlich nutzen. Heute stelle ich mich problemlos auch vor tausend Leute und halte ein Referat. Nein, wenn man deshalb seine Karriere beziehungsweise sein Geschäft vernachlässigt. Da muss man permanent gegensteuern und aufpassen, dass man nicht nur die ehrenamtlichen Sachen macht, die einem Freude bringen, sondern dass man auch umsatzrelevante Arbeiten erledigt. Das ist gerade bei Selbstständigen schwierig. Es gibt keinen Chef, der einem inhaltliche und zeitliche Vorgaben macht. Dazu gehört viel Selbstdisziplin. Wenn man diese nicht hat, ist das Ehrenamt eher ein Karrierekiller als ein Karrieremotor. Für mich war das in der Regel kein Problem – außer wenn gerade besonders viel Einsatz gefordert war, zum Beispiel bei der Realisierung des bundesweiten Mittelstandstages 2007 in Frankfurt oder auch bei Kampagnen in Wahlkampfzeiten.

Sie haben eine große Zahl von Spitzenleuten aus Politik und Wirtschaft kennengelernt in den letzten Jahren, haben Sie davon persönlich profitiert?
Ehrlich gesagt persönlich ja, aber geschäftlich nicht. Das hat aber etwas mit meiner Einstellung zu tun, Geschäft und Ehrenamt streng zu trennen. Das mag dem einen oder anderen antiquiert vorkommen, aber ich habe da sehr große Ansprüche an mich selbst. Werte wie Ethik und Moral sind mir wichtig. Als ich zum Beispiel einen Vorstandsvorsitzenden einer Großbank durch meine ehrenamtliche Tätigkeit für den Wirtschaftsverband kennenlernte, hätte ich mir eher die Zunge abgebissen als ihn zu fragen, ob er Personal sucht beziehungsweise ob er mit seinem Personalberater zufrieden ist. Ich glaube, viele der namhaften Personen aus Politik und Wirtschaft, die mir im Laufe der Jahre begegnet sind, wissen bis heute nicht, was ich geschäftlich mache. Das ist natürlich andererseits schade und da gibt es sicherlich eine Menge verpasster Chancen, aber so bin ich eben. Persönlich habe ich hingegen viel profitiert und tue es auch immer noch. Man wächst an Erfahrungen, an Geist und an Persönlichkeit, wenn man sich mit hochintelligenten Machern unterhält. Sicherlich sind nicht alle Gespräche gleich prickelnd. Gerade unter den Politikern gibt es auch Personen, die durch die Ochsentour in einer Partei oder auch über Vitamin B auf Posten gelangt sind, in Ämter, für die sie bei mir – in meiner Eigenschaft als Personalberaterin – noch nicht einmal bis zum persönlichen Kandidateninterview gekommen wären.

Wenn Sie Ihre Aktivität im ehrenamtlichen Bereich noch einmal von vorn angehen könnten, was würden Sie anders machen?
In der Parteipolitik würde ich entweder gleich ein bezahltes Mandat auf Landes- oder Bundesebene anstreben oder ich mich nur auf Ortsebene bewegen. Das ehrenamtliche Engagement auf Kreis-, Bezirks- oder gar Landesebene macht aus meiner Perspektive nur Sinn, wenn man wirklich Politkarriere machen und zumindest einen Teil seines Einkommens daraus bestreiten will. Ansons-

ten ist das etwas für absolute Enthusiasten, die Geld und Zeit dazu haben und die – möglichst – nicht selbstständig sind. Beim Wirtschaftsverband war und ist es bei mir ohnehin reiner Enthusiasmus. Ich sehe den Mittelstand in Deutschland als sehr wichtig an. Leider wird der sogenannte Motor der deutschen Volkswirtschaft aber in vielen Bereichen gegängelt. Das stört mich und ich kämpfe für Besserung – aus rein idealistischen Gründen. Anders machen würde ich unter den gleichen Rahmenbedingungen – die ja mit einem Startup-Unternehmen zu vergleichen waren – nichts. Wir starteten mit einem Dutzend Personen, von denen aber nur zwei bis vier wirklich aktiv wurden. Bis zum Ende meiner Amtszeit waren es dann knapp 180 Mitglieder im Landesverband Hessen. Aber wenn ich damals gewusst hätte, was ich heute weiß, hätte ich eine andere Organisationsform in Bezug auf die Verbandsstruktur gewählt – mit weniger Verwaltung und weniger Ebenen. Auch würde ich ein anderes Aufnahmeverfahren installieren, welches auf persönlichen Empfehlungen basiert.

Ist das Ehrenamt in Politik oder Verband eine Möglichkeit für Frauen, sich eher in männerdominierten Strukturen durchzusetzen?

Grundsätzlich bin ich kein Mensch, der in geschlechtsspezifischen Kategorien denkt. Das hat mich im Zusammenhang mit den Lebensbereichen Geschäft, Karriere, Ehrenamt und Ähnlichem noch nie interessiert. Wenn man sich durchsetzen will, sollte man das mit seinem Verstand und seiner Persönlichkeit tun – egal ob man Frau oder Mann ist. Es liegt also an der Person. Ich würde mich übrigens nie in einer Frauenorganisation engagieren. Ich mag dieses Herausstellen der Unterschiede, die nur auf dem Geschlecht beruhen, nicht. Wobei die eigentliche Emanzipationsbewegung der Frauen natürlich ihre Berechtigung hatte, aber heute haben Frauen in allen Lebensbereichen die gleichen Rechte wie Männer. Das Geschlecht ist kein Grund für eine Sonderbehandlung. Frauen, die dies wirklich wollen, können sich frei entwickeln und ihre Rechte einfordern. Unbestritten sind indessen die in Teilbereichen der Wirtschaft beziehungsweise in bestimmten Branchen noch existierenden Lohnunterschiede zwischen Frau und Mann und männliche Vorbehalte gegen die Betrauung von Frauen mit bestimmten Aufgaben, insbesondere in Führungsverantwortung. Hier sind Wirtschaft und Politik gefragt, für beide Geschlechter gleiche Rahmenbedingungen zu schaffen.

Interessant ist sicherlich auch, dass ich als Vorsitzende des Landesverbandes Hessen des Liberalen Mittelstandes ausschließlich mit Männern wirklich erfolgreich zusammengearbeitet habe. Die hatten übrigens keine Vorbehalte gegenüber einer Frau als Chefin, sondern haben sich gerne von mir führen lassen.

Kommen eigentlich mit dem zusätzlichen Engagement auch zusätzliche Kräfte oder warnen Sie davor, im ehrenamtlichen Bereich über das eigene Vermögen hinaus ausgenutzt zu werden?

Ich denke schon, dass man zusätzliche Kräfte mobilisiert. Der Mensch wächst ja bekanntlich mit seinen Aufgaben. Das ist nicht nur ein Spruch, sondern man sieht das ja auch immer wieder bei Spitzensportlern, die im Wettkampf oft über ihre Grenzen hinauswachsen. Solange man bei dem Ehrenamt nur die Kräfte einsetzt, die man selbst bereit ist zu investieren, sind diese auch da – ohne dass sie woanders fehlen. Anders wird das bei eher negativem Stress. Da spürt man die Grenzen und muss Sorge dafür tragen, dass einem dann die Kräfte in den Bereichen, die überlebenswichtig sind, nicht fehlen.

Zum Thema des Ausnutzens: Man trifft immer wieder Leute, die einem ausnutzen möchten – gerade auch im ehrenamtlichen Umfeld. Hier muss man aufpassen, dass man dennoch seinen eigenen Weg geht und sich nicht zu deren Marionette oder Spielball machen lässt. Das kann man aber selbst bestimmen. Also – einfach sich immer wieder selbst hinterfragen, nach dem Motto „Will ich das oder erwarten es die anderen von mir?". Gewarnt sei in diesem Zusammenhang auch vor Leuten, die selbst nichts auf die Reihe bekommen und mit Hilfe der Partei oder des Verbandes ihr Leben wieder richten wollen – sei es über Beziehungen, die dann gerne angezapft werden, oder über Ratschläge, die selbstverständlich kostenlos sein müssen. Das sind echte Energievampire.

Über welchen Erfolg in Ihrer ehrenamtlichen Verbandsarbeit haben Sie sich am meisten gefreut?

Die Antwort ist einfach: Das war eindeutig der bundesweite Mittelstandstag in Frankfurt im November 2007. Mir ist es gemeinsam mit meinen damaligen Stellvertretern gelungen, einen zweitägigen Event zu organisieren mit hoch interessanten Podiumsdiskussionen, Workshops und einer Mittelstandsmesse. Wir hatten viele hochkarätige Keynote-Speaker wie zum Beispiel Prof. Dr. Norbert Walter, den damaligen Chefvolkswirt der Deutschen Bank, oder auch Dr.

Wolfgang Gerhardt, Mitglied des Deutschen Bundestages und Vorstandsvorsitzender der Friedrich-Naumann-Stiftung. Ich konnte nicht nur tolle Persönlichkeiten, sondern auch etablierte Partner gewinnen, wie zum Beispiel die IHK Frankfurt, in deren Räumen wir den Kongress abhielten. Auch die Commerzbank, die Deutsche Bank, SAP, Fraport und viele andere waren mit an Bord. Das war sehr schön und auch inhaltlich hochinteressant. Abends hatten wir einen Empfang im Kaisersaal des Römers und dann einen „Frankfurter Abend" im Ratskeller mit guten und entspannten Gesprächen und einem pointierten Vortrag von dem bekannten Journalisten und Autor Dr. Hugo Müller-Vogg.

Wodurch wurden die großen Siege und Erfolge in Ihrem Engagement möglich, was waren die prägenden Faktoren Ihrer Arbeit im Wirtschaftsverband?

Da muss ich wieder auf mein Herzblut für die Sache des Mittelstandes zurückkommen und meinen unbändigen Wunsch etwas zu bewegen und zu verändern. Das machte die Erfolge möglich. Sicherlich habe ich diese dann auch genossen und sie haben mich weiter angespornt. Dann bin ich auch ein Mensch, der Dinge ganz oder gar nicht macht. Genau diese Einstellung führt auch immer wieder zu kleinen Siegen und über die fast zehn Jahre als Landesvorsitzende zu einem beachtlichen Gesamtwerk. Hinzu kamen einige Mitstreiter, die mit mir gemeinsam für die Sache brannten und die sich als meine Stellvertreter sehr intensiv engagierten. Zwischen diesen Personen und mir entstand eine große Gruppendynamik, die uns dazu führte, selbst komplexe Projekte mit einer gewissen Leichtigkeit und Eigendynamik zum Erfolg zu führen – wie zum Beispiel das Projekt „Fokus für Exzellenz", einem Innovationspreis, welchen wir über Jahre weiterentwickelt haben und der in meinem letzten Jahr als Vorsitzende an Stefan Messer von der Messer AG verliehen wurde. Also das richtige Team ist auch ein sehr wichtiger Faktor.

Wo Licht ist gibt es aber bekanntermaßen auch Schatten. Man darf sich nicht von den ewigen Nörglern und Bedenkenträgern runterziehen lassen, die es wohl naturgemäß in jeder Organisation gibt. Man muss da manchmal auch recht stur und autoritär sein. Das ist sicherlich auch ein Erfolgsfaktor und stößt nicht immer auf Gegenliebe. Aber das zeichnet eine Führungspersönlichkeit wohl unter anderem aus.

Was sind Ihre Empfehlungen an Menschen, die über den Weg ehrenamtlichen Engagements große Erfolge in ihrem Leben realisieren wollen? Wie soll man das beginnen und aufbauen?

Man muss vor allem zu 150% an die jeweilige Sache glauben, muss dem Ehrenamt eine gewisse Priorität – nicht zu viel und nicht zu wenig – einräumen, muss sich von der Vorstellung verabschieden längerfristigen Dank zu erhalten und sollte auch nicht von Reichtümern durch das Ehrenamt träumen – zumindest nicht materiell. Innerlichen Reichtum kann man durchaus erlangen, wenn man auch noch ein dickes Fell mitbringt und lernt, in sich selbst zu ruhen. Beginnen würde ich mit der Suche nach dem richtigen Thema, für das man sich wirklich tief interessieren sollte. Dann sollte man sich die Menschen anschauen, die dort schon aktiv sind. Tickt man wie diese? Wenn diese beiden Faktoren erfüllt sind, sollte man zunächst klein einsteigen und dann mit der Aufgabe wachsen. Ein Quereinstieg direkt in die Führungsetage ist machbar, aber schwer. Dann fehlt einem das Basiswissen für Inhalte, Personen und Strukturen. Oder man macht es wie ich und fängt bei quasi Null an – dann gibt es keine Vorgaben außer dem eigenen gesunden Menschenverstand.

Sie haben den Landesvorsitz des hessischen Landesverbandes des Liberalen Mittelstandes nach zehn Jahren aus freien Stücken niedergelegt. Welche Strategie empfehlen Sie, wenn das ehrenamtliche Engagement an die Grenzen des Machbaren kommt? Einfach gehen oder schrittweise vorgehen?

Grundsätzlich ist ein Ehrenamt etwas, dem man in seiner Freizeit nachgeht. Das muss man immer beachten. Wenn sich die persönlichen Prioritäten verschieben und man sehr gerne andere Dinge tun möchte, sollte man entsprechend handeln – zu seinem eigenen Wohle, aber mit Verantwortung für die Sache. Mir fiel die Entscheidung den Vorsitz abzugeben damals nicht leicht – war der Landesverband Hessen des Liberalen Mittelstandes doch ein Gewächs, welches ich fast zehn Jahre gepflegt und gehegt habe. Aber ich merkte auch, dass ich nach außen viel und für mich persönlich mein Ziel erreicht hatte. Der hessische Verband war gut etabliert, wurde in Politikkreisen ernst genommen, hatte viele neue Mitglieder und war bekannt für seine guten Veranstaltungen unter meiner Verantwortung. Ganz zurückgezogen habe ich mich nicht, da ich immer noch Stellvertretende Bundesvorsitzende bin, aber in Hessen war meine

Führungsaufgabe erledigt. Ich gehöre aber immer noch dem Regionalvorstand Südhessen an.

Auch war Zeit für Neues – für andere Prioritäten. Mit fast 50 kommt man ins Nachdenken – zumindest ich. Dinge wie meine Gesundheit und meine persönliche Weiterentwicklung gewannen an Priorität. Sport, Spaziergänge mit meinem Mann und unserem Hund Monty, Seminarbesuche zu interessanten Themen, Lesen und Schreiben wurden wichtiger. Deshalb schreibe ich jetzt auch als Autorin kleine Artikel zu den Themen Management und Politik mit Schwerpunkt Mittelstand sowie zu anderen Themen, die mich interessieren. Sicher – theoretisch sollte man diesen Ausstieg zwei bis vier Jahre vorher vorbereiten und sich einen Nachfolger aufbauen. Das hätte ich bei der Nachfolgersuche für mein Unternehmen perSelect sicher auch getan, aber wir reden hier nach wie vor vom Ehrenamt – einer Freizeitbeschäftigung. Und: Man kann Dinge, die eher plötzlich in einem reifen, nicht vorausplanen. Deshalb – ich glaube, dass es beim Ehrenamt nur die Exitstrategie gibt einfach aufzuhören, wenn man spürt, dass die Zeit dafür reif ist.

Liebe Frau Müller, ich danke Ihnen ganz herzlich für dieses Gespräch.

[Gabriele Müller ist heute selbstständig mit der Firma Gabriele Müller Personal & Business Coaching.]

— ● —

JANE UHLIG
Geschäftsführerin des Frankfurter Zukunftsrates e.V.

WOMIT BAUT MAN EINE GEMEINNÜTZIGE GESELLSCHAFT, DIE SICH MIT ZUKUNFTSFRAGEN BEFASST, ERFOLGREICH AUS DEM NICHTS HERAUS AUF?

Bitte, Frau Uhlig, erzählen sie zu Beginn etwas über den Hintergrund Ihrer Organisation und geben Sie uns ein paar Informationen zu Ihnen.

Der Frankfurter Zukunftsrat ist eine gemeinnützige Gesellschaft, die sich den Problemen der Zukunft widmet. Hier spielen die Themen Erziehung und Bildung, Wirtschaft und Politik, Global Change, Gesundheit und Alter sowie das Thema Journalismus, Medien und Kommunikation federführende Rollen. Aber vor allem agieren wir immer wieder unter der Fragestellung: Wie wird die Zukunft unserer Welt, unserer Gesellschaft, unserer Kinder einmal aussehen? Und: Was können wir tun, um diese Zukunft vor drohenden Gefahren zu schützen und Chancen, die sich bieten, zu nutzen. In unseren interdisziplinären Zukunftskreisen mit renommierten Persönlichkeiten aus Wissenschaft, Politik, Wirtschaft, Kommunikation und Gesellschaft erarbeiten wir praktische Thesenpapiere, die wir dann der Öffentlichkeit vorstellen. Unter anderem in unserer neuen überregionalen und unabhängigen Zeitung Zukunftsexpress, die wir demnächst einer großen Öffentlichkeit vorstellen. Diese Zeitung publiziert ausschließlich Menschen, Produkte, Themen, Unternehmen, die intensiv mit dem Thema Zukunft verbunden sind.

Würden Sie sich selbst als Karrierefrau bezeichnen?

Was ist eine Karrierefrau? Für mich ist eine Karrierefrau jemand, der kein Privatleben hat sowie im Beruf ständig erfolgreich ist und Anerkennung findet. Trotzdem haftet an diesem Begriff etwas Negatives: nämlich Anerkennung und Befriedigung nur über den Beruf zu erlangen. Und wenn das die einzige Motivation ist, dann sind Karrierefrauen arm dran. Vor einigen Monaten wurde mir genau das bewusst. Ich arbeite seit einigen Monaten daran, wieder ein Privatleben zu haben. Aber es ist schwer, irgendwie habe ich es bis heute noch nicht hinbekommen, weil ich nun mal gerne arbeite. Mein Beruf ist mein Leben, meine Herausforderung. Ich möchte dennoch gern beides sein: eine Karriere- und eine Privatfrau. Aber was ist eine Privatfrau? Vielleicht eine Frau, die auch in ihrem Privatleben Zufriedenheit empfindet. Und dabei ist es bestimmt egal, wie viel Stunden sie dabei zur Verfügung hat. Ich probiere es aus.

Was waren die Schritte zu Ihrer heutigen Geschäftsführungsposition?

Vor zehn Jahren übernahm ich nach meinem Umzug in das Land Hessen – ich bin gebürtige Sachsen-Anhalterin – die Leitung der Frankfurter Texterschule. Anschließend wurde ich gefragt, die Geschäftsführung und Kommunikation des Konvents für Deutschland unter der Leitung von Roman Herzog zu übernehmen und nachfolgend gründeten Manfred Pohl, Wolfgang Clement und ich den Frankfurter Zukunftsrat, deren Geschäftsführerin ich seitdem bin. In Geschäftsführungsaufgaben arbeitet man sich schnell ein. Der Aufbau einer gemeinnützigen Organisation ähnelt der Neuentwicklung eines Unternehmens. Für mich standen immer die Themen und ihre Kommunikation sowie die Bezahlbarkeit im Vordergrund – in einem Unternehmen geht es um den Verkauf von Produkten und bei uns geht es um den „Verkauf" von Themen ; d. h. ich musste immer überlegen, wie kann ich mit unserem Potenzial (unsere Persönlichkeiten, unsere Themen, unseren Veranstaltungen) dem Verein mit seinen Mitarbeitern eine feste stabile Grundlage erschaffen? Es ist nicht immer einfach, weil hier ständige Kreativität verbunden mit „kommunikativen Samthandschuhen" in der Umsetzung gefragt ist.

*Wie haben Sie die wichtigen Ansprechpartner von Ihren innovativen Ideen über-
zeugen können?*

Mit Fairness und Begeisterung für eine klasse Idee sowie mit der entsprechenden Empathie in den zu überzeugenden Ansprechpartner. D. h.: Mit guten Um-
setzungskonzepten und der Übertragung meiner Begeisterung von einer Idee
auf die Person, die es zu überzeugen gilt. Ich versuche, mich genauestens in
eine Person hineinzuversetzen und überlege mir dann meine Vorgehensweise. Manchmal ist es auch notwendig, spontan nach einem momentanen Gefühl
zu handeln: Es gab Situationen, da habe ich mich erst mal mit der zu überzeugenden Person gefetzt, gezankt oder gestritten und anschließend hatten wir die
beste Arbeitsbasis; dies bis heute. Das Wichtigste dabei ist immer die Überle-
gung, wie baue ich eine menschliche Beziehung auf, die als feste Grundlage für
eine ergebnisorientierte Arbeitsbasis dienen soll. Dabei ist viel Fingerspitzenge-
fühl notwendig oder besser: Die „kommunikativen Samthandschuhe", die man
dabei tragen sollte.

Worauf sind Sie in Ihrer beruflichen Agenda besonders stolz?

Stolz ist das Gefühl der Gewissheit etwas Besonderes geleistet zu haben. Also eine
innere Zufriedenheit, die automatisch entsteht. Wie oft sagt man zu mir: Darauf
können Sie stolz sein. Aber das fällt mir schwer. Ich bin selten stolz auf eine Publikation oder gelungene Projekte; vermutlich weil ich nie zufrieden mit dem
Geleisteten bin. Aber diese Unzufriedenheit ist für mich die Motivation weiter-
zumachen und Besseres entstehen zu lassen. Aber wirklichen Stolz empfinde
ich, wenn ich ein gutes kommunikatives Gespräch geführt habe und mein Ziel
damit letztlich noch übertrumpft habe. Ja, dann fühle ich Zufriedenheit.

*Wovor wollen Sie karriereorientierte Frauen auf ihrem Weg besonders warnen,
wenn es um Konkurrenzsituationen mit Männern geht?*

Das ist leider so: Um Erfolg zu haben, müssen Frauen das Doppelte wissen und
Männer nur die Hälfte. Ich sage das nicht nur deshalb, weil ich die karrierebe-
wussten und gut ausgebildeten Männer ärgern möchte; nein, ich habe selber
die Erfahrung gemacht. Dieses Schubladendenken ist leider immer noch viel zu
präsent, selbst unter Frauen ist das so. Was meinen Sie, wie oft ich gefragt werde:
Wie sind Sie denn Geschäftsführerin geworden? Liebe Frauen, bitte antwortet
hier: Und wie sind Sie Geschäftsführer geworden?

Welche Erfahrungen haben Sie mit der langfristigen Verfolgung von übergeordne-ten Zielen, verfolgen Sie eine Art zugrunde liegenden Plan auf Ihrem Weg?
Je nach dem Stand meiner eigenen Entwicklung versuche ich meine Vorgehens-weise ständig zu überdenken. Aber ich handle nicht nach einem strengen Plan. Auf dem Weg zu den Zielen sollte man immer mal eine Seitenstraße einbiegen, um dann wieder auf den Hauptweg zu gelangen. Trotzdem: Auf jeden Fall ver-folge ich meine übergeordneten Ziele. Oder besser: Ich arbeite ständig an der Gestaltung meiner Ziele, denn die Gestaltung von Zielen ermöglicht die Ver-vollkommnung von Vorhaben.

Mit welchen Eigenschaften können Menschen, die Sie kennenlernen und mit denen Sie Kooperationen besprechen, besonders punkten, was mögen Sie gar nicht?
Ich mag Menschen, die echt, klar, weise, gerecht, verlässlich und mutig sind. Men-schen, die genau wissen, was sie wollen und die eine gewisse emotionale Intel-ligenz ausstrahlen. Die Echtheit spielt dabei eine große Rolle. Das heißt, auch Menschen, die etwas von sich preisgeben. Unsere Gesellschaft im Business lässt das oft nicht mehr zu. Manchmal habe ich den Eindruck, ich spreche nur noch mit Titeln, Statussymbolen und Maschinen. Aber das ist ja die Herausforde-rung für mich: Aus einem Maschinengespräch ein menschliches Gespräch ent-stehen zu lassen. Das heißt, zu spüren, dass mein Gegenüber ein Mensch ist und mir vorzustellen, wie viel Persönlichkeit bleibt ohne Titel, Status und Äußer-lichkeit übrig.

Welche persönliche Eigenschaft hat Ihnen in den letzten Jahren besonders gehol-fen, erfolgreich zu werden?
Neugierde verbunden mit Risikobereitschaft und emotionaler Intelligenz. Meine Neugierde bezieht sich auf alle Bereiche des Lebens: auf Menschen, auf die Ent-wicklung neuer Projekte oder die Erkundung neuer Lebensbereiche. Die Mög-lichkeit zur Erforschung von Unbekanntem ermöglicht das Flackern in meinen Augen. Ich möchte am liebsten alles wissen und alles ausprobieren. Und immer mit der Fragestellung: Wie reagieren die Menschen auf neue Ideen, neue Pub-likation oder auf neue Projekte? Die Erkundung von etwas Neuem ist natürlich oft mit Gefahren verbunden und es erfordert viel Mut, sich darauf einzulassen. Aber bisher ist der Mut, den ich dabei brauchte und das Risiko, neue Projekte einzugehen, immer belohnt wurden. Es ist doch eigenartig – jetzt zu sagen – ich

habe nie Niederlagen mit Projekten im Beruf erlebt. Mit Menschen schon, aber ob das Niederlagen waren, wage ich zu bezweifeln. Manchmal lernt man Menschen nur für einen gewissen Zeitraum kennen und dann – irgendwann – verabschiedet man sich wieder von ihnen. Das ist gut so und das ist auch normal für mich. Ich lerne unheimlich gern neue Menschen kennen, weil ich Lebensgeschichten so spannend finde. Ob das der Obdachlose, die Putzfrau, der Manager, die Künstlerin oder der Vorstandsboss der größten Bank weltweit ist, sie interessieren mich alle.

Wie verhalten Sie sich, wenn Tiefschläge Ihre Pläne zurück werfen, glauben Sie, dass Sie in dieser Beziehung härter sind als Männer in ähnlichen Situationen?
Tiefschläge sind die Steine, die uns den Weg ebnen. Tiefschläge werfen mich nicht zurück. Im Gegenteil – sie haben mich immer nach vorn, also weiter entwickelt. Letztlich entwickeln wir uns doch nur aus unseren Fehlern, die wir täglich machen. Aber eines weiß ich, wir Frauen sind härter, viel härter, damit umzugehen. Und wir sind dies, weil wir in der Lage sind, mehr Gefühle zulassen zu können. Tiefschläge sollte man fühlen und durchleben. Das hat auch etwas mit Verantwortung zu tun. Wichtig ist, dass die Verantwortung bei einem Tiefschlag immer bei der Person bleibt, die davon betroffen ist. Und wenn ich weiß und mir bewusst ist, ich bin dafür verantwortlich, kann ich gestärkt daraus hervorgehen. Letztlich habe ich in meinem Leben nur aus Tiefschlägen gelernt.

Haben Sie ein Vorbild und was haben Sie von diesem konkret gelernt?
Das ist eine schwere Frage. Ich denke an Maximus Decimus Meridius – verkörpert von Russell Crowe in dem Film Gladiator. Er hat alle Eigenschaften, die ein Vorbild für mich haben sollte. Er begeistert die Masse mit Statussymbolen und ohne schaffte er es auch. Er ist weise, klug, stark, liebt sein naturverbundenes Zuhause und er hat sich von der Politik nicht korrumpieren lassen. Ich habe diesen Film unendliche Male gesehen. Aber leider: Diesen Mann gibt es nicht in der Realität. Es gibt keinen Menschen für mich, von dem ich sagen könnte, dieser Mensch ist ein Vorbild. Aber es gibt Menschen, die zeigen die eine oder andere Handlung, die ich dann vorbildhaft betrachte. Davon abgesehen – denke ich immer wieder über die Frage nach: Gibt es den perfekten Menschen? Nein, ich glaube nicht. Miss oder Mister Perfect habe ich noch nicht kennenge-

lernt. Aber ich glaube, man muss einen Menschen wirklich tiefgründig kennen, um den Perfektionismus einer Person einschätzen zu können.

Kennen Sie den Begriff der Einsamkeit der besonders erfolgreichen Menschen und was ist Ihre Erfahrung in diesem Bereich?
Ich weiß, viele erfolgreiche Menschen fühlen sich einsam. Und ich glaube, sie fühlen sich deshalb einsam, weil sie denken sie müssten nach außen immer ein bestimmtes Image verkörpern. Somit lassen sie keine eigenen von innen heraus entstehenden Gefühle mehr zu. Wenn man jahrelang keine eigenen Gefühle mehr zulässt, dann entstehen letztlich Einsamkeit und Leere. Das ist die eine Seite der Betrachtung. Die zweite Seite ist die, dass erfolgreiche Menschen von vielen Menschen kontaktiert werden. Deshalb sind sie besonders vorsichtig im Umgang mit Menschen und der Auswahl von Menschen. Und das hat letztlich immer wieder etwas mit Vertrauen zu tun. Das heißt, Vertrauen ist die Grundvoraussetzung, um sich dem Gefühl der Einsamkeit zu widersetzen. Für mich gibt es aber auch verschiedene Formen der Einsamkeit. Ich war seit Langem einmal wieder in einer Oper von Antonio Vivaldi, Orlando Furioso. Da habe ich ein Gefühl der Einsamkeit gespürt. Mein Begleiter meinte: Das ist nicht einsam, das ist eher gediegen. Nein, es war ein einsames Gefühl.
Eine weitere Form ist die bewusste, selbst herbeigeführte Einsamkeit, die ich oft suche und auch brauche, um den Zugang zu mir selbst immer wieder herzustellen und um zu wissen: wer ich bin, was ich tue, was ich fühle und was ich wie machen soll. Einsamkeit stelle ich her, wenn ich morgens allein durch den Wald laufe oder allein auf meiner Terrasse sitze und das Grün meines Gartens betrachte.

Spielt der Glaube an Gott für Sie eine Rolle in Bezug auf Ihre emotionale Stabilität?
Der Glaube spielt für mich eine wichtige Rolle. Ich versuche jede Sache positiv zu betrachten. Und das bedeutet: positiv zu glauben. Natürlich äußere ich in Gedanken – wenn ich mir etwas besonders tief wünsche – den Glauben an Gott – obwohl ich atheistisch erzogen bin. Ich appelliere dann an den lieben Gott und sage in Gedanken, sodass es niemand hört: Lieber Gott hilf mir! Und: Er hat mir oft geholfen. Die positive Sicht der Dinge gewährleistet emotionale Stabilität in allen Bereichen des Lebens.

Wie geht man um mit Menschen, die als Mentoren oder Förderer positiven Einfluss auf die eigene Karriere gehabt haben?

Na, weiterhin positiv. Aber trotzdem muss es einen Zeitpunkt geben, an dem man sich von dem jeweiligen Mentor trennt und seinen eigenen Weg geht. Wichtig ist dabei, dass man erkennt, wer ein Mentor ist. Für mich war ein Mentor immer ein Mensch, von dem ich lernen konnte. Das waren meine Mutter und Manfred Pohl. Trotzdem – berufliche Weiterentwicklung geht nur auch mit einer gewissen Distanz von einem Mentor. Irgendwann muss man dann stark sein und goodbye sagen. Das ist nicht immer einfach.

Wie begegnen Sie Neidern und anderen unkonstruktiven Menschen im täglichen Umgang?

Für mich sind Neider und schwierige Menschen immer etwas Positives, denn der Umgang mit ihnen ist eine Herausforderung. Neider und Gegner versuche ich – wenn es möglich ist – mit ins Boot zu holen, sie einzubeziehen oder ihnen sogar zu helfen. Aber ich habe oft die Erfahrung gemacht, dass manche Neider einfach nicht aus ihrer Haut schlüpfen können, auch wenn diese sich selbst damit schaden. Mit Gegnern ist es einfacher umzugehen. Hier ist viel Einfühlungsvermögen oder wie sagt man so schön, emotionale Intelligenz vonnöten. Mit Gegnern bin ich schon immer bestens klar gekommen; daraus haben sich oft die besten beruflichen Beziehungen entwickelt. Und unkonstruktiven Menschen begegne ich mit viel Geduld und sämtlichen kreativen sowie strategischen Überzeugungstaktiken. Ja, der Umgang mit Menschen ist eine große Herausforderung. Und was nützt mir die beste Ausbildung, wenn ich mit Menschen nicht umgehen kann?

Im Spagat zwischen großen Erfolgschancen, drohender Überanstrengung und der Notwendigkeit zum mentalen Ausgleich, wie verhalten Sie sich hier?

Ich hatte Phasen, in denen ich durchgehend arbeitete. Vor allem als ich private Tiefschläge zu verarbeiten hatte – drei mir nahe stehende Menschen sind innerhalb eines halben Jahres gestorben. Ich habe mich wirklich sieben Jahre in eine Welt des Arbeitens und des Geistes zurückgezogen, das half. Letztes Jahr im September bin ich aus meiner Arbeitswelt, in der mein Privatleben immer noch schlief, aufgewacht. Seitdem versuche ich, mir einen mentalen Ausgleich zu erschaffen. Aber ich habe ein halbes Jahr dafür gebraucht. Ich musste mich sehr anstrengen, um aus den Tiefen der Gefühlsströme nach oben zu schwimmen. Es ist ein wunderbares Gefühl, andere und neue Lebenswirklichkeiten zu erkennen. Wenn irgendwann einmal im Leben irgendwas nicht klappen sollte, dann mache ich einfach weiter. Das Weitermachen hilft über alles hinweg. Auch wenn mir schwierige Phasen des Lebens begegnen.

Wenn Überarbeitung mein Leben belastet, dann suche ich die Gründe dafür. Ausgebrannt zu sein ist immer ein Symptom, und zwar für etwas, was es zu erforschen gilt. Stehen die Symptome fest, ist die Diagnose nicht mehr schwer und es kann mit der Therapie begonnen werden. Überarbeitung kann viele Ursachen haben, wie Lustlosigkeit an einem Thema oder Erfolglosigkeit oder schwindende Balance. Bei mir hilft dann immer körperlicher Ausgleich. Das heißt, wenn mein Geist überfordert ist, dann versuche ich, meinen Körper zu überfordern und so stelle ich automatisch mein Gleichgewicht wieder her. Und dann klappt es auch mit dem Beruflichen.

Ihr Rat an Frauen und Männer, die wie Sie mit Kraft und Kreativität eine eigene und innovative Organisation aufbauen wollen?

Einfach anfangen, weitermachen, nie aufhören und jeden Tag eine gute Tat vollbringen. Ich sage Ihnen: Gute Taten werden immer belohnt. Der Erfolg wird kommen. Und intuitiv zu handeln, wenn es notwendig wird, denn Intuition hat immer auch etwas mit Intelligenz zu tun.

Wollen Sie zum Schluss vielleicht ein Motto für Ihren Einsatz für das Wahre, Schöne und Gute formulieren?

Das Wahre, Schöne und Gute ist für mich die Entwicklung des Menschen als ausgeglichene Ganzheit. Damit meine ich im Einklang zu sein, mit dem eigenen Körper, der Seele und dem Geist. Und ich sage Ihnen eines: Ich arbeite jeden Tag daran.

[Jane Uhlig hat 2013 die JANE UHLIG PR – Agentur für Kommunikation & Publikationswesen gegründet.]

— ● —

7. Den eigenen Reichtum heben und erkennen

PATER JOSEF LIENHARD
OSFS

WELCHE ATTRAKTIVEN BERUFSOPTIONEN GIBT ES IM KIRCHLICHEN BEREICH?

Pater Lienhard, bitte stellen Sie sich zunächst einmal kurz vor.
Mein Name ist Josef Lienhard. Ich wurde 1942 in Offenburg geboren. Nach dem Abitur trat ich in die Ordensgemeinschaft der Oblaten des heiligen Franz von Sales ein. Alle Ordenschristen absolvieren zunächst das Noviziat, das ein Jahr dauert. In diesem Jahr werden die Novizen ins Ordensleben eingeführt. Sie lernen die Lebensgewohnheiten der jeweiligen Gemeinschaft kennen, studieren die Spiritualität, werden in das Gebetsleben eingeführt, meditieren die heilige Schrift und prüfen sich selbst, ob sie für eine solche Lebensform geeignet sind. Am Ende des Noviziates legte ich die Ordensgelübde ab: Armut, Gehorsam und Ehelosigkeit. Dann begann das Studium an der Theologischen Fakultät in Paderborn. Zwischendurch studierte ich ein Semester an der Uni in Würzburg. Nach dem Staatsexamen folgte noch eine Ausbildung von zwei Jahren für die Aufgaben in der Pastorale. 1971 wurde ich mit meinem Zwillingsbruder zum Priester geweiht. Anschließend war ich als Lehrer, Jugendseelsorger, Novizenmeister, Heimleiter, Provinzial und Geschäftsführer tätig. Heute arbeite ich in

341

der allgemeinen Seelsorge. Diese damaligen Leitungsfunktionen implizierten Personalführung, Verwaltung, Geschäftsführer und Sponsoring.

Wie kam Ihr Entschluss zum Ordensleben zustande?

Um diesen Berufsweg zu gehen genügt keine einmalige Entscheidung. Es ist ein lebenslanger Prozess, weil es nicht nur um einen Beruf geht, den man ausübt, sondern um eine Existenzweise, die ausschließlich mit Gott und den Menschen zu tun hat. Dieser Schritt hat nicht nur mit meinen intellektuellen und emotionalen Fähigkeiten zu tun, sondern ist ein Glaubensweg. Ich gehe den Weg, den ich von Gott geführt werde. Und so gibt es viele Gründe, die einen solchen Weg begünstigen. Ich hatte Freude an Gott, Lust das Evangelium in dieser Lebensform weiter zu geben, weil ich die Not der Menschen spürte. Seelsorge ist immer Menschensorge und betrifft den ganzen Menschen und alles, was ihn ausmacht. Und ich wollte diesen Weg in einer Gemeinschaft gehen und verstand mich nicht als Einzelkämpfer.

Wie entstand Ihr Weg in die Leitung des Ordens?

P.L.: In diese Leitungsaufgaben wird man demokratisch durch die Mitbrüder gewählt. Die Ordensgemeinschaften waren schon immer demokratisch strukturiert. Jedes Amt ist zeitlich befristet. Man kann dreimal für je vier Jahre wiedergewählt werden. Danach wird man in eine neue Aufgabe berufen. Die Machtstruktur in einem Orden ist demokratisch legitimiert.

Hat Ihre Managementaufgabe für den Orden Ihr geistliches Leben sehr eingeschränkt? Wären Sie diesen Weg noch einmal bereit zu gehen?

Unser Gründer Pater Brisson hat uns aufgetragen: „Wir sollen uns nicht von der Welt isolieren, sondern im Gegenteil, in ständiger Beziehung zu ihr stehen und uns auf sie einlassen und uns alles zu Herzen nehmen". Deshalb ist jeder Dienst an und in der Welt auch Gottesdienst und kann nicht vom geistlichen Leben getrennt werden. Wenn Weltbejahung unser geistliches Leben bestimmt, dann kann ich dieses geistliche Leben überall und allen Orten und in allen Aufgaben führen. Jeder Dienst am Menschen und für den Menschen ist Gottesdienst. Und jede Aufgabe partizipiert am Schöpfungsauftrag, der nie zu Ende ist. Alles andere wäre eine Engführung des Schöpfungsauftrages. Und so habe ich auch diese Aufgaben verstanden und bereue nicht, diesen Weg gegangen zu sein und ihn noch zu gehen.

Ist Ihr Empfinden, dass Sie als Ordensmann ein erfülltes Leben führen, wenn ja inwiefern ist das der Fall? Welche Vorteile bietet das Ordensleben?
Ein erfülltes Leben ist kein Privileg des Ordenslebens. Jedes Leben kennt Höhen und Tiefen. Manchmal war mein Scheitern das Trittbrett für eine ganz neue und wichtige Erfahrung. Zu einem vollen und erfüllten Leben gehören auch die Krisen, die einen oft bis an den Rand der Verzweiflung führen können. Und dieses Scheitern gehört auch zum Ordensleben und unterscheidet sich nicht von einem anderen Leben. Erfüllung bedeutet für mich, dass ein Mensch seinen persönlichen Lebensweg findet und geht, egal in welcher Lebensform oder Beruf.
Das Ordensleben hat mir geholfen auf die Hilfe Gottes zu vertrauen, auch wenn ich gefallen bin oder wenn etwas schiefgelaufen ist. Franz von Sales sagt: „Das Wesen eines christlichen Lebens besteht darin, dass ich den Mut habe jeden Tag neu zu beginnen". Der Vorteil des Ordenslebens besteht in dem Wissen und in der Erfahrung, dass ich von Gott geliebt bin. Das ist ein geistliches Lebensmittel, das mich täglich nährt und fördert. Aus diesem Vertrauen zu leben gab mir immer den Abstand zum Machbarkeitswahn und die Freude am Leben.

Hatten Sie in Ihrem Leben oft das Gefühl, dass Ihnen Dinge unzugänglich sind, die anderen offen stehen? Wie sind Sie dem begegnet?
Natürlich waren mir viele Dinge unzugänglich. Und das hat oft geschmerzt. Von daher tun die Gelübde auch weh, auch wenn ich sie freiwillig abgelegt habe. Diese Erfahrung gibt einem andererseits auch die Freiheit nicht alles haben zu müssen. Verhindert Abhängigkeiten, die den Menschen fesseln und lähmen. So heißt es in unserer Regel: „Wir folgen also dem Ruf Jesu: ‚Wenn du vollkommen sein willst, geh, verkauf deinen Besitz und gib das Geld den Armen, dann komm und folge mir nach'". Ich habe nie hungern müssen, um mit einem verbreiteten Missverständnis aufzuräumen. Doch das Gelübde der Armut macht den Kopf und das Herz frei, um an „dem Ort zu blühen, wo man gepflanzt ist" (Franz von Sales). Der Verlust auf der einen Seite war die Ermöglichung einer größeren Freiheit und einer gewissen Sorglosigkeit. Das war meine Antwort, die nicht schmerzfrei zu haben ist.

Welchen Weg empfehlen Sie jungen Menschen, die sich für den Ordensberuf interessieren? Wie kann man langsam in die Aufgaben hineinwachsen?

Ich darf niemandem einen Weg empfehlen, weil jeder Ratschlag mehr Schlag als Rat ist. Ich darf auch niemanden bedrängen oder locken. Jedes Leben hat einen eigenen Reichtum, der gehoben und erkannt sein will. Ich glaube fest daran, dass jeder geistliche Weg nur das Werk Gottes und die persönliche Annahme sein kann. Und diese Freiheit ist für jeden Lebensweg unabdingbar. Wie gefährlich ist es doch sich selbst zum Maßstab zu nehmen. Ich kann nur empfehlen auf die eigene innere Stimme zu hören, zu prüfen, was für einen richtig ist und das Leben zu wagen. Und das gilt für jede Lebensentscheidung, die ein Mensch trifft. Jede Individualität ist einmalig. Menschen kann man nur begleiten, aber nicht leiten. Ermutigen, den je eigenen Weg zu gehen und die Scheu überwinden zu helfen.

Glauben Sie, dass der kirchlich orientierte Berufsweg eine gute Zukunft für Menschen bietet?

Die Volkskirche gibt es schon lange nicht mehr. Und darum ist die Sicherheit einer aufblühenden Kirche nicht gegeben. Realitätsverlust war noch nie eine gute Vorgabe. Und wer sich heute auf diesen Weg einlässt, darf nicht blauäugig sein. Er muss sich dieser Wirklichkeit stellen. Noch nie war die Nachfolge Jesu ein Sommerspaziergang. Und so hat das Jesus niemandem versprochen. „Wer mir nachfolgen will nehme täglich sein Kreuz auf sich". Hier war Jesus ganz klar und unmissverständlich. Ich weiß nur, dass ich nicht der Hierarchie wegen in dieser Kirche aktiv bin, sondern weil ich an die Kraft des Evangeliums glaube. Und Jesus hat gesagt: „Ich bin nicht gekommen die Gerechten zu rufen, sondern die Sünder!". Und wenn dem so ist, fühle ich mich in dieser Kirche daheim. Perfekte Menschen sind unerträglich. Und perfekte Menschen in der Kirche noch mehr, weil solche Typen auf andere herabschauen und von der Vergebungsfreude Jesu keine Ahnung haben. Wer Jesus auf diesem Weg nachfolgen will, hat immer ein Arbeitsfeld. Es geht um die Verkündigung der frohen Botschaft des Evangeliums und nicht um eine Kuschelecke. Nachfolge kann ich nur in diesem Vertrauen auf Gott leben. „Auf dein Wort hin will ich die Netze auswerfen", hat Petrus gesagt. Und das gilt auch heute noch.

Wie sind die Chancen für Quereinsteiger, die aus ganz anderen Berufszweigen kommen?

Wenn ich in die Kirchengeschichte schaue, dann waren Quereinsteiger immer ein großer Segen, weil sie Erfahrungen mitbringen, die einen großen Reichtum darstellen. Das war schon bei Paulus so, bei Augustinus, bei Thomas Merton und vielen anderen. Die Wüstenväter und Wüstenmütter im 3. und 4. Jahrhundert waren geradezu solche Prototypen von Quereinsteigern. Das waren Frauen und Männer, die von ihrem bisherigen Leben die Nase voll hatten und ein anderes Leben wollten. Viele haben dies nicht durchgehalten. Und das waren damals zehntausende, die in die Wüste zogen. Es gibt nie ein zu spät, sondern ein immer zur rechten Zeit!

Pater Lienhard, ihr finaler Rat an Menschen, die aus ihrer Berufung einen Beruf machen wollen und sich für das Leben als Mönch oder Nonne interessieren?

Mönch und Nonne sind spezifische Ausdrücke für solche, die sich einem rein kontemplativen Leben verschreiben wollen. Sie leben hinter Klostermauern und haben eine strikte Lebensordnung. Es ist wahr, dass gerade solche Gemeinschaften von Menschen in der Lebensmitte, die schon etwas erlebt haben, aufgesucht werden. Wenn ich einen Rat überhaupt geben darf, dann will ich Menschen ermutigen das zu sein und zu werden, was Gott in sie hineingelegt hat. So kommt der Mensch zur eigenen Identitätsfindung und zu einer Lebensbejahung, die tragfähig ist, um den Schwierigkeiten zu begegnen, die es in jedem Leben gibt. Der mich ruft, steht zu mir. Paulus hat das so von Jesus erfahren: „Meine Gnade genügt dir". Und ich glaube dem Dichter Bernanos: „Alles ist Gnade".

Lieber Pater Lienhard, ich danke Ihnen für dieses ganz wunderbare Interview.

[Pater Josef Lienhard, beim Stand des Drucks der 2. Auflage im April 2015: Pfarrer, OSFS.]

— ● —

Das wichtigste Interview: Wie entsteht Ihre eigene grosse Karriere?

Es wäre schade, wenn Ihre Wünsche und Potenziale mit dem Lesen dieses Buches geweckt wurden, Sie dann aber wieder vom Tagesgeschäft verschlungen, von Ihrer eigenen und kreativen Zukunftsentwicklung abgehalten würden. Dem möchte ich durch einen Vorschlag begegnen: Nehmen Sie zwischenzeitlich immer wieder das eine oder andere Interview, von dem Sie sich angesprochen gefühlt haben, zur Hand und lassen Sie sich erneut zu eigenen Gedanken stimulieren.

Ich gehe hier nicht den Weg des Ratgebers, was Sie tun sollten und wie Sie es anstellen sollten, erfolgreich zu werden - sondern gebe Ihnen einen kleinen Katalog an Fragen an die Hand, mit denen Sie sich intensiver auseinandersetzen sollten, was auch ein mehrfaches Bearbeiten impliziert, bspw. einmal im halben Jahr zu einem fixen Termin. Sinnvoll ist auch, sich aus dem Bekanntenkreis einen Mentor auszuwählen, mit dem Sie die Fragen einmal gemeinsam durchgehen.

Auch wenn es wenige Fragen zu sein scheinen, bei intensiver Bearbeitung handelt es sich im Grunde um zu viele Fragen, um Sie in einem Durchgang tiefgehend beantworten zu können. So könnten Sie es sich für eine gewisse Zeit zur Gewohnheit machen, abends ein paar Mal in der Woche nur ein oder zwei Fragen mit Ruhe und Zeit zu beantworten.

Oder nutzen Sie Ihre Antwort zu einer Frage zu einem Austausch mit Ihrem Lebenspartner und nehmen Sie sich soviel Zeit, dass jede Frage Thema eines einzigen Gespräches wird.

Steigen Sie aus dem Alltagstrott aus und nehmen Sie sich für sich und Ihre Zukunft die notwendige Zeit, denn die tatsächliche Beschäftigung mit diesen auf den ersten Blick vielleicht auch trivial wirkenden Fragen kann umwälzende Wirkungen für den weiteren Verlauf Ihres Lebens haben. Verbringen Sie Ihre Jahre nicht weiterhin damit, den Trott Ihrer Kollegen mitzumachen, sondern entwickeln Sie eigene Perspektiven, mit denen Sie zukünftig vielleicht auch anderen vorangehen.

Wundern Sie sich nicht! Da bleibender beruflicher Erfolg von Ihren tatsächlichen Lebenszielen nicht zu trennen ist, konfrontiere ich Sie explizit im Folgenden mit Fragen rund um Ihre Lebensplanung.

DIAGNOSTISCHE GRUNDLAGEN

Wenn Sie Ihre heutige berufliche Situation betrachten, wo liegen Ihre großen Stärken, die Sie bereits in Ihrer Arbeit wirkungsvoll einsetzen können?

Was stört sie schon lange in Ihrem Leben, wo fühlen Sie sich bisher ohnmächtig und dachten, Sie könnten nichts ändern?

Wenn Sie den Grad Ihrer täglichen Anstrengung betrachten, wo investieren Sie zu viel Energie mit zu wenig für Sie positiven Resultaten?

Von welchen jahrelang gewachsenen und offensichtlich nicht wirklich weiterhelfenden Lebensvorstellungen wollen Sie vielleicht Abschied nehmen?

Auf was sind Sie bereit zu verzichten, wenn dafür Ihre Lebensqualität, ihre Zeit für Ihre Familie und ihr persönlicher Freiraum steigt?

Wenn Sie unzufrieden sind mit Ihrer derzeitigen beruflichen Situation: Was wäre ein mögliches Alternativszenario für Sie?

Was wären Sie bereit dafür zu tun?

Wo liegen Ihre großen Talente und Fähigkeiten?

FRAGEN ZU IHRER KÜNFTIGEN LEBENSPLANUNG

Wenn Lebensziele bisher in Ihrem Leben eine eher untergeordnete Rolle gespielt haben, wie lässt sich das ändern?

Was möchten Sie gerne in den kommenden fünf, was in den kommenden zehn Jahren erreichen?

Welche Qualifikations-, Fortbildungs- und Vorbereitungsschritte möchten Sie zum Erreichen Ihrer Ziele gehen?

Wo können Sie zu Ihren Zielen noch bessere Informationen bekommen?

Wer kann Ihnen beim Erreichen Ihrer Ziele helfen?

Mit wem wollen Sie über Ihre Ziele künftig regelmäßig sprechen, um durch den Dialog Kraft, Sicherheit und neue Perspektiven für Ihre Vorhaben zu gewinnen?

Wenn Sie einmal querdenken sollten, um ganz neue und andere Wege zum Erreichen Ihrer Ziele zu gehen, was fällt Ihnen dazu ein?

IHRE PERSÖNLICHEN SCHLÜSSELEIGENSCHAFTEN FÜR DEN LEBENSERFOLG AUSBAUEN:

Möchten Sie vor dem Hintergrund des hier in den Interviews Gelesenen vielleicht etwas ändern an Ihrer Art des Umgangs mit den Sie umgebenden Menschen?

An welchen Stellen in Ihrem Alltag können Sie vielleicht besser zuhörend, andere mehr ermutigend und begründet lobend agieren, um es einfacher im sozialen Umfeld zu haben?

Wie können Sie im Konfliktfall künftig eventuell ruhiger, das Gegenüber mehr wertschätzend, weniger verletzend, anderen Standpunkten mehr Raum gebend und dadurch sozial erfolgreicher agieren?

Wie gehen Sie bisher mit krisenhaften Entwicklungen und Rückschlägen um, und was lässt sich hier verbessern?

Gibt es eine neue Gewohnheit des Durchatmens, Freiraumgewinnens, einen neuen ruhigen Punkt in Ihrem Leben, vielleicht einmal in jeder Woche, mit dem Sie sich künftig ein bis zwei Stunden beschäftigen wollen?

Ihr persönliches Netzwerk erweitern:

Welche Menschen sollen künftig eine größere Rolle in Ihrem Leben spielen?

Wer von Ihren Freunden könnte eine Art Mentorenfunktion übernehmen, mit dem Sie sich regelmäßig zu Ihren Kernfragen austauschen?

Was möchten Sie eventuell vermehrt mit Ihren Freunden teilen, wo gemeinsame Aktivitäten planen?

Welche Organisation könnte Sie interessieren, um hier vor Ort mehr wertvolle Schlüsselkontakte zu generieren?

Wie können Sie die Social Networks im Internet besser nutzen, um ein wenig Marketing in eigener Sache zu betreiben?

Wenn Sie jede dieser Fragen drei oder viermal in Ruhe bearbeitet haben, werden sich Ihre Lebensperspektiven langfristig erneuern und Sie vitaler, kraftvoller und offener für neue Entwicklungen sein. Nutzen Sie dazu den regelmäßigen Dialog mit anderen zu diesen Fragen

— ● —

DORIAN HARTMUTH

NACHWORT

Wodurch unterscheiden sich nun erfolgreiche Persönlichkeiten von ganz normalen Menschen? Einige Unterschiede dürften Ihnen beim Lesen der zahlreichen Interviews aufgefallen sein. Ich denke aber, ein sehr bedeutender Punkt ist so etwas wie der innere Monitor, der klar in die Richtung der Verwirklichung kleiner und großer Visionen, von großen, übergeordneten, den Menschen dienenden Lebensplänen zeigt, wie das Gespräch mit Stefano Wulf offen deutlich macht. Aber auch Menschen mit Visionen, mit Kraft und Engagement brauchen ab und zu eine Bestätigung, dass sie weitergehen sollen und sich nicht aufhalten lassen dürfen. Dieses Buch mit seinen zahlreichen beruflichen Lebensbeschreibungen möchte Ihnen diese Ermunterung geben und zeigen, dass es sich lohnt, Monate und Jahre den eigenen Impulsen zu folgen. Solange, bis Sie dort angekommen sind, wo Sie sich hin gewünscht und wofür Sie gearbeitet haben.

Wenn die alten Geister Sie zwischenzeitlich dann doch wieder zurück ins Klein-Klein und die Ohnmacht des Alltags rufen wollen, lesen Sie vielleicht erneut ein Interview in diesem Buch. Das wird Sie motivieren, weiterzumachen auf Ihrem eigenen Weg.

Vielleicht erinnern Sie sich in ein, zwei Jahren wieder daran, dieses Buch gelesen zu haben und Sie freuen sich dann an dem, was Sie zwischenzeitlich erreicht haben. Wenn ich mich mit Ihnen gemeinsam freuen darf, dann schreiben Sie mir, wie genau Sie vorgegangen sind und was dabei herauskam. Hier noch einmal meine E-Mail-Adresse: bdhartmuth@t-online.de.

Oder besuchen Sie mich bei allen Wünschen und Fragen auch gern virtuell auf meiner Homepage www.meinegrossekarriere.de.

ZEITUNGSKOLUMNE
ZUR SACHE: WIE ENTSTEHEN
GROSSE KARRIEREN?

Die Idee zu diesem Buch ging auf den nun folgenden Artikel zurück, den Dorian Hartmuth im Juni 2005 in der Frankfurter Allgemeinen Zeitung, dort in der Sektion Beruf und Chance, veröffentlichte:

Der autoritäre Platzhirsch war gestern: Führungskräfte der Zukunft brauchen eine Strategie zur Planung der eigene Karriere. Noch wichtiger ist allerdings ein offenes Ohr für die eigenen Mitarbeiter.

Die Teilnehmer des Executive-MBA- Kurses der Universität Münster waren erstaunt, eben hatte der Unternehmensberater Dr. Jürgen Meffert deutlich gemacht, daß die Innovationsgeschwindigkeit ein entscheidender Faktor für das langfristige Überleben von Unternehmen am Markt sei. Wenn kreative Initiativen den Erfolg von Geschäftseinheiten prägen, so profitieren davon wesentlich auch diejenigen, die diese neuen Wege, den Kunden zu dienen, ins Leben brachten.

Hier liegt der entscheidende Unterschied zwischen dem klassischen Middle-Manager und den wirklichen Gestaltern neuen Typs: Statt operativ durch die Tage und von Sitzung zu Sitzung zu eilen, prägen die Stars von morgen viele Möglichkeiten für die Unternehmen, auf besseren Wegen erfolgreich zu werden. Das heißt ganz handfest, daß diese Leistungsträger jeden Tag, jeden Abend vor, nach oder während ihres Arbeitstages darüber nachdenken, wie sie strategisch mehr bewirken können. Es verlangt viel Selbstdisziplin, sich jeden Tag aus den bequemen eingefahrenen Gleisen herauszubewegen und in der Stille mit einem Block (am besten exzellenten) Papiers die eigenen Kräfte nach vorne zu lenken.

Angriffsstarkes eigenes Zukunftskonzept

Lieber geht man bereitwillig allen eingehenden Telefonanrufen nach oder bespricht sich mit Kollegen. Diese Bereitschaft zum strategischen Planen erstreckt sich bei wirklichen Spitzenleuten auf die Eigenschaft, die eigenen Netzwerke nicht per Zufall, sondern mit dem Verstand und mit gesteuerten Aktionen auf- und auszubauen. Hocherfolgreiche Menschen sind fast immer große Kommunikatoren, extrovertiert und Meister darin, ihre Weggefährten mit großer Loyalität immer wieder aktiv mit interessanten Themen zu kontaktieren. Die großen Führer von morgen haben früh verstanden, daß es kaum große Karrieren ohne eine echte und systematisch jeden (etwa) Sonntagabend durchgeprüfte/erweiterte Zielplanung für den eigenen Berufsweg gibt. Wer hierbei alle halbe Jahre die Richtung der Bemühungen ändert, bringt sich um die echten positiven Effekte, die oft nach scheinbar schwierigen Tunnelsituationen erzielt werden.

Es geht also um ein angriffsstarkes eigenes Zukunftskonzept, das klar heruntergebrochen wird von Visionen in Ziele, Teilziele und konkrete Schritte. Am besten arbeiten Sie hier mit einem Zahlenstrahl für Zeitplanungen und Mind Maps im Rahmen einer sorgfältigen Einzelplanung. Daß sich letztlich nur charakterlich hochintegre Persönlichkeiten durchsetzen mit ausgezeichneten Umgangsformen, einer soliden breiten Grundbildung und einer sehr weitgehenden Bereitschaft, sich außergewöhnlich für den Beruf zu engagieren, dürfte selbstredend sein. Aber dieses Engagement sollte eben in der echten unternehmerischen Einstellung fundiert sein, den besten Weg für die anderen und für den Kunden zu finden.

DIE ZEIT AUTORITÄRER PLATZHIRSCHE IST VORBEI

Eine Legion zu administrationsverliebter Fachspezialisten verfehlt jedes Jahr den Schritt nach vorne in der Karriere, weil der Fokus zu weit fort von echtem zielorientierten Arbeiten für die gemeinsamen Team-Interessen gelegt wurde. Letztlich: Die Zeit der autoritären Platzhirsche ist vorbei und wird nie wiederkehren. Charismatische Führer überzeugen jeden Tag von frühmorgens bis am späten Abend durch die Bereitschaft, andere zu stärken und deren Meinungen wichtig zu nehmen. Besonders aber schaffen sich jeden Tag Förderer durch eine warme, herzliche Freundlichkeit, die für den Erfolg einfach unersetzlich ist. Auch ein oft notwendiges, parametrisch stringentes Ergebnis-Controlling kann durch integres Verhalten Akzeptanz beim Gegenüber finden.

Quelle: F.A.Z., 11.06.2005, Nr. 133 / Seite 23

Zum Autor

Dorian Hartmuth arbeitete langjährig als Managing Consultant für eine der weltweit führenden Personalberatungsgesellschaften und danach als Großkunden Manager bei American Express Deutschland.

Er absolvierte nebenberuflich ein Studium in International Management an der University of Lincoln and Humberside (England) sowie einen Executive MBA in Marketing an der Universität Münster. Seine Dissertationsschrift zur Erlangung des Doktorgrades schrieb er zum Thema Virtuelles Management Coaching am wirtschaftsdidaktischen Zoebis-Institut der Universität Siegen. An einem kirchlichen Institut absolvierte er eine christlich orientierte systemische Coaching-Ausbildung. Seit 1999 führte er circa 1.800 Karrierecoachings durch.

Von 2000 bis 2005 schrieb er als regelmäßiger Kolumnist in der Frankfurter Allgemeinen Zeitung zu Karrierethemen.

Seine Adresse für Kontaktaufnahmen lautet:
Coaching-Haus Dorian Hartmuth
Friedrich Ebertstrasse 16a
64390 Erzhausen
E-Mail: bdhartmuth@t-online.de

The manufacturer's authorised representative in the EU is Springer
Nature Customer Service Centre GmbH, Europaplatz 3, 69115 Heidelberg,
Germany. If you have any concerns regarding our products, please
contact ProductSafety@springernature.com

Printed and bound by CPI Group (UK) Ltd, Croydon, CR0 4YY
27/04/2026
02097614-0005